酒店服务技能与实训
（第2版）

王春艳　郑转玲　主　编
吕亚非　高　歌　副主编

清华大学出版社
北京

内容简介

本书根据旅游酒店运营与服务的特点，结合职业岗位技能要求，具体介绍业务环节、操作流程、礼貌用语、职业道德、行为规范等基本酒店服务技能，并通过指导学生实训、强化应用能力培养，以达到学以致用的目的。

本书具有知识系统、重点突出、贴近实际、注重应用等特点，因而既可以作为应用型本科、高职高专、成人高等教育旅游管理专业的教材，也可以作为旅游和酒店服务从业者的在职岗位培训用书，并为社会广大中小微旅游企业、创业就业者提供有益的学习指导。

本书封面贴有清华大学出版社防伪标签，无标签者不得销售。

版权所有，侵权必究。举报：010-62782989，beiqinquan@tup.tsinghua.edu.cn。

图书在版编目（CIP）数据

酒店服务技能与实训/王春艳，郑转玲主编. —2版. —北京：清华大学出版社，2023.9
ISBN 978-7-302-64583-2

Ⅰ. ①酒⋯ Ⅱ. ①王⋯ ②郑⋯ Ⅲ. ①饭店—商业服务—职业教育—教材 Ⅳ. ①F719.2

中国国家版本馆 CIP 数据核字（2023）第 180341 号

责任编辑：张 弛
封面设计：傅瑞学
责任校对：刘 静
责任印制：宋 林

出版发行：清华大学出版社
网　　址：http://www.tup.com.cn，http://www.wqbook.com
地　　址：北京清华大学学研大厦 A 座　　邮　编：100084
社 总 机：010-83470000　　邮　购：010-62786544
投稿与读者服务：010-62776969，c-service@tup.tsinghua.edu.cn
质量反馈：010-62772015，zhiliang@tup.tsinghua.edu.cn
课件下载：http://www.tup.com.cn，010-83470410

印 装 者：三河市龙大印装有限公司
经　　销：全国新华书店
开　　本：185mm×260mm　　印　张：15.25　　字　数：367 千字
版　　次：2012 年 7 月第 1 版　　2023 年 9 月第 2 版　　印　次：2023 年 9 月第 1 次印刷
定　　价：49.00 元

产品编号：089333-01

第2版前言

党的二十大报告指出要繁荣发展文化事业和文化产业,要增强中华文明传播力影响力。由此可见文旅融合是时代发展的要求。

新时代背景下,我国旅游业呈现飞速发展的态势,酒店行业作为旅游业的三大支柱产业之一,在国际交往、文化交流、拉动内需、解决就业、丰富社会生活、促进经济发展、构建和谐社会、弘扬中华文化等方面发挥着巨大作用,旅游酒店业已成为我国服务经济发展的重要产业,在我国经济发展中占有极其重要的位置。

"十四五"期间,我国旅游业迎来新一轮黄金发展期。2021年12月,国务院印发《"十四五"旅游业发展规划》,指出要坚持稳中求进工作总基调,以推动旅游业高质量发展为主题,以深化旅游业供给侧结构性改革为主线,注重需求侧管理,以改革创新为根本动力,以满足人民日益增长的美好生活需要为根本目的,坚持系统观念,统筹发展和安全,统筹保护和利用,立足构建新发展格局,着力推动文化和旅游深度融合,着力完善现代旅游业体系,加快旅游强国建设,努力实现旅游业更高质量、更有效率、更加公平、更可持续、更为安全的发展。

伴随中国旅游消费市场的升级,个性化、体验性消费时代的来临,迫切需要加强酒店经营管理模式创新、加速酒店服务专业人才的技能训练,为此我们组织多年从事旅游酒店服务管理教学和实践活动的专家、教授共同编撰本书,旨在迅速提高广大学生和旅游酒店从业者的专业素质,更好地服务于我国旅游事业。

本书自2012年出版以来,因写作质量高、实用性强,深受全国各高等院校广大师生的欢迎,目前已多次重印。本书此次再版,编者结合读者提出的意见和建议,审慎地对原版做了认真修订,进行案例更新、补充新知识,以使其更好地为国家旅游经济服务。

本书作为高等职业教育旅游管理专业的特色教材,坚持科学发展观,严格按照教育部"加强职业教育、突出实践技能培养"的教育改革精神,针对旅游酒店服务技能与实训课程的特殊教学要求和职业能力培养目标,既注重弘扬中华民族传统文化与世界文明发展的有机结合以及素养提升，又注重旅游酒店服务细节实训。本书的出版对帮助学生熟练掌握旅游酒店服务操作规程，提高业务技术素质，尽快走上社会顺利就业具有特殊意义。

本书作为职业教育院校旅游管理专业的特色教材，全书共10章，以学习者应用能力培养为主线，根据旅游酒店运营与服务的特点，结合职业岗位服务技能要求，具体介绍业务环节、操作流程、礼貌用语、职业道德、行为规范等基本知识技能，并通过指导学生实训、强化应用能力培养，以达到学以致用。

由于本书融入了旅游酒店服务技能与实训的最新实践教学理念，力求严谨、注重与时俱进，具有内容翔实、案例丰富、操作应用性强、注重实践与就业能力培养的特点，因此本书既可以作为应用型本科、高职高专、成人高等教育旅游管理专业的教材，也可以作为旅游酒店及饭店在职从业者的岗位培训用书，对于旅游酒店及饭店服务资格考试取证亦是一本有益的辅导教材和参考工具手册。

本书由李大军统稿和组织，王春艳和郑转玲担任主编，吕亚非、高歌担任副主编；由贾晓龙审定、王春艳统改稿。作者编写分工：牟惟仲（前言）、张伟（第一章、第三章、第九章、教学视频）、郑转玲（第二章、第十章）、吕亚非（第七章、附录）、王春艳（第四章、第五章、第六章）、高歌（第八章）、李晓新（文字修改、教学课件）。

在本书再版过程中，我们参考了大量有关旅游酒店服务技能与实训的最新书刊、网站资料以及国家历年颁布实施的旅游法规和饭店管理制度，并得到业界有关专家教授的具体指导，在此一并致谢。为方便教学，本书配有电子课件，读者可以从清华大学出版社网站或扫描下方二维码免费下载使用。因酒店设施设备及服务技能更新快，且编者水平有限，书中难免存在疏漏和不足，恳请专家和广大读者批评、指正。

编　者
2023年6月

教学课件

目　录

1　第一章　酒店服务基础知识概述

第一节　酒店的概念和特点 …………………………………………… 2
第二节　酒店服务的重要性 …………………………………………… 7
第三节　酒店服务质量 ………………………………………………… 10
本章小结 ………………………………………………………………… 12
本章思考题 ……………………………………………………………… 12
实战演练 ………………………………………………………………… 13

14　第二章　酒店服务礼仪与行为规范实训

第一节　酒店服务基本礼仪 …………………………………………… 15
第二节　职业道德实训 ………………………………………………… 20
第三节　酒店安全知识实训 …………………………………………… 23
第四节　酒店法规常识培训 …………………………………………… 31
本章小结 ………………………………………………………………… 36
本章思考题 ……………………………………………………………… 37
实战演练 ………………………………………………………………… 37

39　第三章　酒店专业实训规定和注意事项

第一节　实训实习工作 ………………………………………………… 40
第二节　实训实习注意事项 …………………………………………… 42
第三节　实习手册要求 ………………………………………………… 44
本章小结 ………………………………………………………………… 46
本章思考题 ……………………………………………………………… 46
实战演练 ………………………………………………………………… 47

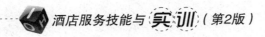

49 第四章　前厅服务技能实训

第一节　前厅服务程序与相关要求 …………………………………… 50
第二节　预订服务程序与主要操作技能 ………………………………… 56
第三节　入住服务程序与主要操作技能 ………………………………… 57
第四节　礼宾服务程序与主要操作技能 ………………………………… 60
第五节　前厅客服(总机)服务程序与主要操作技能 …………………… 65
第六节　退房服务程序与主要操作技能 ………………………………… 67
第七节　酒店商务中心专业实训 ………………………………………… 68
本章小结 …………………………………………………………………… 71
本章思考题 ………………………………………………………………… 71
实战演练 …………………………………………………………………… 72

80 第五章　客房服务技能实训

第一节　酒店客房服务流程与相关要求 ………………………………… 81
第二节　客房对客服务的主要操作技能 ………………………………… 88
第三节　客房清洁服务的主要操作技能 ………………………………… 97
第四节　客房中式铺床的主要操作技能 ………………………………… 99
第五节　客房西式铺床的主要操作技能 ………………………………… 101
第六节　客房开夜床服务的主要操作技能 ……………………………… 102
本章小结 …………………………………………………………………… 104
本章思考题 ………………………………………………………………… 104
实战演练 …………………………………………………………………… 104

107 第六章　餐厅服务基本技能实训

第一节　餐饮实务实训实习教学目标与计划 …………………………… 108
第二节　托盘的主要操作技能 …………………………………………… 109
第三节　餐巾折花的主要操作技能 ……………………………………… 115
第四节　铺台布的主要操作技能 ………………………………………… 117
第五节　预订服务的主要操作技能 ……………………………………… 119
第六节　迎送宾服务的主要操作技能 …………………………………… 120
本章小结 …………………………………………………………………… 128
本章思考题 ………………………………………………………………… 128
实战演练 …………………………………………………………………… 129

131 第七章 中西餐厅服务技能实训

- 第一节 中餐零点餐服务的主要操作技能 …………………… 132
- 第二节 中餐宴会服务的主要操作技能 ……………………… 133
- 第三节 中餐席位安排服务的主要操作技能 ………………… 135
- 第四节 西餐零点餐服务的主要操作技能 …………………… 138
- 第五节 西餐宴会服务的主要操作技能 ……………………… 140
- 本章小结 ……………………………………………………… 141
- 本章思考题 …………………………………………………… 141
- 实战演练 ……………………………………………………… 141

144 第八章 酒店其他服务专业实训

- 第一节 酒店康乐项目专业实训 ……………………………… 145
- 第二节 酒吧服务实训 ………………………………………… 159
- 第三节 茶事服务实训 ………………………………………… 164
- 第四节 客房送餐服务实训 …………………………………… 165
- 本章小结 ……………………………………………………… 167
- 本章思考题 …………………………………………………… 167
- 实战演练 ……………………………………………………… 167

169 第九章 中英文基本礼貌服务用语实训

- 第一节 前厅服务用语实训 …………………………………… 170
- 第二节 客房服务用语实训 …………………………………… 175
- 第三节 中餐服务用语实训 …………………………………… 176
- 第四节 西餐服务用语实训 …………………………………… 177
- 第五节 酒店常用服务用语中英文对照 ……………………… 178
- 本章小结 ……………………………………………………… 186
- 本章思考题 …………………………………………………… 186
- 实战演练 ……………………………………………………… 186

190 第十章 实训必备知识

- 第一节 著名国际酒店集团 …………………………………… 191
- 第二节 中国本土酒店集团 …………………………………… 216
- 第三节 星级酒店的评定 ……………………………………… 218
- 本章小结 ……………………………………………………… 222
- 本章思考题 …………………………………………………… 223

实战演练 ………………………………………………………………… 223

225 附录 A　实训实习报告与工作日志封面

226 附录 B　工作日志记录表

227 附录 C　实训实习工作证明书

228 附录 D　实训实习评价表

229 附录 E　饭店管理专业实训实习报告撰写方式及内容说明

230 附录 F　饭店管理专业毕业设计撰写方式及内容说明

233 参考文献

第一章
酒店服务基础知识概述

【知识目标】
1. 了解酒店的基本常识,熟知酒店的概念、特征、分类和组织机构管理。
2. 理解酒店服务的内涵、特点以及酒店服务的重要性。
3. 掌握酒店服务质量的管理内容。

【技能要求】
1. 能够联系实际分析具体酒店的类型和组织机构管理特点。
2. 能够分析具体酒店服务质量水平和管理特点。

 **业界新闻**

客户体验——酒店的下一个战场

2019年,广州白天鹅宾馆的整体舆情指数达到96.4%,拥有超过12 000条认可其服务品质的高度评价。经营了三十余载的白天鹅宾馆,始终坚持深耕服务、打造口碑,用漂亮的数据说明声誉管理对酒店收益的重要意义。

对于酒店而言,从客户产生出行意向的那一刻,酒店与客人之间的故事就开始了,从住前、住中、住后,在与客户产生的无数个触点中,如何为客户提供更好的服务,打造超越期待的非凡体验成为酒店运营者的终极难题。以无缝和有效的方式管理并满足客人的需求是提升客户满意度的关键。

ReviewPro的一份数据报告显示,客人在店期间发现并解决问题对于客户满意度有着直接影响,在入住期间发现问题并得到及时解决的客户满意度比平均满意度高7.75%,无法解决客户反馈的酒店满意度则比平均满意度低4.3%。

全球酒店管理品牌公司Minor Hotels认为住中反馈的即时性非常重要,酒店会在客户入住期间发送电子邮件,询问客户"到目前为止,您对入住的满意程度如何",以便及时解决问题。客户的住中反馈能让酒店快速、准确和直观地了解客户的喜好,迅速采取行动为客户提供高质量的服务,这对提升客户满意度有重要作用。

(资料来源:客户体验——酒店的下一个战场[N/OL].环球旅讯.https://www.traveldaily.cn/article/133329,2019-12-04.)

第一节　酒店的概念和特点

一、酒店的概念

《旅游饭店星级的划分与评定》(GB/T 14308—2010)中定义,旅游饭店(Tourist Hotel)是以间(套)夜为单位出租客房,以提供住宿服务为主,并提供商务、会议、休闲、度假等相应服务的住宿设施,按不同习惯也可被称为宾馆、酒店、旅馆、旅社、宾舍、度假村、俱乐部、大厦、中心等。

一般来说,酒店是指能够接待境内外宾客,为他们的旅行提供住宿、饮食、购物、娱乐和其他服务的综合性、服务性的企业。在中国,酒店往往成为高档次、高水准、高消费的象征,酒店也就形成了一个特殊的行业,一般约定俗成地称宾馆与酒店。

二、酒店的共性特征

酒店的共性主要表现如下。

(1) 酒店都必须以房屋建筑和设备设施为依托向宾客提供旅居服务。

(2) 酒店都必须具有住宿、餐饮及其他综合服务等旅居使用功能,就住宿功能来讲又必须具有睡眠、休息、梳洗、卫生间、开水供应等各种配套设施。

(3) 酒店应提供劳务服务。

(4) 酒店提供的旅居条件必须是安全、卫生的。

(5) 酒店都需要客源,因此酒店需要通过自己的营销手段和客源渠道组织吸引客源。

(6) "宾至如归"是酒店的共同经营理念。酒店是一个企业,其经营的结果是为了取得良好的经济效益。同时,也要取得良好的社会效益。酒店良好的经济效益是以酒店在经营过程中的经营收入抵补经营支出后所取得的经营利润为目标。

(7) 酒店一方面要生产合格优质的名牌产品,在产品销售后取得理想的经济收入;另一方面,酒店也在经营中实行严格的经济核算,以较少的支出取得预期目标。酒店的原始称谓为饭店,也有称旅店、旅馆、宾馆、会所、俱乐部、山庄等。

21世纪的酒店已发展成集吃、住、游、购、娱乐、通信、商务等于一体,能满足各类宾客不同需求的综合体。

三、酒店的分类

世界各地的酒店变化多端,很难用统一的标准进行描述。按照不同的标准或特点,可以对酒店有不同的分类。

(一) 酒店的一般分类

根据旅游与酒店行业习惯和酒店形式上、内容上、客源对象与功用上的差异性,可以从以下角度对酒店进行分类。

(1) 根据客源市场,可以把酒店分为5种类型,即商务酒店、长住型酒店、度假型酒店、会议酒店、综合型酒店。

(2) 根据酒店规模,可以把酒店分为3种类型,即小型酒店、中型酒店、大型酒店。目前,国际上划分的标准为,客房在300间以下的是小型酒店,客房在300间以上600间以下的是中型酒店,客房在600间以上的是大型酒店。

(3) 根据中国旅游酒店的统计年鉴,按照规模,把酒店分为5类,即500间以上、300～499间、200～299间、100～199间、99间以下。

(4) 根据酒店的建筑投资费用分类,可以把酒店分为中低档、中高档、豪华3种类型。

(二)酒店的专业功能化分类

按照酒店的专业化功能,业内专家学者通常将现有的酒店分成六大类。

1. 商务型酒店

商务型酒店以接待散客为主,满足商务宾客的要求。该类酒店一般档次较高,设施齐全,房价偏高,地理位置优越,交通便利。

2. 旅游型酒店

旅游型酒店以接待旅游团队和会议为主,酒店有适合团队旅居和举行会议的中档设施,客房是酒店的主要部分,但一般的配套设施都是齐全的。

3. 综合型酒店

综合型酒店是指在一幢楼里除了酒店外还有其他功能,如商场、写字楼、展览厅、培训中心等。该类酒店的档次可高可低,客源具有兼容性。

4. 度假型酒店

度假型酒店以接待旅游、休闲、度假的宾客为主,兼接待会议宾客。酒店以娱乐、休闲、餐饮、康乐及野趣为主要经营项目,客房并不占主要地位。酒店一般不在市区,常常在旅游度假区或有山水的地域或海滨、湖泊、名胜地等。

5. 国宾馆型酒店

国宾馆型酒店以接待国宾及国内高级领导人为主。酒店多以低层别墅式建筑为主,一座别墅内住宿、饮食、办公、会客、康乐等设施齐全。酒店有较大的园林,绝大多数酒店还带有水池、景观等。酒店的封闭性较好,实施警卫工作比较容易。

6. 内部接待型酒店

内部接待型酒店满足投资者内部接待的需要。该类酒店一般由某一系统或企业或组织投资兴建。投资者投资酒店的目的是满足本系统内部大量的业务往来、会议等的需要,同时接待普通宾客。经济效益并不是该类酒店的主要目标。

(三)根据计价方式划分

1. 欧式计价酒店

客房价格仅包括房租,不含食品、饮料等其他费用,世界各地绝大多数酒店属于此类。

2. 美式计价酒店

客房价格包括房租以及一日三餐的费用,目前尚有一些地处偏远的度假型酒店属于此类。

3. 修正美式计价酒店

客房价格包括房租和早餐以及一顿正餐(午餐或晚餐)的费用,以便客人有较大的自由安排白天的活动。

4．欧陆式计价酒店

客房价格包括房租及一份简单的早餐即咖啡、面包和果汁,此类酒店一般不设餐厅。

5．百慕大计价酒店

客房价格包括房租及美式早餐的费用,目前,房租含早餐的计价方式为许多中国酒店所采用。

(四) 根据酒店所在地划分

1．市中心酒店

市中心酒店(City Center Hotels)是以接待大众旅游、商务旅行者或休闲旅游客人为主的酒店,位于城市的中心地区,交通十分方便,靠近市区最繁华的商业中心或著名旅游景点。酒店类型可以是豪华、中等、商务型、套房型、经济型或家居型。

此类酒店可以给客人提供优良的设施和服务。豪华的酒店还能为客人提供礼宾服务或特别的礼宾楼层服务以及秘书、传真、计算机等商务服务,提供24小时的客房送餐服务以及机票预订等服务。

2．近机场酒店

近机场酒店(Airport Hotels)是以接待由于飞机故障、气候变化,或由于时间原因来不及到达目的地等各种原因造成在机场滞留的飞机乘客或旅游团,为他们提供短暂休息场所和服务的酒店。

此类酒店邻近机场,特别受不愿花费长时间往返机场的旅客欢迎。

3．高速公路沿线酒店或汽车旅馆

高速公路沿线酒店或汽车旅馆(Freeway Hotels and Motels)是主要以接待利用汽车旅行的游客,向他们提供食宿及停车场所的酒店。此类酒店一般建立在一些主要公路旁、岔路口边或者公路干线上。现在酒店不仅在设施方面大有改善,且日趋豪华,多数可提供现代化的综合服务。

(五) 按照市场特点划分

1．商务型酒店

商务型酒店(Business Hotels)是以接待办理公务或经商的客人为主,为他们提供住宿、饮食和商务服务的酒店。酒店里的设施舒适、方便、豪华,商务服务的相关设施,如传真、上网、商务秘书等都很齐全,还有快捷的餐饮服务。

2．度假型酒店

度假型酒店(Resort Hotels)是以接待休闲、度假的客人为主的接待场所。此类酒店一般建在交通方便的风景名胜地区,如海滨、著名山区和温泉等附近。

酒店康乐中心的设施齐全、完善,例如,配备保龄球馆、网球场、游泳池、酒吧、棋牌室、卡拉OK室等。酒店环境优美,客人不仅可以享受到舒适的服务,同时可以尽情欣赏大自然的美景。

3．长住型酒店

长住型酒店(Extended-stay Hotels)是以接待商务客人、度假住宿时间长的客人或家庭旅游者为主,为他们提供正常的客房或餐饮服务的酒店,这类酒店的建筑布局与公寓相似。

其客房多采用家庭式布局,配备适合客人长住的家具和电器设备,通常都有厨房设备供客人自理饮食。服务讲究家庭式气氛,亲切、周到、针对性强。

4. 会议型酒店

会议型酒店(Convention Hotels)是以接待参加会议的客人为主,为他们提供会议相关服务的酒店。酒店至少应该具备一个或多个会议厅以及多功能厅、展览厅、多媒体设备、同声翻译系统设备以及高效的会议接待服务,以利于进行团体会议活动。

5. 经济型酒店

经济型酒店(Economic/Budget Hotels)是主要接待那些出来休闲度假,但收入有限,愿意接受清洁、低价服务的客人,为他们提供最基本的服务项目的酒店。

经济型酒店的特点是,经济、简约、规模小(客房在100间左右);设施相对简单,但装饰布置考究;注重功能性,力求在提供的核心服务——"住宿和早餐"上精益求精。国内的经济型酒店扩展速度惊人,如"锦江之星""如家快捷""莫泰168"等。美国的"速8"、法国雅高集团的"宜必思"也相继进入国内。如今拥有强大网络平台支持的连锁经济型酒店业日趋成熟,如七天连锁、尚客优快捷酒店、汉庭连锁等。

6. 全套房酒店

全套房酒店(All Suites Hotels)是接待商务客人、长期但非永久性出差的企业行政人员、寻求经济膳宿的旅行者夫妇和家庭等,并为他们提供服务的酒店。客房的类别以套房为主,等级较高,公共区域面积相对较少。

7. 家庭旅馆

源于欧洲的家庭旅馆简称"B&B"(Bed & Breakfast),意思是"住宿和早餐"。家庭旅馆是一种可向客人提供住宿和早餐的家庭式酒店。随着旅游业的发展,家庭旅馆广义包括了能提供居家式服务的自助公寓、民宿、青年旅馆、短期出租房、公寓式旅馆和汽车旅馆等。

 案例分析

艺术+酒店,新模式与新卖点

随着近年来消费升级的趋势日显,大众对文化艺术的需求也随之提高,各类博物馆、美术馆拔地而起,成百上千场展览此起彼伏。酒店这一传统行业为了搭上文化艺术这趟高速列车,也推出了新的呈现形式——艺术酒店。相对于传统酒店,艺术酒店更偏重于体验。目前,对艺术酒店的概念尚未有明确的定义与共识。

综合国内外多个艺术酒店案例,一般认为艺术酒店是酒店与艺术的全方位融合,在酒店的设计阶段就需要匠心独具的艺术构想,落成后,不仅有固态的艺术品陈列,更要有动态的艺术活动等极具艺术体验的项目。

在国外,艺术酒店与时尚酒店、创意酒店的概念相融合,通常从设计阶段就注重酒店的艺术特征。如法国马赛的Au Vieux Panier酒店,除了邀请不同艺术家量身打造客房之外,还和画廊一样经营艺术品。除了拿不走的涂鸦、墙绘,在酒店公共空间及客房的任何艺术品都标价出售,酒店则获取佣金,并定期从艺术家手中更换作品。此外,国外比较知名的艺术酒店包括韩国百乐达斯城艺术天堂酒店、日本 BnA 阿尔特博物馆酒店、西班牙的伊维萨天堂艺术酒店等。

艺术酒店在国内的发展时间较短。由昊美术馆创始人郑好带领其团队倾力打造的万和昊美艺术酒店于 2015 年 7 月 17 日在上海浦东张江亮相。酒店融入昊美术馆 500 件馆藏作品,在 319 间客房、4 间艺术主题餐厅及其他公共空间展现,如安迪·沃霍尔、毕加索、克林姆、达利等艺术大师的素描、版画作品,还有 20 世纪艺术大师博伊斯的装置作品,集画廊、美术馆于一身,营造出"Stay Art,Art Stay"(舒适一日,艺术一天)的全新体验。

目前,国内具有代表性的艺术酒店还有宝龙艺术酒店集团。宝龙艺术酒店更加注重艺术的互动性,积极开展艺术家驻地计划,同时也热衷于在酒店空间内部举办各类艺术展览、创意市集等活动,甚至引入非遗传承人现场表演非遗技艺。这些活动激发了酒店空间的艺术氛围,使消费者在各类活动中近距离体验艺术。艺术酒店是酒店与艺术的深度融合,也是艺术市场中艺术品交易的新场所与新模式。

(资料来源:文婷婷,于蒙群.艺术+酒店,新模式与新卖点?[J].艺术市场,2018(8):112-117。)

思考题:

请根据当前人类社会和科技发展趋势,预测未来还可能出现哪些酒店类型,并简要解释其主要的经营特征或卖点。

四、酒店的组织机构管理

(一)酒店组织管理网络的设置

1. 现代化酒店管理网络

现代化酒店管理网络基本以业务区域制来划分部门,即直线——职能制。酒店是一个特殊行业,所以酒店组织必须适合宾馆酒店业务运转的需要。

2. 怎样划分组织形式才能实现效率原则

(1)能够创造出使每一个人都能独立和主动工作的环境,例如,能够让每个岗位的每位员工都清楚地知道自己该做什么,如何去做,不做或做不好时会怎么样,等等。

(2)能够保证管理者将他的主要精力投入创新工作中,而不是在重复的日常工作里无所适从。例如,一个岗位最好只有一个直接上级。中层上级与基层上级的命令要统一、协调,这样才能提高管理绩效。上级可以越级监督,但不能越级指挥;下级可以越级申诉,但不能越级请示。

(3)能够起到有效的激励和监督作用,真正做到绩效挂钩。

(4)能够积累知识和经验,注意保护和挽留有经验的技术管理人员,这才是培育和优化人力资本的关键之处。

3. 酒店基层组织机构通常的划分方法

(1)按时间划分班组,例如,早班、中班、晚班、正常班等。

(2)按服务产品划分班组,例如,订房班、开房班、收房班、布房班等。

(3)按顾客需要划分班组,例如,桑拿男宾部、桑拿女宾部等。

（4）按职能划分班组，例如，财务部下辖收银员，公关部下辖营销、广告等班组。

（二）酒店的基层部门

酒店的基层部门至少应该有8个部门。

（1）餐饮部：提供餐饮和相关服务及客房送餐服务、宴会服务等。

（2）客房部：也称房务部，含前台部，负责客房预定、总台接待、房间清扫、公共区域卫生、咨询、财务总结等业务。

（3）人事部：负责招聘、处理劳资关系、工资结算、人员培训、辞退员工等事务。

（4）营销部：负责营业推广、广告宣传及推销酒店的产品、处理公共关系等事务。

（5）保安部：负责酒店的防火、防盗，保证客人与职工生命财产的安全。

（6）财务部：负责酒店的收支、核算、分析，对物品原料的采购、储存、发放等进行控制。

（7）工程部：负责酒店设备设施的维护、维修保养、装修改造等。

（8）总经理办公室：负责酒店的行政事务管理，例如，日常行政工作、事务管理、文秘工作等。

（三）酒店的基层管理者

酒店中从事基层管理的人，也就是酒店中常常称呼的主管、领班、班长、组长、队长等职衔。

酒店基层管理者具有的特点是，直接负责服务、销售，工作更富于操作性、技术性，而且基层管理者本人应该是这一领域的技术能手，酒店的基层管理者常常处于管理的中间位置。酒店基层管理者有权安排本部门的生产经营活动，有权调整本部门的劳动组织并制订实施措施，有权制订违规条约并提出奖惩建议，有权分配奖金并举荐员工深造、提拔、晋级，有权维护班组的合法权益。

理想的酒店基层组织管理者不应该是"和事佬"和"传声筒"，而应该能够先吸收来自上层、下级的双重压力，再经自身的转化后消化成新压力分散于各部门员工，发挥团体优势，以争取最大效益。

第二节　酒店服务的重要性

一、酒店服务的内涵

酒店服务是指酒店为满足顾客的需要而付出的智能和必要的劳动，是酒店的无形和无价商品。酒店所提供服务的种类、服务的水平是客人选择酒店时的主要因素之一，其服务项目的多少、服务内容的深度、服务质量的高低也是酒店之间竞争的重要环节。良好的酒店服务是树立酒店形象、提高酒店知名度的重要手段。

二、酒店服务的特点

酒店服务的使用价值体现在既能够满足宾客在物质方面或精神方面的需要，也具有与其他物质产品不同的特点，表现为一种活动。

1. 酒店服务的同一性

酒店服务这一产品不同于物质产品交换，它的生产和消费是同步进行的，在时间和空间上是统一的,即酒店工作人员在提供服务的同时宾客正在接受服务,服务的好坏直接受到客人的检验。消费者对酒店服务质量的选择实际上就是对酒店信誉的选择。

2. 酒店服务的固定性

酒店服务不像其他物质产品可以买回家使用,它的使用价值只能在酒店内才能实现,宾客只有入住酒店,才能消费酒店服务,如酒店的床位是固定的,其具有不可转移的固定性。

3. 酒店服务的不可重复性

酒店服务在宾客入住酒店时开始,在宾客离开酒店时结束,对于宾客而言,酒店服务是一次性和不可重复的。酒店服务会随着时间、地点及服务人员心情的变化而不同,即使是同一名服务员提供的服务,其质量也会有所不同。

4. 酒店服务的综合性

酒店要接待来自不同地区、不同民族及不同国家的宾客,宾客的性别、年龄、职业、文化程度和宗教信仰各不相同,其喜好、兴趣和习惯也大相径庭,尽管他们在基本生活需要方面有着相同之处,但在很多方面其对酒店服务的需求又不尽相同,酒店服务具有综合性。

三、酒店优质服务的重要性

(一)良好酒店服务能给客人留下美好印象

在酒店服务接待过程中,第一印象表现为宾客通过对服务人员的仪表、言谈、举止等方面的观察而形成的感觉登记。第一印象虽是在短时甚至瞬时形成,但它不仅影响着宾客的心理活动,而且影响着服务交往,有时甚至影响服务工作能否顺利进行。所以,在与宾客初次交往时,良好的服务能快捷地融洽与宾客的关系,收到事半功倍的效果。

(二)良好的酒店服务能给服务工作带来便利

良好的服务对宾客的情绪具有主动诱导作用,宾客的情绪往往受到服务人员态度的影响。良好的服务也容易给服务人员自身带来热情、主动、自信等良好的情绪氛围,处在这一氛围中的服务人员,工作效率也会随之提高。良好的服务在给服务工作带来便利的同时,也给服务人员带来成就感,这种成就感有利于服务工作者自身的身心健康。

(三)良好的酒店服务能为酒店带来良好的经济效益

服务人员既充当个人角色又代表酒店形象,这两种角色彼此依赖又互为联系,也就是说酒店的形象是通过每个具体服务人员来体现的。如果每位员工都能做到良好的服务,宾客不仅会感受到服务人员的工作热情,而且会将这一具体的感受升华到对酒店形象的认可,从而提高酒店的知名度和美誉度,为酒店带来更好的经济效益。

阅读材料

客人是永远不会错的

世界饭店经营管理成功者是现代饭店管理原理和方法的伟大实践者、创新者。从那些影响世界饭店业发展的巨人身上,我们可以感受到饭店管理者的真实形象和力量,他们的经验与格言将给我们极大的启示。

现代饭店起源于欧洲的贵族饭店。欧洲贵族饭店经营管理的成功者是西泽·里兹(Cesar Ritz)。英国国王爱德华四世称赞里兹:"你不仅是国王们的旅馆主,你也是旅馆主们的国王。"

西泽·里兹1850年2月23日出生于瑞士南部一个叫尼德瓦尔德(Niederwald)的小村庄里。他曾在当时巴黎最有名的沃尔辛餐厅(Voision)当侍者。在那里,他接待了许多王侯、贵族、富豪和艺人,其中有法国国王和王储、比利时国王利奥彼得二世、俄国的沙皇和皇后、意大利国王和丹麦王子等,并了解了他们各自的嗜好、习惯、虚荣心等。此后,里兹作为一名侍者,先后在奥地利、瑞士、法国、德国、英国的几家餐厅和饭店工作,并崭露头角。27岁时,里兹被邀请担任当时瑞士最大最豪华的卢塞恩国家大旅馆(Hotel Grand National)的总经理。

里兹的经历使他立志去创造旨在为上层社会服务的贵族饭店。他的成功经验之一是,无须考虑成本、价格,尽可能使顾客满意。这是因为他的顾客是贵族,支付能力很高,对价格不在乎,只追求奢侈、豪华、新奇的享受(按现代经营管理理念,这似乎不合时宜,但在当时贵族化生活的立场,的确是成功的条件)。

为了满足贵族的各种需要,里兹创造了各种活动,并不惜重金。例如,如果饭店周围没有公园景色(Park view),他就创造公园景色。在卢塞恩国家大旅馆当经理时,为了让客人从饭店窗口眺望远处山景,感受到一种特殊的欣赏效果,他在山顶上燃起烽火,并同时点燃了1万支蜡烛。

还有,为了创造一种威尼斯水城的气氛,里兹在伦敦萨伏依旅馆(Savoy Hotel)底层餐厅放满水,水面上飘荡着威尼斯凤尾船,客人可以在二楼一边聆听船上人唱歌,一边品尝美味佳肴。

像这样的例子不胜枚举,由此可以看出里兹是一个现代流派无法形容的商业创造天才。里兹的成功经验之二是,引导住宿、饮食、娱乐消费的新潮流,教导整个世界如何享受高品质的生活。

1898年6月,里兹建成了一家自己的饭店:里兹旅馆,位于巴黎旺多姆广场15号院。这一旅馆遵循"卫生、高效而优雅"的原则,是当时巴黎最现代化的旅馆。这一旅馆在世界上第一次实现了"一个房间一个浴室",比美国商业旅馆之王斯塔特勒先生提倡的"一间客房一个浴室、一个美元零五十"的布法罗旅馆整整早10年。

里兹旅馆的另一创新是用灯光创造气氛。里兹用雪花膏罩把灯光打到有颜色的天花板上,这种反射光使客人感到柔和舒适,餐桌上的灯光淡雅,制造出一种神秘宁静和不受别人干扰的独享气氛。当时,里兹旅馆特等套房一夜房价高达2500美元。

西泽·里兹的格言之一是,客人是永远不会错的(The guest is never wrong)。他十分重视招徕和招待顾客,投客人所好。

多年的餐馆、旅馆服务工作的经验,使里兹养成了一种认人、记人姓名的特殊本领。他与客人相见,交谈几句后就能掌握客人的爱好。把客人引入座的同时,就知道如何招待他们。这也许正是那些王侯、公子、显贵、名流们喜欢他的原因。客人到后,有专人陪同进客房;客人在吃早饭时,他把客人昨天穿皱的衣服取出,等客人下午回来吃饭时,客人的衣服已经熨平放好了。

西泽·里兹的格言之二是,"好人才是无价之宝"(A goodman is beyond price)。他很重视人才,善于发掘人才和提拔人才。例如,他聘请名厨埃斯科菲那,并始终和他精诚合作。西泽·里兹的成功经验对后来豪华饭店和高级饭店中的总统套间、豪华套间、行政楼的经营管理仍然具有借鉴意义。

(资料来源:王永挺.饭店经营管理案例精粹[M].成都:电子科技大学出版社,2017.)

第三节 酒店服务质量

一、酒店服务质量的含义

酒店服务质量是指酒店以其所拥有的设施、设备为依托,为宾客所提供的服务在使用价值上适合和满足宾客物质和精神需要的程度。酒店服务质量的管理实际上是对酒店所提供服务的使用价值的管理。

二、酒店服务质量的内容

酒店服务质量是有形产品质量和无形产品质量(劳务)的完美统一,它包含两方面的内容。

(一)有形产品质量

有形产品质量是指酒店提供的设施设备和实物产品及服务环境的质量,主要满足宾客物质上的需求。

例如,酒店设施设备的质量(包括客用设施设备和供应设施设备——客房设备、康乐设施、锅炉设备、制冷供暖设备、厨房设备等)、酒店实物产品质量(包括菜点酒水质量、客用品质量——如棉织品、餐酒具、商品质量、服务用品质量等)、服务环境质量(即酒店的服务气氛给宾客带来感觉上的美感和心理上的满足感),也包括独具特色、符合酒店等级的酒店建筑和装潢,布局合理且便于到达的酒店服务设施和服务场所,充满情趣并富于特色的装饰风格以及洁净无尘、温度适宜的酒店环境和仪表、仪容端庄大方的酒店员工。

(二)无形产品质量

无形产品质量是指酒店提供的劳务服务的使用价值的质量,即劳务服务质量。它主要包括礼貌礼节、职业道德、服务态度、服务技能、服务效率、安全卫生及员工的劳动纪律、服务的方式方法、服务的规范化和程序化等内容。

三、酒店服务质量的特点

(一)酒店服务质量构成的综合性

设施设备、实物产品是酒店服务质量的基础;服务环境、劳务服务是酒店服务质量的表现形式;宾客满意程度则是酒店所有服务质量优劣的最终体现。

(二)酒店服务质量评价的主观性

由于酒店服务质量的评价是由宾客享受服务后根据其物质和心理满足程度进行的,因而带有很强的个人主观性。宾客的满足程度越高,其对服务质量的评价也就越高,反之亦然。

（三）酒店服务质量显现的短暂性

酒店服务质量是由一次次的内容不同的具体服务组成的,而每一次具体服务的使用价值均只有短暂的显现时间,即使用价值的一次性,如微笑问好、介绍菜点等。

（四）酒店服务质量内容的关联性

客人对酒店服务质量的印象是通过他进入酒店直至离开酒店的全过程而形成的。在连锁式的服务过程中,只要有一个环节的服务质量有问题,就会破坏客人对酒店的整体印象,进而影响其对整个酒店服务质量的评价。

（五）酒店服务质量对员工素质的依赖性

酒店服务包括有形服务和无形服务两个部分,酒店服务质量是在酒店有形产品的基础上通过员工的劳务服务创造并表现出来的。服务人员的个人素质和管理者的管理水平会影响到顾客的满意度,酒店服务质量对员工素质有较强的依赖性。

（六）酒店服务质量的情感性

宾客与酒店之间的关系融洽,宾客就比较容易谅解酒店的难处和过错,而关系不和谐,则很容易致使客人的小题大做或借题发挥。

四、酒店服务质量管理

国际标准化组织(ISO)成立于1947年,是一个非政府性质的国际科技组织,有100多个国家与地区加入该组织,它下辖200多个技术委员会。1977年成立质量保证标准化委员会,由它制定的 ISO 9000 标准是一套管理和质量保证的国际标准系列文件。

酒店全面质量管理是以宾客需求为依据,以宾客满意为标准,以全过程管理为核心,以全员参与为保证,以科学方法为手段,运用全面质量的思想和观念推行的服务质量管理,它是达到酒店预期的服务质量效果的一种有效管理方法。

五、衡量酒店服务质量的五大标准

（一）可靠性

可靠性是酒店服务质量属性的核心内容和关键部分,它指酒店可靠地、准确无误地完成承诺的服务的能力。顾客希望能有可靠的服务来获得美好的经历,而酒店企业也把服务的可靠性作为树立企业信誉的重要手段。例如,必须兑现向预订宾客承诺的客房或餐厅包厢。

（二）反应性

反应性是指酒店准备随时帮助宾客并提供迅速有效服务的愿望。反应性体现了酒店服务传递系统的效率,并反映了服务传递系统的设计是否以顾客的需求为导向。服务传递系统要以顾客的利益为重,尽量缩短顾客在消费过程中的等候时间。例如,顾客在前台办理住宿登记时身份证信息的填写,如果改为立即扫描存入,以缩短宾客办理的时间,即可以给顾客的感知质量带来积极的影响。

（三）保证性

保证性是指酒店的员工所具有的知识技能、礼貌礼节以及所表现出的自信与可信的能力。员工具有完成服务的知识和技能，可以赢得宾客的信任，可以使宾客在异乡有宾至如归的感觉。

（四）移情性

移情性是指酒店的服务工作自始至终以客人为核心，关注他们的实际需求，并设身处地地为宾客着想。在服务过程中，员工要主动了解宾客的心理需求、心理变化及潜在需求，进而提供周到细致的服务，让宾客充分感受到服务中的"人情味"。

（五）有形性

有形性是指酒店通过一些有效的途径——设施设备、人员、气氛等传递服务质量。酒店服务虽具有无形性特征，但必须通过有形的物质实体来展示服务质量，以便有形地提供酒店服务质量的线索，为顾客评价服务质量提供直接的依据。

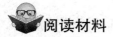
阅读材料

酒店在线服务的"星级"评定标准

2020年1月10日，《酒店在线服务质量评价与等级划分》团体标准（以下简称《标准》）在北京发布。该标准是国内首个对酒店在线服务质量进行评价和评级的标准，按照《标准》，在线平台可以通过7项指标为酒店进行评分和评级并向消费者展示。专家认为，《标准》能够更好地引导酒店从用户需求出发，提升自身服务质量，保障用户权益和消费体验，进而推动行业健康发展。

《标准》以电子商务平台内的单个酒店为评价对象，以酒店线上服务质量为评价内容，构建了包含基础信息、服务能力、经营能力、诚信经营、个人信息安全、规章制度、消费者评价等7项指标的评价指标体系。总分为1 000分，超过700分的酒店从高到低分为三个级别，即900至1 000分为一级，800至900分为二级，700至800分为三级。平台需设定特色标识，向消费者展示所在级别，让消费者可以看到酒店在线服务的"星级"，进而避免"盲选"。

（资料来源：央广网.《酒店在线服务质量评价与等级划分》团体标准发布，"手机订酒店"有了"行规"[N/OL].环球旅讯.https://www.traveldaily.cn/article/135073，2020-01-12）

本章小结

本章主要介绍了酒店基础知识，包括酒店的概念、特点和类别、酒店的组织机构管理、酒店服务的内涵和重要性以及酒店的服务质量的管理等内容。掌握酒店的基础知识是做好酒店实务的根本与必要条件。

本章思考题

1. 什么是酒店等级？
2. 酒店的市场发展前景如何？

第一章 酒店服务基础知识概述

3. 酒店分类标准有哪些？
4. 按市场特点，酒店可以分为哪几种？
5. 酒店的基层部门至少有几个？分别是什么？
6. 酒店服务的特点有哪些？
7. 酒店服务的重要性体现在哪些方面？
8. 酒店服务质量具体包括哪两方面内容？并简要解释说明。
9. 衡量酒店服务质量的标准有哪些？

实战演练

1. 实践内容

调查本区（县）星级饭店的基本情况，查阅相关资料，讨论并分析该饭店的星级、客源市场、客房数量、计价方式以及具体的关于管理方式方法和组织结构制度等方面的基本情况。

2. 实践课程学时

实践课程2学时。

3. 实践目的

通过实地调查分析，掌握星级饭店的基本知识，并运用到实践中。

4. 实践环节

（1）以组为单位（2～3人一组），实地调查，同时查阅相关资料。

（2）以组为单位，讨论该饭店的基本情况，如类型、等级、规模、经营方式、客源市场构成、计价方式等基本情况，进而分析该饭店的管理模式、组织结构等情况。

5. 技能要求

（1）能够熟练应用所学知识到实践中。

（2）能够对调查来的数据进行科学分析并得出正确的结论。

（3）能够举一反三，联系到相关的理论知识。

6. 实践成果

（1）能够通过调查分析饭店的基本情况。

（2）能够分析饭店的组织结构的类型和特点。

（3）能够通过调查，得出饭店管理的内容以及是如何体现管理职能的。

第二章 酒店服务礼仪与行为规范实训

【知识目标】
1. 了解酒店岗前培训的类别。
2. 熟悉酒店服务基本礼仪和酒店职业道德。
3. 熟练掌握酒店主要安全事故的预防、处理流程以及酒店突发事件的处理办法。
4. 熟知酒店主要法规常识。

【技能要求】
1. 能够具备从事酒店服务工作的基本礼仪技能。
2. 能够形成良好、规范的酒店服务习惯和职业道德素养。
3. 能够具备处理酒店安全事件的基本技能。

业界新闻

礼仪操培训助力酒店服务质量提升

为进一步提升空港大酒店整体服务的意识、标准及质量,近日空港酒店在全员中开展礼仪操培训推广活动,并将礼仪操纳入酒店年度行动计划予以强调及实践。

这一举措充分体现了空港酒店对提升酒店整体服务质量的重视。前期,酒店组织管理人员参观学习行业服务领先酒店的先进做法,了解酒店同行服务态度、规范的服务操作及客人体验,同时安排编排和普及空港大酒店服务礼仪操,并结合日常服务质检,将礼仪操的规范礼仪标准践行于各个岗位,为宾客提供优质服务和尊享体验。

除了参照《五星级饭店评定标准》优化酒店服务质量外,空港大酒店还广泛推行员工"五米注目礼、三米微笑、一米问候、三十秒答复"的礼仪服务标准,以客户需求和客户体验为着眼点,加强服务细节,并针对不同的消费人群,创新推出了"六类客人"个性化服务产品以及"满意+惊喜"的客户关怀计划。

空港大酒店对服务提升的重视,还体现在相关培训的投入方面,开业三年来酒店先后出资选派4名员工参加了金钥匙培训,2名员工参加了黄金管家培训,不断加强员工的岗位培训以及自身素质的提升,从而提高酒店整体服务质量,使南来北往的宾客真正收获宾至如归的满意,也正因此,空港大酒店自开业以来屡获业内殊荣,如金树叶级绿色旅游饭店、年度好评住宿奖、客人点评奖、最佳商务酒店、中国最受欢迎酒店、中国优秀会议酒店金爵奖等,更连续四年荣膺"最佳机场酒店"荣誉称号。

酒店希望通过自身的严格要求及努力,能为广大客人提供优雅、宁静、放松又贴心的居停环境。

(资料来源:马秀红,臧金.空港大酒店开展全员礼仪操培训及"满意+惊喜"服务提升计划[EB/OL].三秦网.http://www.sanqin.com/2018-04/04/content_349916.html,2018-04-04.)

在今天的酒店业中,人力资源是最宝贵和最有价值的财产,也是酒店赖以生存的基本要素之一。改变员工的行为表现,提高其素质,对任何酒店的成功都具有重要意义,而培训就是主要方法。

培训是一个持续不间断的过程,在知识、能力、态度三个方面改变,加强或改进员工的行为或表现,使其掌握系统的、先进的、个性化的酒店服务技能,进而保证服务质量。因此,培训对酒店的意义十分重大。

岗前培训是酒店培训的一个重要组成方面,也称为就业培训,即员工上岗前的培训。虽然酒店在招聘新员工时经过严格挑选,一般招聘的新员工都有比较良好的素质。但是,这些新员工大多数未受过酒店服务工作的培训,尚不具备投入服务工作的基本技能与知识,因此必须给以培训。

如果新招聘的员工是由同行业流动过来的人员,虽然曾受过专业知识和技能的培训,但是也应该重新培训,因为各酒店的服务规程和特点是有所区别的。

进行岗前培训的目的就是通过一段时间的强化训练,将新招聘的人员,从对酒店知识和业务毫无所知,或虽了解但不全面,培训成为一名初步掌握酒店服务知识、服务技能和规程的员工,并能胜任该岗位的工作。

岗前培训因培训的内容侧重点不同,又可分为一般性岗前培训和专业性岗前培训。一般性岗前培训指的是对新员工就酒店行业知识、酒店的工作性质、酒店从业人员的基本素质要求和职业道德、酒店的基本情况等常识性内容进行培训,目的是让新员工了解行业情况,增加对所从事行业的信心;专业性岗前培训是指根据不同员工的不同情况,依据酒店的不同需求,分部门、分工作对新员工进行有针对性的专业培训,目的是让新员工熟悉其所在部门业务的内容、操作的原则、规范、程序、方法等专业技能,使其尽快适应和胜任酒店所分配的工作。

一般而言,酒店实训学员岗前培训的内容包括酒店服务基本礼仪、酒店从业人员职业道德、酒店安全知识及法规常识。

第一节　酒店服务基本礼仪

一、仪容仪表规范

仪容仪表是一个人的精神面貌和内在素质的外在表现。良好的仪容仪表与人的道德修养、文化素质以及生活习惯息息相关。讲究的仪容仪表可以给宾客留下良好的第一印象,是对服务对象的尊重,也是服务人员自尊自爱的需要。酒店服务人员的仪容仪表应自然大方、得体,符合工作需要及安全规则。精神饱满,整齐整洁是基本要求。

(一) 发型

梳理整齐,无头皮屑。不留怪异发型。男士前不过眉,侧不过耳,后不压领;女士前不遮眼,侧不盖耳,后不披肩。发饰品颜色以黑色为主或与头发本色相近。

服务形象——发型

(二) 面容

脸颈及耳朵绝对干净,不留胡须,鼻毛不准出鼻孔,口腔无异味。上岗之前化淡妆(淡雅自然),不浓妆艳抹。

(三) 装饰物

不能佩戴首饰(项链、耳环、手镯及夸张的头饰),一般只允许佩戴手表,可以佩戴婚戒,但厨房人员除外。

服务形象——配饰

(四) 身体

上班前不吃异味食品和不喝含酒精的饮料、勤洗澡、无体味。指甲要修好,不留长指甲,保持干净、勤洗手。女员工不能涂有色指甲油。

(五) 着装

着统一的岗位工作服,佩戴好工牌。工作服要干净、平整、纽扣齐全扣好。工号牌要佩戴在左胸前,不得歪斜;不要将衣袖、裤腿卷起;上衣口袋领子、袖口要干净。内衣不能外露。

服务形象——穿着

(六) 整理场所

公共场所需整理仪表时,要到卫生间或工作间等客人看不到的地方,不要当客人的面或在公共场所整理。

二、举止仪态礼仪

仪态是指人在行为中所体现出来的各种姿势、表情和风度。仪态作为一种无声的语言,是我们通常所说的"体态语"。良好的仪态不仅可以给宾客带来舒适的心理感受,同时也反映出服务人员的内涵和酒店的服务水平。酒店服务人员应该注重细节,不断养成良好的行为习惯,更好地为宾客服务。

(一) 站姿礼仪(挺拔)

站立时头部保持端正、面带微笑、双目平视前方,挺胸收腹、身正、腿直,两臂自然下垂在身体两侧或在体前交叉,右手放在左手上,以保持随时向客人提供服务的状态。女子站立时,脚呈V字形(脚尖分开距离约为50°),双膝和脚后跟要靠紧,男子站立时脚尖分开成V字形,脚后跟并拢或双脚与肩同宽(脚跟分开距离限8厘米内)。

(二) 坐姿礼仪(端正)

男士双手五指并拢,自然放在大腿上方,双脚自然岔开;女士可将右手搭在左手上,轻放在腿面上,并将两脚并拢向右倾斜,双脚脚尖抬起,脚跟搭在椅子椅腿处。女子只可坐满椅子的2/3,脊背轻靠或不靠椅背。谈话时如需侧转身,上体与腿应同时转动,幅度不可过大。

起来时,右脚应向后收半步而后站起,动作不要迅猛。坐在椅子或沙发上时,不要前俯后仰,更不要将脚放在椅子或沙发扶手上和茶几上。

(三) 走姿礼仪(轻稳)

行走时上体要正直,身体重心略向前倾,头部要端正、颈要直、双目平视前方、肩部放松、挺胸立腰,腹部略微上提,两臂自然前后摆动(摆动幅度为 35 厘米左右),双臂外开不超过 30°,男员工走时步伐要轻稳、雄健,女员工要行如和风。

两脚行走线迹应是正对前方呈直线,不要两脚尖向内形成"内八字"或"外八字",步伐均匀、步速不要过快,行进间不能将手插在口袋里,也不能扒肩搭背、拉手搂腰。引领客人时,让客人、上级走在自己的右侧,三人同行时,中间为上宾。与上级、宾客相遇时,要点头示礼致意。

(四) 蹲姿礼仪(优雅)

在对客服务中,当酒店员工为宾客捡拾物品或为宾客提供其他必要服务时,都要用到蹲姿。在使用蹲姿时,切忌弯腰撅臀。蹲姿要方位准确,姿势优雅,不要突然下蹲,特别是在行进中尤其不能突然下蹲。

下蹲时,应与身边的人保持一定的距离,忌讳将背部朝向客人。以一膝微屈为支撑点,将身体重心移此,另一腿屈膝,脚稍分开,不要低头、弯腰、臀部下沉,上身稍前倾下蹲。身着裙装的女员工下蹲时,应注意使用合理的蹲姿,靠紧两腿。

(五) 手势礼仪(谦逊)

1. 指引方向

左(右)收五指并拢、伸直,左(右)手大、小臂成 120°夹角,手掌掌心向上微倾 15°,掌心同小臂内侧是一条直线,指尖指引方向,目光由问好时注视客人转移到提示语结束时注视指引的方向。右(左)手手臂自然下垂,贴于右(左)侧裤腿处。

2. 小心台阶

上身保持正直侧身 30°、向前微倾 15°,两腿直立,五指并拢,直接指向客人正前方的台阶处,目光直视客人,提示客人:"您好,小心台阶。"

(六) 微笑礼仪(亲切)

微笑要亲切自然,不做作;嘴角含笑,伴随微笑自然地露出 6~8 颗牙齿;遇到客人 3 秒内必须微笑,与客人目光相遇应微笑致意;回答客人问题也要面带微笑。

(七) 接电话礼仪(规范)

(1) 物品准备:平时工作时就应该在电话旁边准备好纸和笔,方便记录客户电话内容。

(2) 左手拿话筒:在与客户进行电话沟通过程中往往需要做必要的文字记录,右手写字或操纵计算机,轻松自如地达到与客户沟通的目的。

(3) 接听时间:电话铃响三声之内接听,如果有事情耽误了接听电话的时间,在接起电话时应说一声致歉的话:"对不起,让您久等了。"

(4) 保持正确的姿态:接听电话过程中应该始终保持正确的姿势,即端坐的姿势,这样可以使声音自然、流畅和动听。此外,保持笑脸也能够使来电者感受到你的愉悦。

(5) 重复电话内容:电话接听完毕之前,不要忘记复诵一遍来电的要点,防止记录错误或者偏差而带来的误会。

(6)道谢：最后向对方打来电话表示感谢是基本的礼貌,来者是客,以客为尊。切记,在电话结束之后要让客户先收线挂电话,之后再挂掉电话。

三、见面常用礼仪

(一)鞠躬礼

鞠躬分45°、30°、15°三种。鞠躬前保持标准站姿,以臀部为轴,上身保持不动向前倾斜一定角度。鞠躬时上身向前倾斜,头部、颈部、背部成一条线,目光注视身体前方的地面。当与客人交错而过时,应面带笑容行15°鞠躬礼,以表示对顾客的礼貌及打招呼;当迎接或相送顾客时,行30°鞠躬礼;当感谢顾客或初次见到顾客时,行45°鞠躬礼以表礼貌及问候。

(二)握手礼

握手礼通常是先打招呼,然后互相握手,同时寒暄致意。行握手礼时,不必相隔很远就伸直手臂,也不要距离太近,双方走至合适位置时(一般距离约一步),目视对方,上身略微前倾,左手自然放于体侧,伸出右手手臂,四指齐并,拇指张开,双方伸出的手一握即可,不要攥着不放,也不要用力过大,前臂用力上下轻晃,时间一般以1~3秒为宜。

(三)介绍礼

右手以肘关节为轴,小臂自体侧抬起,与大臂呈45°~60°角,手心朝上,手背朝下,五指自然并拢,手掌指向被介绍方。同时向另一方点头微笑,用视线把另一方的注意力引导到被介绍方。

(四)避让礼

酒店员工行进路遇客人时,应主动避让,如客人主动让道应表示感谢。在避让客人时,右脚向右跨出一步,左脚与右脚靠拢成站姿,侧向客人站立。根据情况向客人施以鞠躬礼或点头礼。

(五)称呼致意礼仪

致意是用行为向别人表示问候,是最常用且最简单的礼节。致意的种类有很多,如点头致意、欠身致意、挥手致意等。致意能够拉进酒店员工与宾客的距离,表达对宾客的友善、敬意、诚意、歉意。目视宾客,面带真诚的微笑,点头致意时,头部微向下,轻轻点头;欠身致意时,以髋关节为轴,上身前倾约15°,头、颈、背应保持在一条直线上;挥手致意时,伸出右手,手指与头顶高度保持水平,自然挥动2~3次,挥动速度要适中。

称呼致意包括以下两种：一是一般习惯性称呼,称男性为"先生",女性为"女士",年龄大些的女士可称为"夫人";二是姓氏职务称呼,如"赵院长""王经理"。

(六)递送物品礼仪

双手递送笔、刀剪之类尖利物品给客人时,将尖头朝向自己,将把柄递与对方;双手递送尺子之类较长物品,则应横向递出;递送名片时,双手奉上,同时名片正面朝向对方。

酒店礼仪服务细节繁多,但也是锻炼一个人综合素质的好途径。酒店服务人员可以从一点一滴做起,互相学习,持之以恒,共同成长为优秀的酒店人,以推动酒店整体服务风貌的优化提升。

四、酒店迎送基本礼仪

（一）接待礼仪

1. 接站礼仪

（1）掌握抵达时间。迎送人员必须准确掌握客人乘坐的飞机、火车、船舶抵达的时间，如有变化，应及时通知。

（2）注意接站时的礼仪。对提前预订远道而来的客人，应主动到车站、码头、机场迎接。一般要在班机、火车、轮船到达前15分钟赶到，这样会让经过长途跋涉到达目的地的客人不会因等待而产生不快。

（3）服饰要求。在接待不同国别客人时，应考虑到他们所能接受的服饰颜色的习惯。接待人员应熟悉各国人员对颜色的喜好。

2. 到店时的接待礼仪

（1）欢迎问候。接待人员要笑脸相迎，先主宾后随员、先女宾后男宾的顺序欢迎问候。

（2）发放分房卡。及时将分房卡交给客人，为客人打开电梯门，用手势请客人进入电梯，对行动不方便的客人主动携扶进入电梯。

（3）列队欢迎。重要客人或团队到达时，要组织服务员列队到门口欢迎。服装要求整洁，精神要饱满，客人到达时，要鼓掌，必要时总经理和有关领导要出面迎接。在客人没有全部进店或车辆未全部开走前不得解散迎宾队伍。

（二）送客礼仪

1. 送别规格

送别规格与接待的规格大体相当，只有主宾先后顺序正好与迎宾相反，迎宾是迎客人员在前，客人在后；送客是客人在前，迎客人员在后。

2. 注意事项

对于酒店来说，送客礼仪应注意以下3点。

（1）准备好结账。及时准备做好客人离店前的结账，包括核对小酒吧饮料使用情况等，切不可在客人离开后，再赶上前去要求客人补"漏账"。

（2）行李准备好。侍者或服务员应将客人的行李或稍重物品送到门口。

（3）开车门。酒店员工要帮客人拉开车门，开车门时右手悬搁置车门顶端，按先主宾后随员、先女宾后男宾的顺序或主随客便自行上车。

3. 告别

送走客人应向客人道别，祝福旅途愉快，目送客人离去，以示尊重。

4. 送车

如要陪送到车站、机场、码头等，车船开动时要挥手致意，等开远了后才能够离开。

（三）迎送工作中的具体事务

1. 事前准备

迎送身份高的客人，事先在机场、车站、码头安排贵宾休息室，准备饮料。派人到机场等候客人，代替办理相关手续和提取行李。到达酒店后播放高雅的音乐，以消除客人旅途疲劳，另外，也可准备一些最新报纸、杂志。员工要训练有素，从而给客人留下美好、愉悦的第一印象。

2. 协助工作

指派专人协助办理相关手续及机票、车、船票和行李提取或托运手续等事宜。重要代表团，人数众多，行李也多，应将主要客人的行李先取出，最好请对方派人配合，及时送往住地，以便更衣。

3. 接待过程中

必须严格履行酒店接待工作制度和其他有关规定，自觉维护酒店的声誉。

4. 住店后

掌握客房入住情况，制作有关客房入住情况的各类报表，为酒店的经营管理工作提供准确的资料，并通过计算机、电话、单据、报表等方式和途径，把客人的有关资料传递给各部门。

5. 重视分别接待

在酒店门口，不要千篇一律地写上"Welcome"一词，而应在不同国籍人员到来之前随时更换文种。如果装上电动旋转式的大字标语牌，不断旋转亮出各国语言，会给客人一种宾至如归的亲切感。在客人住的房间里，再挂上一面小小的所在国的国旗，桌上放着印有该国语种的报刊，相信酒店与客人之间的感情距离会明显缩小。

（四）接待礼仪要求

（1）客人到达时，要热情主动地问候客人。这可以说是礼貌服务的第一步。问候时要使用"先生""女士"等礼貌称呼，使用"您好""早上好""晚上好"等问候语。

（2）接等客人时，要全神贯注，与客人保持目光接触。

（3）平等待客，不得有所歧视，无论是白人还是黑人、贫穷或是富有、国内同胞或是外国游客，都应一视同仁，平等对待。

（4）为客人服务时，应遵循先主后次、先女后男的原则。

（5）送别客人时，应主动征求客人对于酒店的意见，并致以"不足之处请多包涵""欢迎再次光临""再见"等客气用语。

第二节 职业道德实训

一、酒店职业道德

所谓职业道德，就是与人们的职业活动紧密联系的符合职业特点所要求的道德准则、道德情操与道德品质的总和。

酒店业作为服务业的一个重要组成部分，其所要求具备的职业道德既有服务行业的共性，也有酒店行业自身独特的方面。酒店职业道德指的是从事酒店职业的人在所从事的职业活动中必须遵循的行为规范和准则。

二、酒店职业道德的作用

（一）有助于调节关系

有助于调节酒店员工之间及与服务对象的关系，职业道德的基本职能是调节职能。

首先，它可以调节酒店内部员工之间的关系，即使用酒店业的行业规范和道德标准来规范内部员工的行为，例如，酒店业要求员工具备团队精神、爱岗敬业的态度，齐心协力做好本职工作等。

其次，作为服务业，职业道德还要调节内部员工和服务对象的关系，例如，酒店如何给客人提供满意甚至是超值的服务，员工如何提供达到客人要求的服务标准，如何对其负责等。

（二）有助于维护和提高酒店声誉

一个酒店的声誉，也可称为形象，是公众对酒店特色（包括建筑、服务质量、客源市场等）的综合反映。提高企业的信誉主要靠产品质量和服务质量，而酒店员工的职业道德水平高是产品质量和服务质量的有效保证。若员工的职业道德水平不高，则很难生产出优质的产品和提供优质的服务。

（三）有助于促进酒店的发展

酒店的发展有赖于经济效益，而高的经济效益归根结底源于高的员工素质。员工素质主要包含知识、能力、责任心等方面，其中责任心是最重要的素质之一。而职业道德水平高的员工，其责任心是很强的。因此，职业道德能促进酒店的发展。

（四）有助于员工的自我完善

职业道德有助于员工在工作和生活中不断地进行自我完善。一名员工能否有所成就，能否对酒店做出贡献，主要依靠在工作生涯中的学习和锻炼，职业道德可帮助其形成具体的人生观和职业理想，而高尚的人生观和职业理想是成才的最重要因素。由此可见，职业道德无论对酒店还是对个人都有重要的意义。

三、酒店职业道德的主要规范

（一）爱岗敬业、遵纪守法

热爱本职工作。作为一名酒店员工，首先应当充分认识到酒店服务业的光荣和高尚。其次应遵守酒店规章制度和劳动纪律，遵守员工守则，维护酒店的对外形象和声誉。

（二）热情服务、宾客至上

宾客是酒店的"上帝"，使宾客有宾至如归的感觉，具体体现在以下四个方面。

(1) 主动：全心全意提供服务，能提前满足客人的需求。

(2) 热情：微笑，态度和蔼，言语亲切，动作认真，助人为乐，使宾客宾至如归。

(3) 耐心：当客人产生误会时，要耐心地向客人解释，直到客人理解为止；当客人对所询问的事情没有听明白时，酒店员工要耐心地将事情说清楚，直到客人得到满意的答复为止。发生矛盾时，严于律己，把"对"留给客人。

(4) 周到：时时刻刻关心和帮助宾客，满足其各方面的需求。

（三）团结合作、顾全大局

要想酒店之所想，把酒店的整体目标当作自己的目标，努力在岗位上履行自己的职责，不仅使酒店整个服务链不在自己的岗位上受到损失,还要使自己的这一环为酒店的整体形象做出突出的贡献。工作中处理好个人与集体、上司、同事之间的关系,互相尊重,互相协作,宽以待人。

（四）良好风尚,优质服务

树立良好的职业风尚,提供优质的服务,体现在以下五个方面。

(1) 有优雅、得体的仪表。

(2) 使用文明礼貌、目标明确、渗透情感的服务语言。

(3) 严格遵守服务纪律,各项服务按操作程序和操作细则进行。

(4) 在接待中讲究相应的礼节礼貌。

(5) 提供满足客人需要的优质服务。

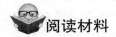
阅读材料

酒店实习生捡到18万元现金归还客人

2018年12月26日晚,一条"如果你捡到18万元"的帖子刷爆了武汉城市职业学院师生的朋友圈。该校酒店管理专业2016级学生郑京京在实习的武汉富力万达嘉华酒店美食汇西餐厅工作时,捡到一位客人装有18万元现金的挎包,核实失主信息无误后,悉数返还给失主。当失主张女士发自内心地拿出2 000元作为感谢费时,郑京京谢绝了她的好意,并表示这是自己应该做的。25日,第一次来到武汉旅游的张女士写下感谢信,称赞"郑帅哥,干得好"。

《长江日报》记者联系上郑京京采访时,他腼腆地笑着说:"我觉得这很正常,每个人都会选择这样做。"他帅气干净的脸上有着几分稚气未脱的单纯与可爱。郑京京介绍,他于11月13日进入武汉富力万达嘉华酒店实习。由于此前接受过专业培训,加上在学校学习了专业知识,他很快适应了工作。

12月25日早餐时间,由于他当值的西餐厅属于自助餐厅,客人用完餐之后,他们并不会直接收拾桌子。发现挎包的时候,郑京京还以为客人去取餐了,因此只是帮忙看护。后来,迟迟不见客人返回,他上前询问邻桌客人,才知道是有客人疏忽把挎包落下了。他毫不犹豫地将挎包交给了值班经理。武汉富力万达嘉华酒店收到张女士的感谢信后,第一时间发布了这条"如果你捡到18万元"的帖子。帖子的最后说:"愿我们的生活处处充满温情,愿我们的身边都有像郑京京这样温暖而善良的人。"

此信息发布后,得到了酒店业界的高度重视及赞扬。万达集团商管首席副总裁兼万达酒店管理公司总裁宁奇峰、万达酒店管理公司人力资源行政部总经理田建礼,将好消息第一时间分享给万达酒店管理公司旗下所有酒店总经理,大家纷纷为郑京京点赞。

据介绍,郑京京在平时工作中一直带给客人细致入微的服务。他会细心记住常住酒店的客人用餐喜好,每天主动为客人提供喜欢的咖啡,努力学习并积极与外国客人通过手势、翻译软件沟通交流,将自己的善意和温暖带给每一位客人。

(资料来源:赵代君.酒店实习生捡到18万元现金还客人[N].长江日报,2018-12-28.)

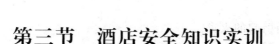

第三节 酒店安全知识实训

酒店安全工作是一项复杂的系统工程,贯穿于酒店的设计、建造和使用的全过程。同时,安全也是酒店开展各项经营活动的基础,因为只有在安全的环境里,酒店的经营管理工作才能取得期望的经济效益和社会效益。

酒店的安全有以下三层含义。

(1) 作为酒店的"上帝",客人住店的前提条件就是安全,客人的安全包括客人在店期间人身、财产、正当权益不受侵害。

(2) 酒店最重要的资源——员工的安全,员工的安全包括人身和财产安全,员工的职业安全和健康等。

(3) 酒店设施的安全,这里是指酒店设施设备处于没有危险的状态以及对潜在危险因素的排除,除了保证客人和员工的安全外,还要保证其能够正常运行。

安全对于酒店的意义十分重大,一旦发生安全事故,必然牵扯到方方面面,对酒店带来的危害不仅仅是事故本身所造成的损失,更严重的是事故发生后带来的后续影响,如酒店的声誉等。由此可见,对员工进行安全知识的培训就显得十分重要。

涉及酒店安全知识的培训主要有消防安全培训、防盗安全培训、客人受伤和死亡的防范培训以及其他突发事故的防范的培训等。

一、消防安全

火灾直接威胁酒店客人和员工的生命、财产安全及酒店的财产安全,虽然火灾的发生率比较低,但一旦发生,其后果将非常严重,不仅危及客人生命、酒店员工的生命,使酒店遭受重大的经济损失、名誉严重受损,而且会给国家带来不可估量的损失。

因此,酒店对于日常防火非常重视,应经常对员工进行经常性的防火安全教育,使其知道发生火灾的原因、如何预防以及遇到火灾应如何处理等。

(一) 酒店火灾产生的原因

酒店发生火灾的原因很多,其中既有因为客人原因造成的火灾,也有因为酒店自身原因造成的火灾,常见的有以下五类。

1. 吸烟引起的火灾

酒店火灾多发生在客房区域,而在客房发生的火灾中,比例最高的就是因吸烟引起的火灾,比例高达40%以上。燃烧的烟头温度相当高,而客房的大部分物品均是易燃品,极易引起火灾。

主要有两种情况:一种是卧床吸烟,特别是酒后卧床吸烟,睡后引燃被褥酿成火灾;另一种是吸烟者乱扔烟头。

2. 电气引起的火灾

现代酒店集众多功能于同一建筑中,各种电气设备种类繁多,这些设备用电负荷大,再加上有的电器安装不合理,因而也是引起酒店火灾的主要原因,由电气设备引起的火灾占酒店火灾总量的22%以上。

主要原因如下。

(1) 电气使用不当引起的火灾。

(2) 电气自身老化引起的火灾。

(3) 电气安装不当或超负荷运行引起的火灾。

3. 后台工作火灾

酒店后台工作部门因操作不当或设备原因引起火灾。

4. 消防设施、设备配备不足

很多酒店火灾的发生和蔓延,是由于没有配备足够的消防器材所致。根据消防法规定,一类建筑通道每 15 米必须安放手提式消防器一部,二类建筑每 20 米必须安放手提式灭火器一部。但是目前有不少酒店都没有达到这个标准。

5. 未及时通知消防部门

大多数酒店的消防工作程序写明:发生火灾时,需首先向酒店安全部门报警,由其扑灭初期火灾。只有当火灾蔓延到一定程度,酒店安保部门已很难把火扑灭时,才由酒店相关负责人通知当地消防队。

如果酒店判断失误,很可能失去灭火的最佳时间,使得火灾蔓延,等到消防队到来为时已晚。

(二) 酒店火灾的预防

火灾是酒店最大的致命伤,一旦发生,后果极其严重。所以,酒店应配置完备的消防设备和器材,同时还要制订一套完整的规章制度和预防措施,促使酒店全体员工做好本部门、本岗位的火灾预防工作。

(1) 在酒店配置系统的防火设施设备,包括酒店所使用的地毯、家具、餐桌、房门、墙面等,都应选择具有阻燃性质的材料。

(2) 酒店安全须知中应说明防火制度和需要客人配合的具体要求,酒店服务人员应注意检查安全隐患,加强对客人的防火宣传。

(3) 酒店应设置足够的安全通道,且要保证通道畅通,不准堆放任何物品,不准锁闭,同时应在相应区域设置安全疏散图。

(4) 酒店各部门员工应配合安全部门,根据防火条例,定期对酒店各区域全面检查,发现问题及时解决。

(5) 除办公室和指定的吸烟场所以外,其他场所一律禁止吸烟。

(6) 酒店应按照自身情况设计一套应对火灾的方案,例如,《火灾险情应急规程》和《人员安全疏散方案》,并使酒店全体员工熟知。

(三) 火灾事故的处理

通常火灾中人员伤亡、财产损失大多是因为处理不当引起的,有的是因为恐慌跳楼而亡,有的是因为吸入过多烟雾窒息而亡,有的是因为慌乱被践踏而亡,等等,而真正直接死于火灾的并不多。因此,作为酒店工作人员,遇到火灾时,必须保持镇定,采取切实有效的处理措施,使客人和酒店的损失尽量减少。

发生火灾的一般处理程序如下。

1. 报警

发现火情应立即报警。有关人员在接到报警信息后应立即赶往现场,组织扑救,并视火情决定是否通知当地消防队,是否疏散客人。

一般而言,酒店火警可分为两级:一级是酒店发生火警后,只向酒店的安保部门报警,其他场所听不到报警声,这样不会造成整个酒店紧张气氛;二级报警是酒店安保部门在确认酒店发生火灾后,向全酒店报警。

2. 及时扑救

火灾发生后,应根据不同情况区别对待,如果火灾发生面积较小,危险性有限,则可以组织酒店员工扑救;如果火情比较复杂且有蔓延趋势,就应及时通知消防队。

当然,是否通知消防队应由酒店主管领导决定,而其他员工应该按照酒店制定的《火灾险情应急规程》和《人员安全疏散方案》执行,切不可自作主张。

3. 疏散宾客

酒店工作人员在听到疏散信号后,应立即打开安全通道,有组织、有计划、有步骤地疏散宾客,要特别协助老弱病残的客人。客人离开房间后要立即关好门并在门上做记号,以确认无人和阻止火势蔓延。各层楼梯口、路口都应有人把守,以便为客人指引和疏导,同时可避免大量客人涌向一个出口,造成拥堵,出现不必要的伤亡。

另外,在疏散时,要通知客人走最近的安全通道,千万不能使用电梯。可以把事先准备好的"请勿乘电梯"的牌子放在电梯前。有的酒店在电梯的上方用醒目字体写着"火灾时请勿使用电梯"。根据国际上大量的酒店火灾死亡事件的调查分析,有相当一部分人员是死在电梯内或电梯间的。

当所有人员撤离酒店后,应立即清点人数,如果有下落不明的人或还未撤离的人员,应立即通知消防队。

4. 组织抢救

火灾发生后,应立即着手准备抢救伤者。

(四)发生火灾的逃生方法

酒店工作人员应掌握火灾发生时的逃生方法,以便在发生火灾后能够自救和给予客人必要的帮助和指导,减少火灾中的人员伤亡。

(1)离开客房时,应关好房门,带好钥匙,以备在疏散线路中断时退回到房间自救,等待救援。

灭火器的使用方法如表 2-1 所示。

表 2-1 灭火器的使用方法

类　别	适用范围	使用方法
酸碱灭火器	扑灭一般固体物质火灾	1. 将灭火器倒置 2. 将水与气喷向燃烧物

续表

类 别	适用范围	使用方法
泡沫灭火器	用于油类和一般固体物质火灾及可燃液体火灾	1.将灭火器倒置 2.将泡沫液体喷向火源
二氧化碳灭火器	用于低压电气火灾和贵重物品、易燃液体和可燃气体	1.拔去保险锁或铝封 2.压手柄或开阀门 3.对准燃烧物由外圈向中间喷射
干粉灭火器	用于低压电气火灾、易燃液体和可燃气体	1.拔去保险锁 2.按下手柄 3.将干粉喷向燃烧物

（2）离开房间时，随身携带一条湿毛巾，经过烟雾区时用湿毛巾捂住口鼻，以防有毒气体吸入体内，穿越烟雾区时应该弯腰爬行。

（3）尽量从最近的安全通道疏散。如果是在高层酒店，无法下楼时，应该往上跑，跑到楼顶后，等待救援。

（4）在不得已留在房间内时，应用湿毛巾或床单被罩沿门缝塞上，防止烟雾进入。将房间内容器中盛满水，以备灭火之用。如果此时房门或把手已发烫，千万不要开门，要不断往门上浇水。除非房间内充满浓烟，否则不可开窗，以防火势从窗口窜入。

二、防盗安全

防盗是酒店安全工作的又一项重要内容。发生在酒店的偷盗事件主要与员工、客人及外来人员有关。为保障客人、酒店和员工的财产不受损失，酒店员工必须严格执行各项安全制度，预防盗窃事件的发生。

（一）偷盗事故发生的原因

1.外来人员和社会人员作案

酒店的外来人员和社会上的不法分子进入酒店作案，这种情况比较多见，社会上的一些不法分子冒充住店客人或伪装成客人的朋友，进入酒店作案。

2.一些客人在酒店作案

少数住店客人利用便利条件在酒店窃取酒店和其他客人的财务，这种情况虽不多见，但极具隐蔽性，不易发现，这就要求酒店员工提高警惕，及时发现并阻止此类事件的发生。也有一种情况是客人对客房内的物品产生了兴趣，往往会将其作为纪念品而带走，这种情况应慎重对待。

3.内部员工利用职务之便作案

酒店内部员工经常接触酒店和客人的财物，同时对酒店的管理制度、活动规律以及地理位置都比较熟悉，极易作案，这种情况在酒店偷盗事故中所占比例也很大。

（二）偷盗事故的预防

1.配置相应的安全设施

为了防止偷盗事故的发生，除了增强人们的安全意识外，主要是配备相应的防盗安全设施,具体如下。

(1) 闭路电视监控系统

酒店电视监控系统对酒店来讲是必备的设施设备。电视监控系统由摄像机、录像机、手动图像切换、电视屏幕等组成,并在酒店出入口、电梯内、客房走道等敏感区域安装摄像头,监控这些场所,从而发现可疑人物和不正常现象,以便及时采取措施。闭路电视系统给酒店的安全带来更加全面的保证。

(2) 安全报警系统

目前,很多酒店都安装了比较先进的安全报警装置,如微波报警器、无线电频率场系统、被动红外线报警器、超声波报警器等,这些都是酒店安全设施的重要组成部分。

(3) 钥匙系统

周密的钥匙系统是酒店最基本的安全设备。目前酒店大多都配备电子门锁系统,该门锁系统的特点是通过发给客人的一把磁卡钥匙,将进入房间的信息译成密码输入客房的安全装置系统。其优点就是便于控制,可以在酒店规定其失效时失效。

(4) 通信联络系统

便捷顺畅的通信联络系统同样是酒店安全设施的组成之一。一旦发生安全事件,酒店就可以以最快的速度去处理,以减少事故的发生和减轻其带来的损失。

(5) 房内保险箱

目前很多酒店会在客房内设置免费的客用保险箱,客人如有贵重物品,可存放在房内保险箱。其优点是既保证客人贵重物品的安全,也保护了客人的隐私。

2. 加强对客人的管理

加强对客人的管理主要涉及两方面:一是避免客人的财物受损,二是避免酒店财物受损。

(1) 避免客人财物受损

制订具体、合理的宾客须知,明确客人应尽的义务和注意事项。酒店员工有义务向客人介绍酒店安全装置的使用方法,并提醒客人其中的告示和须知。提醒客人不要将自己的房号和其他信息告诉其他客人和陌生人。

作为酒店员工,同样不能把客人的信息向外人透漏。同时应建立健全的访客管理制度,明确规定访客的程序、手续以及离店时间等事项。除此之外,酒店还应加强巡逻检查,发现可疑人员和异常现象要及时处理。客人离店后,要及时查房,若有客人遗落物品要登记上交,及时联系到客人。

(2) 避免酒店财物损失

为了满足少数客人对于酒店物品的兴趣,应专门在酒店商场部出售此类物品,并且要在客房等客人必经之处告知客人。客房、餐厅等客人经常出入的区域,如要安放一些贵重物品,在设计制作和安装布置时就要考虑防盗,尽量使其不易被带走。

对于有可能被客人带走的物品,酒店应提前在其上印上酒店标志,有助于打消其被带走的概率。酒店相关部门应加强检查酒店财物,及时发现有无丢失和损坏,如有,应该按照有关规定报告上级和妥善处理。

3. 健全员工管理制度

酒店内部工作人员由于其工作性质,直接接触酒店和客人的财物。因此,就给一些素质不高的员工提供了可乘之机。因此,酒店必须加强对员工的管理,明确岗位责任制和奖惩措施,避免此类事件的发生。

(1) 建立完善的、行之有效的员工管理制度,加强对员工服务过程中各环节的控制,避免出现"管理真空"。

(2) 对内部员工加强职业道德教育,提高员工素质,增强其遵纪守法的自觉性。

(3) 完善对钥匙的管理。

(三) 酒店偷盗事故的处理和处理

(1) 客人报失。酒店员工应保持冷静,认真听取客人所反映的情况,在没有确认前,不给出任何结论性的意见,以免出现不必要的麻烦。

(2) 根据客人提供的线索,应该及时通报给酒店安保部门。

(3) 已确认被盗案件后,应详细询问所丢财物的名称、数量、特征以及丢失的经过。

(4) 应尽量帮助客人回忆来店前后的经过详情,并在征得客人同意的前提下,帮助其寻找所丢物品。

(5) 征询失主是否需要向公安部门报案,并认真记录。

(6) 最后让客人签字或要求客人写一份详细的报失经过。

(7) 对确实被盗案件,应及时报告酒店值班经理,经其同意后向公安部门报告。

(8) 如果被盗案件牵扯到酒店员工,在没有确凿证据之前,酒店管理人员不可过早下结论,片面相信客人的陈诉。

(9) 做好被盗案件的材料整理和存档工作。

三、客人受伤和死亡的防范和处理

酒店除了应做好消防、防盗工作以外,还需要做好客人受伤和死亡的防范和处理工作以及善后的处理工作。

(一) 客人受伤事故的处理

客人住店期间,有时会因为自身原因或意外情况等原因导致身体不适、突发疾病或其他情况,作为酒店员工,要及时发现,及时汇报处理,一般性的疾病要请酒店医务室医生前来就诊,如果是严重性疾病则要立即通知医院急救或将生病的客人及时送往医院。

一般的处理程序如下。

(1) 询问客人伤势,对其进行安慰和帮助,如有必要立即请医务室医生前来治疗。

(2) 尽快了解客人受伤的原因,如果是酒店原因,应及时向客人致歉,并上报给主管和经理。

(3) 对于是因为酒店原因而给客人造成伤害的,应在主管或经理的带领下到房间探视客人,要向客人赔礼道歉,并且要给予相应的物质上和精神上的补偿。

(4) 对受伤的客人应给予特殊的照顾,使其消除不满情绪。

(5) 调查发生事故的原因,立即改正,并且吸取经验教训,归档备案。

(二) 客人死亡事故的处理

客人死亡是指客人在店期间因病死亡、意外事故死亡、自杀、他杀或其他不明原因的死亡事故。除第一种属正常死亡外,其他都属于非正常死亡。

客人死亡多发生在客房,酒店员工应提高警惕,发现客人或客房有异常情况要多留心,及时通报上级。此类事故的一般处理程序如下。

(1) 发现客人死亡后,立即报告主管、安保部门、总经理等相关部门,保护好现场,等待调查。

(2) 保护现场的净空,不可让闲杂人等进入。

(3) 协助保卫部门调查客人死亡原因。

(4) 如系正常死亡,通知医院出示死亡证明。

(5) 如系非正常死亡,请公安部门调查并等待结果(由安保部门通知公安部门)。

(6) 与安保部门合作,清理客人遗物并列出遗物清单,待家属领取。

(7) 待相关单位检查和调查工作完成后,应与家属协调,利用后门出入,以免影响其他客人和员工。

(8) 事故处理完毕后,将所有经过和处理结果报送总经理,且记录在案、存档。

(9) 有关事情的询问统一由公安部门指定人员解答,不允许向任何人透露情况。

四、其他突发事故防范

妥善处理酒店的突发事故也是酒店安全工作的重要内容。酒店可能遇到的突发事件有停电、炸弹威胁、绑架、骚乱、食物中毒、传染病、恐怖事件等。酒店应评估不同事件发生的概率以及针对不同事件所应采取的不同防范措施。

以下是酒店可能遇到的一些突发事件及其一般处理程序。

(一) 停电事故处理

目前我国城市用电中,停电是比较常见的。停电事故既可能是外部供电系统引起,也可能是酒店内部供电发生故障。停电事故发生的可能性比火灾及自然灾害要大。因此,对有100个以上客房的酒店来说,应配备紧急供电装置。该装置能在停电后立即自行起动供电。这是对付停电事故最理想的办法。在没有这种装置的酒店,客房部应设计一个周全的安全计划来应付停电事故,其内容如下。

(1) 向客人及员工说明这是停电事故,保证所有员工平静地留守在各自的工作岗位上,在客房内的客人平静地留在各自的客房里。

(2) 用手电照明公共场所,帮助滞留在走廊及电梯中的客人转移到安全的地方。

(3) 在停电期间,注意安全保卫,加强客房走道的巡视,防止有人趁机行窃。

(二) 食物中毒事故处理

食物中毒是指食用了被生物性、化学性有毒有害物质污染的食品或者食用了含有毒有害物质的食品后出现的急性、亚急性食源性疾患。餐饮产品是酒店产品的一个重要组成部分,其质量的高低将直接关系到整体酒店产品的质量。作为酒店而言,必须严格控制食品原料和餐具卫生,防止食源性中毒事故的发生。同时,还应注意餐饮员工的个人卫生与疾病,避免出现交叉感染。

(1) 发现出现食物中毒事件后,立即通知上级,通知医务室人员前来诊断,如是食物中毒,则应送医院抢救。

(2) 餐饮部门对客人所用到的食物、餐具等取样备检,同时,应将相应疑似食品、餐具进行控制检查,以免出现其他中毒事件。

(3) 通知客人的单位或家属,做好善后工作。

(4) 如系酒店方责任,则应给予客人相应的经济和精神赔偿。

(三) 住客违法行为处理

客人的违法行为包括在店期间犯有流氓、斗殴、盗窃、吸毒、嫖娼、走私等违反国家法律和相关法规的行为。酒店一般会在"宾客须知"中明确指出哪些行为是被禁止的,同时,还应该加强监督和巡视,不断提高服务人员的安全意识和识别处理问题的能力,避免此类事故的发生。一旦发生此类事故,酒店的一般做法如下。

(1) 酒店员工发现客人有违法行为时,应根据当时情况,将事件的经过和当事人的情况及时上报给上级。

(2) 酒店相关负责人在得知情况后,立即指派相关人员前往现场了解此事,保护和维持现场秩序。

(3) 查明客人违法乱纪行为的情况,如情节不严重,则应劝说其停止违法行为;如情节严重,就应上报总经理并通知公安机关处理。

(四) 各种自然灾害事故的预防和处理

除了以上的人为原因造成的事故外,酒店还有可能会遇到不可预知的事故,即自然灾害事故,包括地震、台风、海啸等。一旦发生这样的事故,都会使酒店承受难以想象的后果,首先,它可能造成客人和员工的伤亡;其次,可能会造成酒店设施设备的损坏。因此,自然事故的预防和处理是服务人员必须掌握的业务技能。

1. 自然灾害事故的预防

(1) 对员工进行安全知识的培训,不断提高其安全意识,认识到安全的重要性。

(2) 加强设施设备的维护和保养。

(3) 根据本酒店所在区域及可能遇到的自然灾害,有针对性地制定应急方案,将责任落实到每个人。

2. 自然灾害事故的处理

(1) 接到自然灾害事故消息。保持冷静,将事故的大概情况迅速通知酒店相关负责人和部门。

(2) 及时沟通。告诉客人此事正在处理中,避免其产生恐慌心理。

(3) 记录存档。记录此次事件发生的经过并存档,以备查看。

(4) 采取措施。联系有关部门疏散客人,集合到安全地点,及时清点人数,并抢救受伤的客人。

(5) 善后处理。尽可能帮助客人,安抚其情绪,适当给予补偿。

案例分析

住酒店财物被盗,该找谁负责

昨日,市民刘女士打来热线反映,自己之前去某酒店住宿,结果去吃早餐时,放在房间内的7 000元被人偷了。但酒店方面到现在也没有给出一个明确说法。

据悉,刘女士在1月2日晚入住,次日7时左右她下楼吃早饭后,发现自己少了7 000余元。她通过酒店监控发现,她去一楼就餐时,一男子跟她进了电梯,到一楼后,该男子迅速前往她的房间行窃,"我很奇怪对方怎么知道我住哪个房间,又怎么开的门?"刘女士说,事发后,酒店开始承诺会解决好此事,但现在却称要等警方破案才能处理此事,"住酒店丢了钱,难道酒店不该赔偿?"

(资料来源:李萌.住酒店财物被盗,该找谁负责?[N].安徽商报,2015-01-14.)

思考题:

请根据从酒店安全知识实训中所学到的内容,分析在此案例中,酒店是否负有赔偿责任?并简要说明遇到此类安全事件时,酒店正确的处理流程和方法。

第四节 酒店法规常识培训

优秀的星级酒店服务人员,除了服务技能高超,服务意识强烈外,还必须高度树立法律观念,做到在日常工作生活中知法、懂法、守法,并运用自己掌握的法律法规知识,维护酒店的利益、客人的利益、自己的利益。

在对外交往、对客服务中,不能出现法律漏洞,以免使自己和企业受到不应有的损失。因此,酒店对于员工,特别是新员工,对其进行必要的酒店法规常识培训就显得十分重要。

一、卫生法规常识培训

(一)个人卫生制度

(1)坚持四勤,要勤洗手、洗澡、洗工服,勤剪指甲、勤理发;勤换衣服、勤换被褥。

(2)按规定统一着整洁工服,生产人员工作时戴发帽,不穿短裤、短裙、不光脚;男士不留长发、胡须;女士不染指甲、戴戒指、耳环、手表等,头发放入发帽内;生产场所不吸烟。

(3)工作时不做有碍企业整体形象的动作,如抓头发、剪指甲、掏耳朵、伸懒腰、剔牙、揉眼睛、打呵欠等;咳嗽或打喷嚏时,要用手帕掩住口鼻。

(4)从业人员每年定期体检,体检证和培训证要齐全有效;新员工必须先体检、培训合格后才能上岗。

(5)凡患有5种传染病,即痢疾、伤寒、病毒性肝炎(包括病毒携带者)、活动性肺结核、化脓性或渗出性皮肤病者,要及时停止食品生产工作,进行治疗;并经医生证明已治愈无传染性后才能恢复工作。

(6)员工个人餐、茶具集中存放,干净整洁。

(7)自觉接受企业内部的健康晨检制度,并熟记本岗位卫生知识及应知应会的内容。

(8)工作人员如厕前必须换工服,出厕后必须洗净双手。

(二)职工体检、培训考核制度

(1)企业每年定期组织全体职工进行体检(重点是5种传染病),并取得体检合格证明,集中存放,随时备查。

(2)新聘用职工必须先体检合格,并经企业岗位知识、个人卫生知识培训不少于6小时后,方可上岗(并将职工体检、岗位培训情况记录在职工花名册)。

(3) 公司每年定期组织冷荤、洗消等重要岗位的职工开展培训工作,培训时间不少于8小时。组织其他岗位职工的卫生知识培训不少于6小时。

(4) 职工上岗前自觉接受企业的健康晨检制度,如患病主动向企业负责人汇报。企业负责人视情况应及时给出处理意见。

(5) 职工要自觉接受卫生监督部门及上级主管部门的各项卫生工作检查。

(6) 公司对企业职工的健康检查、培训考核及企业内部的自查情况,要纳入职工的奖惩制度中。

(三) 餐厅卫生制度

(1) 餐厅卫生要做到窗明几净,透视性强;墙体装饰无尘,灯饰明亮无残缺;空调外观清洁、内部定期清洗。

(2) 桌椅餐前擦拭消毒,桌布、椅套无油渍、清洁平整无破损;菜谱整洁、美观;餐前半小时摆台。

(3) 餐桌备用调料容器要洁净、统一,每日进行清洗。

(4) 餐厅备餐柜内物品分类摆放,整洁条理,不得存放其他杂物和私人物品,每日清洁消毒一次。

(5) 餐厅内无堆物、无死角,坚持餐前地面、环境擦拭消毒。

(6) 撤台做到台布、口布、餐用具、残渣分类密闭存放。

(四) 餐厅卫生工作流程

(1) 服务员上岗前检查个人卫生是否符合个人卫生制度要求。

(2) 清理餐厅各部位卫生,擦拭桌椅、调理台、储藏柜、装饰物、空调、电视、音响设备及墙壁、窗台等;沙发、装饰帘、地毯要随时吸尘;清扫地面并用墩布擦净。

(3) 每周擦拭一遍餐厅屋顶、灯饰;每月清洗一次窗帘、窗纱及坐垫;每季度清洗一次地毯。

(4) 擦洗调料瓶(壶)、桌签、餐桌面及备餐桌。使用的卫生工具要和搞环境卫生的工具严格区别。餐桌上为顾客提供的调料要每餐更新,调料容器洗净消毒。

(5) 餐具储藏柜要每日消毒;有专门存放已消毒餐具的货架、托盘及勺、筷子、餐刀、餐叉等小件餐具的容器。餐、用具要分别存放。

(6) 菜品上桌前,传菜服务员要检查菜品有无异味和异物。

(7) 随时保持餐厅环境卫生,服务过程严格按照餐厅卫生和服务规范的标准操作。

(8) 下班前做好收尾工作,物品分类定位存放。

(五) 食品安全制度

(1) 采购部对原材料的进货渠道必须遵照食品卫生要求。

(2) 厨师应对加工制作过程严格把关,如收货、储存、预备、烹制等。

(3) 掌握进货渠道信息进行详细登记,索取三证。

(4) 加工前检查原材料是否新鲜,保证先进货,先使用加工。

(5) 操作人员在加工制作食品前,必须洗手消毒。

(6) 清洁区员工必须按专间卫生要求进行加工制作。

(7) 冷藏必须做到生、熟分开,避免交叉污染。

(8) 冷藏温度10℃以下,冷冻温度-18℃。
(9) 热菜食品的中心温度必须达到70℃。
(10) 自助餐加热后的食品必须在60℃以上有效,并在2小时之内用完,超过2小时不得提供给客人。
(11) 严禁非厨房操作人员进入食品操作区。
(12) 食品操作人员必须遵守本部位卫生制度及操作流程。
(13) 不同的食物转换时,要用消毒液消毒。

(六) 洗手制度

(1) 开始工作前。
(2) 处理食物前。
(3) 去卫生间后。
(4) 处理生食物前。
(5) 处理弄污的设备或饮食用具后。
(6) 咳嗽、打喷嚏或擤鼻子后。
(7) 处理动物或废物后。
(8) 触摸耳朵、鼻子、头发、口腔或身体其他部位后。
(9) 从事任何可能会污染双手活动(如处理货物、执行清洁任务)。

(七) 食物中毒应急预案

(1) 发现有呕吐、腹泻等食物中毒症状人员,发现部门立即向公司突发事件领导小组报告,领导小组迅速责成专人到现场了解情况,并视情况指派专人护送发病人员到医院治疗,同时要封存可疑食物,保护好现场。
(2) 领导小组负责向上级和卫生监督部门报告,任何人不得私自对外发布信息。
(3) 领导小组指定专人协助卫生行政监督部门做好流行病学调查,协助采集食品、呕吐物、血、便等检样,以确定食物中毒的发生、致病因素及治疗方案。
(4) 协助卫生行政监督部门做好现场终末消毒及处理工作,采取必要措施,防止食物中毒事件的继续发生。

(八) 卫生消毒制度

(1) 所有工作人员均须持有健康合格证明。
(2) 所有工作人员上岗前要进行全面的卫生清洁消毒。
(3) 各营业场所每日工作前,按照部门卫生消毒程序进行消毒,在营业过程中,对宾客已经使用过的物品及时用含有消毒液的布巾擦拭消毒,确保宾客使用物品的清洁安全。各餐厅要在每餐营业结束后立即对所辖区域喷洒84消毒液,客人离店后的房间要及时通风和消毒。
(4) 每天要对垃圾桶存放部位进行3次以上的消毒,垃圾桶一律加盖,并做到及时清运。
(5) 对经常有人接触的扶手、门把手、围栏、收银台、马桶冲水把手、卫生间地面、走廊等用消毒水喷洒及擦拭,每天应至少进行3次以上的消毒。
(6) 洗手池要备有洗手消毒皂或洗手消毒液,为就餐宾客提供一次性消毒纸巾,服务人员要主动为客人进行分餐,零点餐厅实行客到摆台,餐桌摆放公筷、公勺等餐具。

(九) 传染病报告制度

(1) 各部门管理人员要在班前会上检查卫生消毒制度执行状况并随时检查所属人员身体状况，发现员工有不适合工作的症状，立即要求其离开工作岗位。

(2) 如发现有传染性疾病症状或疑似症状的客人或员工，应立即向部门部长和公司突发事件领导小组报告。做到早发现、早报告、早隔离，切断传染源。

(十) 发生传染性疾病的应急程序

(1) 立即启动公司突发事件领导小组工作，明确职责、按照程序执行应急预案的组织工作。

(2) 利用公司内各种宣传工具，及时通报传染性疾病的种类、症状、防治方法等有关情况，做好预防传染性疾病的宣传教育工作。

(3) 传染性疾病流行期间，执行每日健康检查制度，并按卫生防疫部门的具体要求进行检查，凡诊断为传染性疾病患者或疑似病症者，必须立即停止工作并隔离。

(4) 在传染性疾病流行期间，各部室要根据卫生防疫部门的指示，采取相应的措施，加强经营场所、公共区域、办公区域及设备、设施的卫生消毒工作。客房、餐厅、公寓、办公楼及公共场所，每天进行全面消毒后，放置"已消毒"的告示。

(5) 当发现来店宾客中有传染性疾病患者或疑似病症者时，要立即向部门部长和酒店突发事件领导小组报告，并查清患者的身份，做好隔离工作和卫生消毒的准备工作。

(6) 酒店员工中发现患传染性疾病或疑似症状者，应立即报告部门部长和酒店突发事件领导小组，并由专人负责送指定医院治疗，在家患传染性疾病或疑似症状者，本人应立即通知部门，部门报告酒店突发事件领导小组，并指定专人负责随时了解、掌握该人的情况，同时，做好酒店内相应场所的消毒、隔离工作。

(7) 酒店突发事件领导小组对酒店发现宾客或员工患传染病或疑似病症者，根据情况迅速做出指示，采取果断措施，避免传染的扩散，并负责向上级和当地传染性疾病预防控制机构报告，配合传染性疾病预防控制机构做好救治、隔离、消毒等工作。

(8) 在传染性疾病流行期间，在酒店、公寓、办公楼等入口设置"传染性疾病患者免入"的警示牌，并由专人负责检查。

(9) 营业部门要加强对顾客资料的核实、登记工作。建立顾客健康登记卡、客人留住期间联系方式的登记制度，相关资料应至少保留30天。

(10) 发生流行性传染性疾病，所有员工要保持冷静，听从酒店突发事件领导小组的统一指挥调动，不得擅自行动，不得私自对外发布信息，散布谣言。对有违反国家法令法规和公司规章制度的，给予严肃处理，情节严重、造成恶劣影响的，立即解除劳动合同。

二、安全法规常识培训

(一) 防火制度

(1) 严禁在工作区域内吸烟。

(2) 任何易燃物品需与火源分开。

(3) 严禁在通道及走廊处堆放物品。

(4) 灶头处排风设备要经常清洁。

(5)经常检查燃气灶设备,保证其状态完好,严格遵守燃气灶"先点火后开气"的操作规程。

(6)燃气设备需有专人看管,下班时要断水、断电。

(7)严禁乱拉临时线,如有特殊需要,需请示保安部批准后,由工程部派专人安装。

(8)保证工作区域内各种灭火器材状态完好,严禁随意挪用、乱动各种消防器材。

(9)要熟知酒店的报警、疏散程序。

(10)消防中心的电话号码为××××。

(二)防恐预案工作程序

1. 发现可疑物

员工发现可疑物要迅速报告部门部长和安全部,安全部根据情况及时报告酒店总经理。保安员要将防爆毯立即抬至现场,采取有效措施,正确使用防爆毯;安全部要划分出隔离区,保护好现场;大堂经理要配合做好客人的疏散工作;需要公安机关处理的危险品,在公安人员未到现场前,任何人都不准擅自挪动可疑爆炸物;在紧急情况下现场总指挥有权派人将其挪离现场妥善处理。

2. 接到恐吓电话

(1)接听人员要保持镇静,认真听清对方所说的每一句话,记清楚来电时间,做好电话记录。

(2)立即报告安全部,安全部迅速报告公司领导及市公安机关,并立即布控现场,加强警备,提高警惕。

(3)酒店突发事件领导小组成员迅速到达现场,负责指挥和协调工作。

3. 发现有爆炸嫌疑的人或事

(1)对人:做到寸步不离,有效控制,及时报告。

(2)对事:要细心收集、及时上报。

(3)启动突发事件紧急处置预案,组织人力对单位内部进行搜索,及时发现爆炸物。

(4)发现可疑物后,要组织现场工作人员疏散客人,设置警戒区域,同时使用防爆毯遮盖可疑物品。

(5)对酒店的出入口进行控制,防止罪犯外逃和无关人员进入现场。

(三)发生爆炸的紧急方案

(1)爆炸现场的员工立即报告公司突发事件领导小组(总办)安全部、部门部长、酒店医务室。划分出隔离区,疏散客人,保护现场,现场注意发现可疑人,无关人员一律不得进入现场。

(2)接到爆炸事件报告后,安全部立即调派应急力量封锁和保护好现场,疏散围观群众,控制人员进出。

(3)相关部门做好抢救受伤人员的工作,医务室携带氧气、担架、必要的急救药品迅速赶到爆炸现场,听候指挥,客务部、餐饮部、营业部等部门准备好客人资料,随时备查,工程部组织相关人员迅速到现场进行设备的抢修。

(4)酒店突发事件领导小组迅速做出决定,将爆炸情况报告上级领导和公安机关,通知急救中心。

(5) 寻找并留住现场目击证人,了解情况,安全部协助公安机关做好爆炸的侦破工作。

(6) 按照酒店突发事件领导小组的指示,相关部门做好酒店财产的抢救工作,并做好现场恢复营业的准备工作。

 案例分析

酒店消防安全需警钟长鸣

2018年8月25日4时12分,位于黑龙江省哈尔滨市松北区的哈尔滨北龙汤泉休闲酒店有限公司(以下简称北龙汤泉酒店)发生重大火灾事故,火灾共造成20人死亡,23人受伤,过火面积约400m^2,直接经济损失2 504.8万元。

北龙汤泉酒店成立于2015年4月15日,注册资本为3 000万元,经营范围包括餐饮服务、旅馆经营、室内娱乐场所经营、会议服务、洗浴服务等。多名曾入住该酒店的游客表示,楼道好似迷宫,且堆有木头、塑料管、胶垫等易燃物品。

据当地媒体2017年8月报道,北龙汤泉酒店接待大厅消防栓门被木质雕塑遮挡,门框上"安全出口"指示灯不亮;更衣室内未设"安全出口"指示灯,也未看到灭火器;温泉区通往客房的两处台阶上贴有"安全出口"字样,但指向的大门却被封住。此外,从黑龙江省公安消防总队网站查询到,在2017年12月到2018年2月的三个月期间,北龙汤泉酒店被消防部门监督抽查过4次,抽查结果全部显示为不合格。

案例评析:

发生火灾的北龙汤泉酒店自2015年开业以来,消防安全管理混乱,消防安全主体责任不落实,违反消防法规,违反了《中国旅游酒店行业规范》第四章第十二条和第十四条,(第十二条:"为了保护客人的人身和财产安全,饭店客房部门应当放置服务指南、住宿须知和防火指南以及防火预警系统,有条件的饭店应当安装客房电子门锁和公共区域安全监控系统。"第十四条:"对有可能损害客人人身和财产安全的场所,饭店应当采取防护、警示措施。警示牌应中英文对照。")北龙汤泉酒店内部构造复杂,识路困难,安全出口不足,建筑消防设施欠缺,大量使用可燃有毒材料装修,这些都为此次重大火灾事故埋下了祸根。

黑龙江省应急管理厅2019年1月31日发布了"8·25"重大火灾事故调查报告,认定哈尔滨北龙汤泉酒店"8·25"重大火灾事故是一起责任事故。调查组经过现场勘验、调查询问、现场指认、视频分析及现场实验等工作,最后认定起火原因是二期温泉区二层平台靠近西墙北侧顶棚悬挂的风机盘管机组电气线路短路,形成高温电弧,引燃周围塑料绿植装饰材料并蔓延成灾,引发了此次重大火灾事故。

(资料来源:强勇,等. 一场大火烧出多少安全漏洞?哈尔滨"8.25"火灾事故追踪[N].新华社. http://yn.people.com.cn/n2/2018/0827/c378440-31980931.html,2018-08-27.)

本章小结

本章详细介绍了酒店员工岗前培训的相关内容,包括酒店基本礼仪、酒店职业道德、酒店安全培训以及法规常识的培训。酒店职业道德是酒店员工必须具备的基本素质之一,是做好本职工作的前提。

酒店服务礼仪与行为规范实训

本章特别强调了酒店的安全问题,指出了酒店常见的安全事故以及事故的起因、如何预防安全事故以及处理突发事件的程序等相关内容。同时,对作为岗前培训重要内容之一的法规培训也做了较为详细的叙述。酒店可以结合自身的实际情况,制定详尽的安全操作规程,依靠控制人的行为来防止事故的发生。

本章思考题

1. 简述酒店接送基本礼仪流程与要求。
2. 酒店职业道德的规范包含哪几方面?
3. 酒店常见的安全事故有哪些?
4. 酒店火灾的起因有哪些?应如何预防?
5. 酒店发生火灾事故,一般处理程序是什么?
6. 酒店失窃的原因有哪些?对此应采取哪些防盗措施?
7. 作为酒店员工,应如何理解酒店个人卫生制度。

实战演练

客房常见疑难问题的处理

1. 客人对客房价格不满意提出种种理由要求享有较大的折扣时应如何处理?

参考答案:

(1) 做好解释工作,说明客房的条件与设施使房价物有所值。

(2) 在规定允许的范围内应给予折扣,并特别说明这一折扣是破例的或特别优惠的。

(3) 给客人介绍其他较便宜的房间。

分值:10分,答题时间:5分钟

评分标准:(1)3分,(2)3分,(3)4分。

2. 工作中自己心情不好怎样处理?

参考答案:

(1) 时刻牢记自己的岗位工作质量是酒店形象的一个代表,任何时候都不能将自己的不良情绪带入工作中。

(2) 设法忘记自己的私事,控制、调节自己的情绪。

(3) 将全部思想和精神投入自己的工作中,热情、有礼地对待客人。

分值:10分,答题时间:5分钟

评分标准:(1)3分,(2)3分,(3)4分。

3. 客人发脾气或说不礼貌的话时怎样处理?

参考答案:

(1) 保持冷静和克制的态度,使用礼貌的语言,绝对不要和客人争执和谩骂。

(2) 检查自己是否有工作不周的地方,待客人平静后加以解释。

(3) 征求客人意见,请其到不影响其他客人的地方。

(4) 客人火气尚未平息,应及时向上级报告,请上级出面解决。

分值：10分，答题时间：5分钟

评分标准：(1)2分，(2)2分，(3)3分，(4)3分。

4. 酒店客人发生死亡时如何处理？

参考答案：

(1) 立即通知医务人员抵达现场进行救护。

(2) 通知上级(前厅经理和总经理)。

(3) 组织人员封锁现场，协助医务人员的救护工作。

(4) 如有相关手续需要办理，尽量提供帮助。

分值：10分，答题时间：5分钟

评分标准：(1)2分，(2)2分，(3)3分，(4)3分。

5. 客人来到酒店想办理住宿手续，但客房已满，他又没有预定，应如何处理？

参考答案：

(1) 向客人说明酒店客房已满的情况，真诚地表示歉意。

(2) 如有必要，主动帮助客人联系附近的同类酒店住宿。

(3) 告之客人一旦酒店有退房，会立即通知客人。

(4) 欢迎客人下次光临。

分值：10分，答题时间：5分钟

评分标准：(1)2分，(2)2分，(3)3分，(4)3分。

第三章 酒店专业实训规定和注意事项

【知识目标】
1. 了解酒店实训实习的主要规定和做法。
2. 熟悉酒店实训实习注意事项和成绩考核办法。
3. 熟知酒店实习手册要求。

【技能要求】
1. 能够适应酒店实训实习管理相关规定和制度。
2. 能够规范填写实习手册等相关实训实习材料。

 **业界新闻**

校企联合培养酒店人才

2018年12月7日,中瑞酒店管理学院酒店业研究中心发布了《中国酒店人力资源调查报告(2018)》(以下简称报告),样本覆盖31个省份,103个城市的427家酒店。报告显示,工作态度、服务意识和服务态度以及相关的工作经历成为酒店进行员工招聘时最关注的因素。

为了培养酒店人才,近年来校企联手开展了一些有益的工作。北京联合大学酒店管理系主任、教授田彩云介绍,他们不仅把课程搬到了酒店,让学生边学习边实践,还邀请院校的教师和酒店管理者一同完成专业核心课程的教学。

调查发现,90%的学生都认为通过学校的专业培养,他们可以胜任酒店的管理工作,但是2018年的数据依然显示只有30%的学生进入酒店行业。影响学生进入酒店行业的最重要因素是个人兴趣和性格、工作环境和条件、职业的认同感。田彩云建议,酒店适当改变用人观念,除了让实习生作为正式员工的补充之外,还应对实习生进行专业培养,尤其是职业规划的引领,让他们看到职业发展的前景。

中瑞酒店管理学院实习就业指导中心主任魏春艳认为,企业要真正考虑到学生实习和就业的兴趣点在哪里,学生也要知道就业时的核心能力是什么。中瑞酒店管理学院97%的学生认为第二次实习可以检测自己的职业兴趣,为职业规划提供参考,70%的学生在选择实习行业时就为将来就业的行业做出了选择。"只有企业的需求和学生的需求相匹配的时候,才会有更多酒店管理专业的学生能够在企业留得住,发展得好。"

(资料来源:王玮. 酒店人才困局如何破?[N]. 中国旅游报. http://www.ctnews.com.cn/art/2018/12/13/art_149_30474.html,2018-12-13.)

第一节　实训实习工作

一、实训实习概述

(一)实训实习办法

根据《酒店管理专业酒店实训学员校外实训实习办法》,酒店管理专业为使酒店实训学员理论与实务相结合,并增加实际经验,特制定此办法。

(二)实训实习要求

符合本办法酒店实习成绩及格者于入学后三年级上学期给予酒店实训课程成绩,不及格者须重修。

(三)实训实习规定

酒店实训相关规定如下。

(1)实训单位包括观光、休闲、连锁及商务酒店等相关单位。一般由学校协助安排。

(2)实训时间累计时数不得低于300小时。

(3)酒店实训学员于实训前应选择本课程的本专业指导教师一位,或由学校指派,中途不可更换。

(4)酒店实训学员实训前应出席实训说明会,以明确实训注意事项,如无故缺席者,实训不予承认。

(5)酒店实训学员开始实训后,应遵守实训单位的规定与指导,但如发现工作性质不符或环境不良等情形,应尽快于两周内与指导教师联络进行联系协调。如在一周内未能改善上述情况,须报请本专业核准后提出辞呈,否则应完成实训工作,不得中途离职。违反本条规定者,除实训时数不予计算外,并酌情予以校规处理。

(6)酒店实训学员实训期满,由实训单位填写证明书(附录C)、评价表(附录D),交酒店管理教研室。

(7)酒店实训学员应于实训期满后,在实训负责教师规定的时间内上交实训报告与工作日志,报告内容、格式与工作日志撰写规定另定(附录E、附录F)。未在期限内上交资料者,实训成绩不予及格。

(8)成绩由指导教师参考实训单位考核表与实训报告评定。

① 本办法适用于酒店管理专业酒店实训学员。

② 本办法其他相关表格另定。

③ 本办法如有未尽事宜,随时修正。

④ 本办法经会议通过后,公布实施。

二、实训实习做法

(1)成立实训实习辅导委员会,由酒店教研室教师组成,进行各项校内外实训实习规划执行、考核及酒店实训学员心理辅导等事宜。

（2）由实训实习辅导委员会过滤筛选,以提供适合本酒店管理专业酒店实训学员校外实训实习的绩优酒店或机构。

（3）征询业界愿意提供实训实习的名额。

（4）实训实习负责教师访问业界,了解实训实习机构实际运作情况,以确保学生校外实训实习机会与安全。

（5）校外实训实习的分配是依据学生的户籍所在地、品德及学业成绩,经实训实习负责教师和实训实习单位面试后进行。

（6）为加强酒店实训学员校外实训实习生活安全规范,除办理意外保险并促请实训实习单位加强学生生活管理,另成立实训实习小组长制度为酒店管理专业教师与实训实习单位联系。定期与家长联系以协助本专业教研室教师实施实训实习辅导。

（7）定期召开实训实习辅导小组会议,研讨各项实训实习教学及校外实训实习酒店实训学员处理状况。

（8）编订校外实训实习手册,便于实训实习酒店实训学员随身携带。其内容包括实训实习规章、教师联络电话与电子邮件信箱,让酒店实训学员实际运用及紧急联络使用。

三、实训实习小组长工作职责

（1）报到前夕提前联系实习单位是否提供住宿,并了解住宿状况,由组长带领酒店实训学员,按照报到的指定时间与实训实习单位相关人员（通常指人力资源部）联络。

（2）向人事部主管（或单位主管）与实训实习负责教师联系,报告该小组实训实习单位的情况及特殊事件。

（3）提醒各实训实习单位各酒店实训学员按时上交实训实习作业。

（4）实训实习期间及时联系酒店实训学员,并通知学校领导或教师所交代的各类事项。

（5）实训实习完毕,率领酒店实训学员向实训实习单位主管致谢致意。

（6）完成其他学校临时交代的事项。

（7）小组长由各实训实习单位酒店实训学员选举或由实训实习负责教师指派。

（8）小组长的工作评定按照学校有关规定给予相关奖惩。

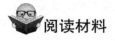

酒店细心培训实习生跟岗学习

"三亚银泰阳光度假酒店位于三亚市大东海旅游度假区中心位置,于2003年1月7日正式开张营业,迄今已经历了16年的不断发展……"近日,在该酒店培训教室,随着培训人员的介绍,实习生对酒店有了一个初步的了解。酒店人力资源部负责人也亲临现场欢迎实习生的到来,并认真听取每位实习生的实习期望,为更好地开展实习工作做好充分准备。

从今年6月开始,先后有来自尼泊尔、三亚技师学院、牡丹江大学的40多名学子来到三亚银泰阳光度假酒店跟岗学习。酒店把学生们安排在中西餐厅、前厅、客房等部门,对学生们进行全面的岗前培训,培训内容包括服务礼仪、酒店的概况、电话礼仪、消防安全、军训、酒店文化及听取各个部门经理介绍各部门的情况。

同时，酒店针对实习生的专业服务水平，开展了紧密而有序的安排，包括贴心周到的热情接待仪式，从其独特的生活习惯出发，特别单独安排的住宿环境以及培训前特别召开的培训准备会议，致力于通过一带一"传帮带"的跟岗受训模式，从班次到实际操作、从业务到培训讲解，让实习生更深刻地领会专业服务标准，切实提高受训学员的管理能力及专业水平。

培训中，实习生们以饱满的热情、端正的态度认真学习，积极参与互动，迅速进入工作状态。

（资料来源：加强校企合作 提升服务水平 酒店细心培训实习生跟岗学习[EB/OL].天涯社区·三亚在线. http://sanya.tianya.cn/lvyounews/2019/08/01/4064993.shtml,2019-08-01.）

第二节 实训实习注意事项

一、实训实习准备和注意事项

（一）实训实习应做的准备

（1）选定实训实习单位后，事先了解单位的性质及企业文化，工作的具体地点及交通状况（包括行车路线及所需时间）。

（2）学校住宿行李整理，衣物书籍等携返家中清洗或摆放妥当。

（3）未来实训实习地区住宿，如实训实习单位无提供住宿，应先联系亲戚朋友寻找住处或自己租房子。建议交通勿过于遥远且要考虑安全及有同伴，住宿要在报到前安排妥当，以免无法安心工作。

（4）实训实习前，请酒店实训学员切实注意实训实习单位通知，实训实习前各项准备工作（如租房子），如有面谈联系，请勿错过，以免造成未前往实训实习，给实训实习单位造成不良印象。

（5）部分酒店给外地酒店实训学员提供宿舍，费用不一，以先到先选为原则，因宿舍管理维护及人数很难掌握，且设备无法跟学校相比，请酒店实训学员在报到前，自行到实训实习单位了解，再做决定。

（6）有些实训实习单位于报到第一天，除新进人员训练外，即正式上班工作，相关的工作鞋、丝袜或上班时打扮，仪表、仪容，最好准备妥当。

（7）酒店实训学员报到时须带如下物品：笔、笔记本、相片4张、身份证复印件两份、户口簿复印件、健康证。每家酒店要求不一，有备无患。

（二）实训实习时应注意事项

（1）俗称："入行门守行规"。酒店各项人事及业务规定，酒店实训学员一定要遵守。心里随时提醒自己，我是代表学校，代表家庭及代表自己，在酒店实训实习，问自己能为酒店做什么，不要问酒店能为自己做什么。

（2）旺盛的工作热情及谦虚认真的态度，不耻下问，酒店实训学员工作时敬业专注，切记准时上班不迟到不早退的精神，免有差错。

（3）注意个人品德行为，在酒店等服务机构实训实习期间，不得有偷窃及不良行为发生,一经发现属实,将受勒令退学处分,并移送司法机关,请各位酒店实训学员切实遵守。

(4) 上、下班期间搭乘或骑乘各类车辆,注意交通安全。

(5) 实训实习作业及心得报告,请依照实训实习报告的撰写方式及内容说明规定撰写并使用透明文件夹编辑成册。

(6) 上班实训实习期间,请酒店实训学员特别注意工作态度,虚心请教,随时注意整理服装仪容,修剪头发及指甲,并不得染发及染指甲,服务业特别重视公共卫生,请酒店实训学员自我要求。因为是实训实习酒店实训学员,对于小费不可强求,一切依各业界规定办理。

(7) 实训实习期间若需代表学校公差或个人有事者,应依规定先行请假,经核准后才可离开工作岗位,不请假外出或逾期未归,均会影响个人及团体荣誉。

(8) 实训实习期间,将由学校教师安排时间访视各酒店实训学员。

(9) 各实训实习单位,如通知前往面谈者,则依规定前往该单位人事部门报到面谈;若无接获面谈通知,请各负责实训实习单位的召集酒店实训学员预先联系,于报到当日,穿着整齐一致,上午九时于实训实习单位集合后,统一前往该单位人事部门报到,请酒店实训学员务必准时,不得延误。

(10) 若有减少实训实习天数,请自行与实训实习单位协调以轮休天数补足。

(11) 每日实训实习上下班后应尽快返家及住处,生活作息宜正常,以免家人担心,遇紧急状况或事件,尽速与家人、实训实习单位及学校联系处理。

(12) 酒店实训学员小组长应主动查看学校行政部门有关联络事项,并转告小组的酒店实训学员。

(13) 有关实训实习期间的专业课程实训实习事务请向各辅导教师及部门经理、副理请教,生活及人事行政等事务,向自己所在部门及人事部门协调。

(14) 如果有问题或遇到困难,除可以向实训实习单位人事部门反映,也可以向教研室反映,办公室电话:651255××;带队教师电话1381148××××。

二、成绩考核办法

实训实习成绩评定由下列三项组成。
(1) 校外实训实习单位的工作评分,占50%。
(2) 本专业教师校外实训实习评定,占20%。
(3) 校外实训实习作业及心得报告,占30%。
校外实训实习单位工作评分项目见本书后附录D。

案例分析

实习违约——培训费该不该赔

小王是武汉一所大学酒店管理专业的学生,在大学进行了三年专业学习后,小王感觉需要找个单位实习,增加实际工作经验。但由于学校安排的实习单位离家较远,今年暑假前,他选择了自己找单位实习。

暑假一开始,他就开始到武汉的各家酒店接洽。三天后,终于在武昌的一家不大的酒店找到了实习岗位。实习前,酒店人事部门称,单位刚好新进了一批员工,小王可以与他们一起参加培训。虽然没有经验,但小王还是与酒店签订了一份实习协议,单位承诺,每个月向小王补贴生活费、交通费等600元,小王的实习期为两个月。

因为考虑到是实习,小王就没有对自己从事的具体工作提出要求。上岗前,小王还颇激动了一阵,希望能利用一个暑假的时间,既发挥一下自己的专业所长,也能增加点实际经验。

然而,让小王出乎意料的是,岗前培训其实就进行了不到一个星期,除了学习酒店的管理规定外,大部分时间基本上都是在酒店打杂。小王向人事部门咨询,人事主管告诉他,这就是上岗前的"传帮带",并要他多向老员工学习。

培训结束后,事情并未向小王想象的方向发展,本以为自己会被安排到酒店的管理部门,接触相关管理知识,结果酒店直接将其安排到了楼层做服务员。

"我也不是说不能做服务员,毕竟要从基层做起,越是基层越能学习到实际经验。"一开始,小王在楼层服务员的岗位上还做得有声有色。但是,一个月过去了,酒店还没有给小王调动岗位的意思。"既然是实习,我就想多待几个岗位,多体验一下工作的过程。"于是,小王找到人事部,要求换岗,但主管告诉他,现在酒店缺少服务员,他还得继续做下去。感觉到学不到什么知识的小王,决定离开单位。

"不能给你支付补贴了。"人事部工作人员告诉他,由于参加了公司的培训,上班期间又领了工作服,因此他这个月的工资已经被扣光了,况且,小王没有履行完协议,酒店没有找他赔偿已经不错了。

这让小王觉得十分冤枉,"自己就是给他们白打了一个月工,到头来还要扣培训费、服装费,实在是欺人太甚。"随后,小王声称要通过法律途径解决此事,酒店这才同意支付500元补贴。

(资料来源:大学生实习期间要学会如何维权[EB/OL].搜狐网. https://www.sohu.com/a/195025988_798693,2017-09-27.)

第三节　实习手册要求

为贯彻执行国务院《关于加快发展旅游业的意见》,落实教育部相关文件精神,践行全国高等职业教育改革与发展工作有关"合作办学、合作育人、合作就业、合作发展"的办学理念,全面规范酒店的顶岗实习管理,提高学生的操作服务水平,为酒店业培养高素质、应用型、技能型人才,由国家旅游局提出,委托南京旅游职业学院、中国旅游协会旅游教育分会制定了《旅游类专业学生饭店实习规范》(LB/T 031—2014)标准,该标准借鉴国内外有关资料,参照《国家职业技能标准》的有关要求,规范了高等职业院校旅游类专业学生在酒店的实习安排与责任;适用于高等职业院校学生到国内酒店有计划的半年及半年以上的实习活动,对部分应用型本科院校实习生,亦可参照施行。

一、实习管理职责

(一)学校职责

(1)制订学校整体实习计划,并督促落实。

(2) 与酒店签订实习协议书,明确校企双方的权利义务。

(3) 组织实习生与酒店进行双向选择,确定实习单位与岗位。确定学校实习导师,定期安排人员赴酒店走访。

(4) 加强思想、安全和职业生涯教育,开展实习动员与实习辅导,让学生熟悉实习管理规定。

(5) 与酒店定期联络、会晤,相互协调、配合,维护实习生的合法权益。综合酒店与学校对实习生的评价,评选优秀实习生。对违纪学生进行批评教育,视情节给予相应处分。

(二) 酒店职责

(1) 与学校协商,确保实习生在工作时间、休息休假、实习津贴等方面享有相应权利,酒店应遵守《中华人民共和国劳动法》的规定,每周工作时间原则上不应超过 40 小时,超时工作应支付补贴或安排调休。

(2) 确保学生实习安全,安排员工宿舍,为学生购买人身意外伤害险,若发生事故应按照国家相关规定与学校协商解决。

(3) 确定实习点负责人,负责实习工作的组织和实习生的日常管理。

(4) 组织实习生进行入职培训与岗位培训。

(5) 定期组织实习生座谈,了解学生意见,解决实际问题。

(6) 定期向学校反馈学生实习情况,对实习生出现违规或长期病事假等情况的,应及时与学校沟通、解决。

(7) 对实习期满半年、综合表现优秀的实习生,应提供轮岗机会。

(8) 做好实习生的评价,并根据实习生的综合表现,给合格者颁发实习证书,给优秀者颁发工作经历证书。

(三) 实习生职责

(1) 完成学校教学计划规定的所有课程,且成绩合格。

(2) 参加学校组织集体实习的学生,应与学校签订实习协议书;自主联系实习单位的学生,应征得家长同意,通过学校资格审查。

(3) 定期与学校实习导师联系,汇报实习情况。

(4) 自觉履行请假手续(按酒店管理规定程序办理请假手续,并及时报学校实习导师备案)。

(5) 因客观原因需暂停或变更实习的学生,应向学校提出申请,由学校与酒店商议决定。未经校方许可,学生不得擅自离开实习酒店,违者将接受学校相应的处理。

(6) 实习结束后,实习生应在规定时间内返校,并按要求向酒店与学校提交相关实习材料。

二、酒店实习手册具体项目

(一) 明确实习的目的

在实习手册中要明确酒店实习的目的,一般而言,酒店实习的目的是促进学生将所学的知识与技能在实际中加以应用和提高,同时取得更多的实际工作经验,为今后的就业积累经验。

（二）说明实习的要求

实习手册中还要说明酒店实习的知识和能力要求。通过酒店实习，不仅要求学生熟悉酒店的组织结构及整体运作模式，还要求学生能够熟练掌握主要业务部门的工作程序和方法，并树立良好的职业道德和团队精神。

（三）各部门岗位实习具体项目内容

学生酒店实习主要集中在酒店的前厅、客房与餐饮三大部门（在学校、酒店、学生三方商量一致的情况下，也可安排酒店其他部门实习）。每个部门包括若干岗位，每个岗位的实习具体项目内容和能力要求应提供详细的说明，以方便更有效地指导学生实习。

（四）实习日志与实习总结

学生应在实习手册中以日记或周记的形式记录自身实习工作内容、收获和感谢等；实习工作总结一般写在实习手册最后，用至少3 000字对酒店实习进行总结，具体包括对酒店实习的认知、对实习酒店和酒店行业概况的了解、实习任务的完成情况、实习工作的收获、成绩和经验教训等。

（五）实习成绩评定办法

根据学校和酒店协商决定学生酒店实习成绩评定办法，使学校和酒店都能客观、实际地掌握学生实习情况，有效地把控实习质量。一般而言，学校根据学生实习日志或周记、检查情况、实习报告或实习论文以及实习成果（如获得酒店各项奖励等）评定成绩；酒店根据学生在酒店顶岗实习期间的表现评定成绩；最终实习成绩由学校实习指导教师评定成绩和酒店评定的实习成绩两部分组成，双方评定成绩的比重由双方协商决定。

学校校外实习总成绩考核的积分方法一般按五级分制：优秀（90分及以上）、良好（80分及以上）、中等（70分及以上）、及格（60分及以上）和不及格（60分以下）。

酒店实习手册经酒店出具鉴定意见、评定成绩、签名盖章后，由学生交给学校的实习指导教师，实习指导教师评定完总成绩后，经教研室主任签字认定再录入成绩系统，并对实习手册进行归类存档。

本章小结

本章详细介绍了酒店专业实习实训的具体规定、实习实训的注意事项、实习实训成绩考核办法以及酒店实习手册的具体组成部分。酒店实习实训是学生取得酒店行业实际工作经验的重要途径，可以为学生今后的就业积累行业经验。

本章思考题

1. 酒店管理专业实习实训有哪些具体规定？
2. 校外实习实训分配依据有哪些标准？
3. 实习实训小组长有哪些具体工作职责？
4. 实习实训有哪些注意事项？
5. 如何考核实习实训成绩？
6. 酒店实习手册一般包括哪几部分内容？

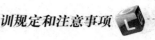

实战演练

结账风波

1. 案例情景介绍

郑先生一行10人到一家高级宾馆的餐厅吃四川菜。在点了一桌丰盛的酒席后,大家便兴致勃勃地推杯换盏,夹菜品肴,热闹起来。席间,两位服务小姐的服务颇为周到,上菜,报菜名,换菜碟,面面俱到。菜肴的味道也让大家感到满意。郑先生不无得意地对大家说:"我选的这家酒店不错吧。"

餐宴临近尾声之际,郑先生招手请服务小姐过来添茶,一位穿旗袍的小姐轻盈地走了过来。

"先生,您这桌的餐费是1 330元,不知由哪位来付钱。"服务小姐以为郑先生是要结账,便提高声音说出了金额。服务员的语调与之前服务时的温柔语调反差太大,大家都为之一愣,连旁边餐桌的客人都向这里张望。郑先生是个很讲面子的人,服务员的话使他感到尴尬。

"小姐,收餐费不用这么大声,钱我会付的,况且,我只是想让你过来添茶,既然如此,我现在就结账吧。"郑先生连忙掏钱。

"先生,实在抱歉,我还以为您要结账。我们酒店规定,结账时要报账清楚,所以……对不起,现在我就给大家添茶。"服务员不好意思地说着,并赶忙为客人添茶。

郑先生此时已经把钱拿出来交给服务员,连账单都没看,让她赶快结账。

由于服务员的一句话,大家的情绪不再那么热烈了,服务员找回钱后大家便离开了餐厅。

2. 案例分析

本案例中的服务员在为客人结账时,没有找对时机,结账的方式也欠妥,从而破坏了客人用餐的情绪。一般来说,付款的客人都不希望别人知道自己付款的数量,因此,服务员应该替客人保密。在国外,有些酒店一般准备两份菜单,一份附有价格,给做东的人看,另一份不附价格的给被邀请的人看。

餐后结账时,服务员会悄然地把账单递给做东者,决不惊扰其他人。从服务心理学的角度来看,做东的客人很讲面子,绝不愿服务员当众报出付款额,以免引起其他客人对他的看法。因此,服务员在为客人结账时,一方面要等客人自己提出来,另一方面则应为客人保守秘密。

王小姐的晚宴

1. 案例情景介绍

一个雨天的晚上,王小姐和男友在北京某四星级酒店的西餐厅用餐。王小姐随手将雨伞靠在了座椅旁,又将手提包挂在了椅子的后面。餐间,两人聊得很热烈,没有注意旁边有人已经盯上了她的手提包。

这天,餐厅用餐的人很多,服务员也非常忙碌。王小姐和男友用完餐后,由男友付账后急匆匆离去了,完全忘记了雨伞和手提包。出了酒店的门口,雨已经停了,他们开着车离开了酒店。十几分钟后,王小姐想打电话,才发现手提包不见了,急忙开车回酒店寻找。手提包中有 2 万多元现金、电话及证件等物品。

赶到餐厅时,他们发现刚才的座位已经有人在用餐,雨伞和包都不见了。王小姐焦急地询问服务员,服务员说翻台时没看到,并连忙报告餐厅经理。为了不影响其他客人就餐,他们来到休息室请来保安部人员,当事服务员一同回忆。

初步认定,王小姐用餐时服务员确实看到她的包,但翻台时未见,以为他们带走了。在他们离开的同时,还有两位高大男士提包离店。认定这些基本情况后,酒店协助王小姐报了警。王小姐离开酒店时,对男友说:"看来以后要找一家不会丢钱的地方吃饭了。"

2. 案例分析

本例提示我们,送客和翻台服务时应注意观察客人所携带的物品,确保客人的财物安全。客人到酒店来消费,首先关心的是安全,如果他们在就餐过程中出现了人身和财物方面的问题,酒店当然负有一定责任。

为了得到客人的信任,保证消费者的财物安全,服务员应仔细观察和记住客人带入餐厅的物品,在客人离开前提醒他们拿走,同时也要注意附近餐桌客人用餐的情况。保护客人的利益,这是服务员义不容辞的责任。

另外,客人起身离开时,应马上翻台检查,如发现客人遗留的物品要马上追上客人送还。餐厅门前与客人道别的服务员,应再次观察客人的物品情况,发现客人遗忘东西应提醒他们取回。

客人在餐厅丢失和遗忘物品的事情时有发生,服务员在工作中仔细地观察和用心地记忆是避免这些现象出现的关键。

第四章
前厅服务技能实训

【知识目标】
1. 了解前厅部与相关部门的关系。
2. 熟悉酒店前厅服务的流程与标准。
3. 掌握酒店前厅各种服务的基本技能。

【技能要求】
1. 能够熟练地操作客房预订服务、入住服务、礼宾服务、客服（总机）服务、退房服务、商务中心相关服务技能，并在规定时间内完成实训技能考核。
2. 具备督导并训练基层服务员每日工作的能力，具有良好的沟通和基层领导能力。

 **业界新闻**

网上订好的房怎么说没就没了

"五一"小长假，蒋先生一行9人从广西来长沙游玩。2日下午，他通过"同程艺龙"成功预订5间双人间，在线支付1 850元。当晚10点多，蒋先生一家来到这家位于长沙中山路的"××大酒店"准备办理入住时，前台工作人员解释称"没有房间了"，该工作人员还不停地致歉。蒋先生要求酒店经理出面处理，等候期间，他致电"同程艺龙"服务热线，客服在电话中提出两个解决方案："重新找房间，但附近酒店客满"；"或者退全款"，蒋先生及家人对此表示不理解也不接受。

三方协商至次日子夜零点未果，考虑到两位老人身体吃不消，酒店临时腾退一间客房让两位老人休息，蒋先生额外支付了400元房费。此时，酒店一位任经理出面承诺"明天（3号）帮助你们和'同程艺龙'平台协商"。从3日凌晨1点起，先行安顿好两位老人休息后，另7人深夜自行找酒店，直到凌晨3点多才住下。3日，蒋先生与平台及酒店方协商至中午12点多，"'同程艺龙'最终承诺全额退款，又多给了200元"。对这一赔付方案，蒋先生表示："没时间耗下去，没有选择，只能接受了。"

5月4日，《潇湘晨报》记者从前述酒店了解到，该酒店与平台方没有合作关系，而"同程艺龙"回应称："通过第三方平台拿到的房源，可能是系统出现错误导致的，与酒店方没有关系，所有的责任由'同程艺龙'来承担。"

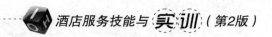

湖南瑞邦律师事务所执行主任刘明律师说,通过"同程艺龙"预订房间,是消费者与平台签订的合同关系,与酒店并未产生直接的合同关系。如果订房后,遭遇"到店无房"问题,消费者只能够向平台索赔,平台要承担相应的违约责任。

(资料来源:胡召余,向帅.网上订好的房怎么说没就没了[N].潇湘晨报(数字报).http://epaper.xxcb.cn/xxcba/html/2019-05/05/content_2989072.htm,2019-05-05.)

第一节　前厅服务程序与相关要求

前厅部又名客务部、前台部、大堂部,是饭店对外的"窗口",是饭店的"大脑"和"神经中枢",是联系宾客关系的"桥梁"和"纽带"。

一、前厅部的任务

前厅部的基本任务就是最大限度地推销客房商品及其他饭店产品,并协调饭店各部门向客人提供满意的服务,使饭店获得理想的经济效益和社会效益。具体来说,前厅部的任务包括下述7项内容。

1. 销售客房

销售客房商品是前厅部的首要任务。前厅部客房销售主要由以下三个方面的工作组成:预订销售、接待销售、合理排房与价格控制。

2. 提供各种综合服务

作为直接向客人提供各类相关服务的前台部门,前厅服务范围涉及机场和车站接送服务、行李服务、留言问讯服务、票务代办服务、邮件服务、电话总机服务、商务中心服务、贵重物品保管服务等。

3. 提供信息服务

饭店前厅部是客人汇集的场所,前厅服务人员与客人接触较多。因此,前厅服务员应随时准备向客人提供其所需要和感兴趣的信息资料。

4. 协调对客服务

前厅部作为饭店的神经中枢,承担着对饭店业务安排的调度工作和对客服务的协调工作。

5. 控制客房状况

在协调客房销售与客房管理方面,前厅部应向销售部提供准确的客房信息,防止过度超额预订,避免工作被动。另外,前厅部应及时向客房部通报实时及未来的预订情况,便于其安排卫生计划或调整劳动组织工作。

6. 管理客账

前厅部向客人承诺并提供最终一次性结账服务。客人经过必要的信用证明,即可在饭店内各营业点签单。总台可以在客人预订客房时商定并建立客账(收取定金或预付款),也可以在客人办理入住手续时建立客账。

在提供了客人累计消费额和信用资料的基础上,总台收银处按服务程序和饭店财务政策规定,与相关部门或各营业点进行协调沟通,及时登账,迅速、快捷地为客人办理离店结账手续,使客人满意而去。

  7. 建立饭店客史档案

  前厅部为更好地发挥信息集散和协调服务的作用,一般都要为住店客人建立饭店客史档案,记录客人在饭店住宿期的主要情况和有关针对性的信息,掌握客人动态,取得第一手资料。

二、前厅部的业务特点

  (1) 接触面广,要求 24 小时运转,全面直接对客服务。
  (2) 接待服务广泛,业务复杂,专业技术性强,对人员素质要求高。
  (3) 信息量大、变化快,要求高效运转。
  (4) 服务方式灵活多样,妥善处理关系。
  (5) 展示饭店形象,具有较强的政策性。

客人对饭店账单提出异议时的处理方法

  (1) 总台收银员应保持礼貌,询问客人对哪些收费项目和数额存在异议。
  (2) 仔细核对相关部门的账单,找出产生异议的根源。
  (3) 如果客人是对饭店的收费标准不熟悉导致的异议,收银员要耐心地对其进行解释,使客人明确收费标准与额度。
  (4) 如果是饭店工作人员的工作粗心大意、收费情况不合理造成的,收银员应郑重地代表饭店向客人道歉,将账单重新核查、改正后再开出。

三、前厅部的机构组成及职能

  前厅部组织机构一般由以下部分组成:办公室、预订、问讯、接待、礼宾、收银、大堂副理、商务楼层、电话总机、商务中心等。另外,通常在前厅部还设有其他非饭店所属的服务部门,例如,银行驻店机构、邮政部门驻店机构、旅行社驻店机构、民航及其他交通部门驻店机构等,以作为完善饭店不同服务功能需求的必要补充。因饭店规模不同,前厅部的业务分工也有所不同,但一般都设有下述主要机构。

(一) 预订处

  预订处(Room Reservation)是专门负责饭店订房业务的部门,可以说是前厅部的"心脏",其人员配备由预订主管、领班和订房员组成。随着饭店业竞争的日趋激烈以及市场空间的不断拓展,客房预订的职能逐渐从前厅部脱离出来而隶属于公关销售部。

  目前,预订处的主要职能包括以下几个方面。

  (1) 熟悉掌握饭店的房价政策和预订业务。
  (2) 受理客房预订业务,接受客人以电话、信函、传真、互联网及口头等形式的预订。
  (3) 负责与有关公司、旅行社等客源单位建立良好的业务关系,尽量销售客房商品,并了解委托单位接待要求。

(4) 加强与总台接待处的联系,及时向前厅部经理及总台相关岗位和部门提供有关客房预订资料及数据。

(5) 参与客人情报预测工作,向上级提供 VIP 抵店信息。

(6) 参与前厅部对外订房业务的谈判及合同的签订。

(7) 制订各种预订报表(包括每月、半月、每周和翌日客人抵达预报)。

(8) 参与制订全年客房预订计划。

(9) 加强和完善订房记录及饭店客史档案等。

(二) 接待处

接待处(Check-in/Reception)又称"开房处",通常配备主管、领班和接待员。其主要职能包括以下几个方面。

(1) 销售客房。

(2) 接待住店客人(包括团体客人、散客、常住客人、预订客人和未预订客人等),为客人办理入住登记手续,分配房间。

前厅入住接待

(3) 掌握住客动态及信息资料,控制房间状态。

(4) 制定客房营业日报等表格。

(5) 与预订处、客房部等保持密切联系,及时掌握客房出租情况。

(6) 协调对客服务工作等。

(三) 问讯处

问讯处(Information)通常配有主管、领班和问讯员,其主要职能如下。

(1) 负责回答客人问讯,包括介绍饭店内服务项目、市内观光、交通情况、社团活动等相关信息。

(2) 接待来访客人。

(3) 及时处理客人邮件等事项。

(4) 提供留言服务(住客留言与访客留言)。

(5) 分发和保管客房钥匙等。

(四) 收银处

收银处(Check-out/Cashier)也称结账处,一般由领班、收银员和外币兑换员组成。收银处通常隶属于饭店财务部管辖。但由于收银处位于总台,与总台接待处、问讯处等岗位有着不可分割的联系,直接面对面地为客人提供服务,是总台的重要组成部分。因此,前厅部也应参与和协助对前厅收银员的管理和考核。收银处的主要职能如下。

(1) 办理离店客人的结账手续。

(2) 受理入住饭店客人住房预付金。

(3) 提供外币兑换和零钱兑换服务。

(4) 与饭店各营业部门的收款员联系,催收、核实账单。

(5) 建立客人账卡,管理住店客人的账目。

(6) 夜间统计饭店当日营业收益情况,制作营业报表。

(7) 为住店客人提供贵重物品的寄存和保管服务。

(8) 负责应收账款的转账。

(9) 夜间审核全饭店的营业收入及账务情况等。

(五) 大厅服务处/礼宾服务处

礼宾服务处(Bell Service/Concierge)服务人员一般由大厅服务主管(金钥匙)、领班、迎宾员、行李员等组成,其主要职能有以下几个方面。

(1) 在门厅或机场、车站迎送宾客。

(2) 负责客人的行李运送、寄存,并确保其安全。

(3) 雨伞的寄存和出租。

(4) 公共区域寻人。

(5) 引领客人进客房,并向客人介绍服务项目、服务特色等,适机进行宣传。

(6) 分送客用报纸、信件和留言。

(7) 协助管理和指挥门厅入口处的车辆,确保畅通和安全。

(8) 回答客人问询,为客人指引方向。

(9) 传递有关通知单。

(10) 为客人提供召唤出租车和泊车服务和负责客人其他委托代办事项。

(六) 电话总机

电话总机(Switch Board)一般由总机主管、领班和话务员组成,其主要职能如下。

(1) 转接电话。

(2) 为客人提供叫醒服务(Wake-up Call)。

(3) 提供"请勿打扰"(DND)电话服务。

(4) 回答客人电话问讯。

(5) 提供电话找人服务。

(6) 受理电话投诉。

(7) 接受电话留言服务。

(8) 办理国际、国内长途电话事项。

(9) 播放或消除紧急通知、说明。

(10) 播放背景音乐。

(七) 商务中心

商务中心(Business Center)通常由主管、领班和职员构成,其主要职能如下。

(1) 为客人提供打字、翻译、复印、传真、长途电话以及互联网服务等商务服务。

(2) 可以根据客人需要提供秘书服务。

(3) 提供文件加工、整理和装订服务。

(4) 提供计算机、投影仪租赁服务。

(5) 提供代办邮件和特快专递服务。

(6) 提供客人委托的其他代办服务等。

(八) 车队

大型饭店在其前厅部设立车队(Taxi Service),接受前厅部的调派。车队的主要职能如下。

(1) 负责接送重要宾客或有预订的客人以及有特殊需要的客人。
(2) 为客人提供出租车服务等。

(九) 大堂副理

大堂副理(Assistant Manager)是饭店管理机构的代表人之一,对外负责处理日常宾客的投诉和意见,协调饭店各部门与客人的关系;对内负责维护饭店正常的秩序及安全,对各部门的工作起监督和配合作用。其主要职能包括以下几个方面。

(1) 负责处理宾客的投诉。
(2) 联络与协调饭店各有关部门对客人的服务工作。
(3) 处理意外或突发事件。
(4) 礼貌热情地回答宾客的各种提问。
(5) 协助解决宾客紧急难办的事宜。
(6) 负责检查贵宾房和迎送贵宾的接待服务工作。
(7) 巡视和检查饭店公共区域,消除隐患,保证安全。
(8) 必要时负责传递宾客贵重物品。
(9) 熟悉掌握前厅部各职能班组的工作,在其他主管不在场的情况下,协助管理、指导和监督下属员工的工作,并做好交接工作。
(10) 巡视检查饭店有关部门的清洁和维护保养水准。

四、前厅部机构设置与实训

(一) 前厅部机构设置特点

前厅部机构的设置主要依据饭店规模及功能需要而定,设置要符合饭店管理方式的要求。在多数大中型饭店中前厅部单独设置。但也有一些大型饭店设置有房务部,前厅部则归属其中。在小型饭店里一般不单独设立前厅部,其业务归客房部负责。

(二) 前厅部组织机构设置系统化模式

前厅部组织机构设置系统化是饭店管理层级制的客观要求,其工作岗位一般划分为三个不同性质的层次。

1. 管理层

管理层是指前厅部经理、副经理或经理助理。其主要职责是按照决策层做出的经营管理决策,具体安排前厅部的日常工作,负责本部门下属员工的工作分工、领导、指挥和监督。

2. 执行层

执行层是指前厅部下属各岗位的主管、领班等。其主要职责是执行前厅部下达的经营计划,布置和指导操作层员工的工作,监督本班组服务的程序和标准,随时检查他们的服务是否符合本饭店的服务质量标准。同时,执行层直接参与饭店服务工作和日常工作的检查、监督,保证前厅部能正常运行。

3. 操作层

操作层是指前厅部执行某项具体服务工作或专业工作的基层员工,饭店服务的高质量、高效率都是通过基层员工的服务工作体现出来的。

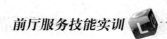

第四章 前厅服务技能实训

如何处理网络重复预订客房

2019年9月3日,和顺市场监管所接到全国12315互联网平台分流消费投诉称:消费者许女士于2019年8月19日通过毛豆网预订和顺某客栈4个房间,时间是2019年10月1日至4日,已全额付款,同时与客栈多次确认订单。

9月2日晚上,客栈突然告知许女士因客栈原因造成房间重复预订,将为许女士调整房间,如不同意调换可以退款取消预订。许女士因带着孩子,担心调整后的房间太小,不同意调换房间,双方协商无果后,许女士对客栈进行投诉,提出相关要求。

一是不同意调整房间。

二是如客栈坚持调换房间,要求其全额退款,并赔偿来回机票款。

该所接到投诉后,与客栈取得联系,客栈负责人介绍,因网站原因,毛豆网将房间订出后,没有及时联系客栈,携程网还将上述房间挂在网上,导致重复订房,客栈发现后第一时间联系孙女士,将投诉方之前预订的标间改换成套房,套房规格比原定房间高,也比原定房间大且舒适,希望能够协调处理,但孙女士要求赔付全额机票款,客栈不能接受。

在了解情况后,工作人员到达客栈,分别将客栈标间及套房的图片发给孙女士,并将套房比标间使用面积大,且做好加床服务的情况转达给孙女士。经协调,孙女士同意了调换房间,双方一致和解。

(资料来源:石晓.和顺市场监管所成功调解一起网络预订客房消费投诉[EB/OL].保山市腾冲县人民政府. http://www.tengchong.gov.cn/info/1015/22915.htm,2019-09-24.)

五、前厅接待(客房客务接待)工作

(一)实训实习目标

(1)就已有酒店客务理论基础,给予实务上的验证。

(2)经由不同角色的轮流扮演,熟悉客务部的基本操作流程。

(3)对订房、服务中心、前台接待、电话总机、邮电服务、商务中心、前台出纳等作业彻底了解。

(4)确立酒店中层干部的管理基础。

(二)实训实习岗位类别与实训工作内容

1. 实训实习岗位

(1)服务中心(Bell Service)、机场代表(Hotel Airport Representative)、门卫(Door Attendant)、行李服务员(Bell Man)、顾客服务员(Concierge)、服务中心主任(Superintendent of Service)。

(2)前台(Front Office)、前台接待员(F.O. Agent)、出纳员(Cashier)、夜间审核员(Night Auditor)。

(3)顾客关系员(Guest Relationship Officer)。

2. 实训工作内容

实训项目1:前厅客房预订服务。

实训项目 2：入住登记服务。
实训项目 3：贵重物品的保管服务。
实训项目 4：贵重物品的开箱服务。
实训项目 5：散客到店的行李服务。
实训项目 6：散客离店的行李服务。
实训项目 7：团队客人抵店的行李服务。
实训项目 8：团队客人离店的行李服务。
实训项目 9：行李寄存服务。
实训项目 10：行李领取服务。

第二节　预订服务程序与主要操作技能

实训项目1：前厅客房预订服务

通过前厅客房预订服务实训项目的训练，了解客房预订的基本程序，掌握客房预订的基本内容，能熟练地进行订房的操作。

（一）准备工作

计算机预订系统/酒店预订记录单、房价表、电话、签字笔。

（二）操作步骤

电话客房预订服务的操作步骤如表 4-1 所示。

表 4-1　电话客房预订的操作步骤

程　　序	标　　准
接电话	电话铃响三声内拿起电话
问候客人	1. 问候：早上好/中午好/晚上好！ 2. 报部门：××酒店预订部
聆听客人预订要求	1. 问清客人姓名（中英文拼写）、预订日期、数量、房型 2. 查看计算机及客房预订系统
推销客房	1. 介绍房间种类和房价，尽量从高价向低价进行介绍 2. 询问客人公司名称 3. 查询计算机，确认是否属于合同单位，便于确定优惠价格
询问客人付款方式	1. 询问客人付款方式，并在订单上注明 2. 公司或旅行社承担费用者，要求在客人抵达前电传书面信函，做预付款担保
询问客人抵达情况	1. 询问抵达航班及时间 2. 向客人说明房间保留时间，或建议客人做担保预订
询问客人特殊要求	1. 询问客人有无特殊要求，是否需要机场接送服务等 2. 如客人需要接机，说明收费标准 3. 对有特殊要求者，详细记录并复述
询问预定人或预订代理人	询问预定人或预订代理人姓名、单位、联系方式、电话号码，并做好记录

续表

程　序	标　准
复述核对预订内容	1. 日期、航班 2. 房间种类 f、房价、数量 3. 客人姓名 4. 特殊要求 5. 付款方式 6. 代理情况
向客人致谢	1. 告诉客人预订房间保留的最后期限 2. 致谢客人选择预订本酒店
记录预订	1. 填写预订单并输入计算机 2. 按日期存放订单

（三）要点及注意事项

（1）认真复述核对预订内容，确保预订信息的准确无误。

（2）做好预订信息的登记录入，交接班时注意详细确认。

第三节　入住服务程序与主要操作技能

一、实训项目 2：入住登记服务

通过入住登记服务实训项目的训练，让学生掌握酒店客人入住登记服务流程及相关服务技巧。

（一）准备工作

前台接待台、计算机、房卡、入住登记单（内、外宾）、银联收银机、收据、签字笔。

（二）操作步骤

客人入住登记服务的操作步骤如表 4-2 所示。

表 4-2　入住登记的操作步骤

程　序	标　准
迎接客人	1. 问候：早上好/中午好/晚上好！请问有什么可以帮您吗？ 2. 如果此时正在接听电话，需目光注视客人，点头微笑，用手示意客人在休息处休息；如果正在接待其他客人，应点头微笑，向来客说："先生/女士，对不起，请稍等。" 3. 尽快结束手头工作，接待客人，并再次向客人致歉；如果手头工作一时完成不了，应先接待客人或示意其他员工尽快接待
识别客人有无预订	1. 询问客人是否预订 2. 若客人持有预订凭证，则接待员应礼貌地请其出示预订凭证，注意检查客人姓名、酒店名称、住宿天数、房间种类、用餐安排、抵离日期及预订凭证发放单位的印章等 3. 若客人属未经预订而直接抵店，接待员应首先询问客人的住宿要求，同时查看当天客房的销售状况。若能提供客房，则请其办理登记手续；若不能提供，则应设法为客人联系其他酒店

续表

程　　序	标　　准
填写入住登记表	1. 对于已办预订手续的散客,酒店在客人预订时已掌握了部分资料信息,因而在客人实际抵店前,将相关内容输入计算机,自动打印出登记表,形成预订登记 2. 对于预订的 VIP 客人、常客,因酒店掌握的信息较全面,接待员可根据客人的预订单和客史档案的内容,提前准备好登记表、房卡、钥匙信封等,客人只需在前台核对有效证件、签名后即可入住客房。VIP 客人可享受在房内登记的特权 3. 对于未经预订而直接抵店的客人,接待员尽可能缩短办理入住手续时间。最后,请其出示有效证件(护照、身份证、居住证等),查验核对客人姓名、年龄、护照证件号码、护照种类及签证类型、有效期等相关内容,以确保准确和安全
排房、定价	排房顺序:团队客人(团队或会议客人)→VIP 客人和常客→已付定金的预订客人→要求延期离店的客人→普通预订客人,并有准确航班号或抵达时间→无预订的散客
确认付款方式	客人通常采用的付款方式有信用卡、现金及转账等
完成入住登记手续	1. 排房、定价、确认付款方式后,接待员应请客人在准备好的房卡上签名,即可将客房钥匙交给客人 2. 酒店为客人事先保存的邮件、留言单等也应在此时交给客人,并提醒客人将贵重物品寄存在酒店免费提供的保管箱内 3. 在客人离开总台时,接待员应安排行李员引领客人进房并主动与客人道别,然后将客人入住信息输入计算机并通知客房中心
建立相关表格资料	1. 将入住信息输入计算机,并将与结账相关的事项(如客人所享受的折扣率、信用卡号码、享受免费日期、付款方式等)详细内容输入计算机客账单 2. 标注"预期到店一览表"中相关信息,以示可容纳和已入住信息。若以手工操作为主的酒店,则应立即填写五联客房状况卡条,将客人入住信息传递给相关部门

(三)要点及注意事项

(1) 注意服务礼仪的细节:问好(3 米面带微笑迎接客人,1 米问候客人);双手呈递资料;接听电话时,需目光给客人示意。

(2) 注意掌握语速和推销客房技巧。

(3) 注意排房技巧。

二、实训项目 3:贵重物品的保管服务

通过贵重物品保管服务实训项目的训练,了解贵重物品保险箱设置的目的和用途,掌握住店客人贵重物品保管服务程序与标准。

(一)准备工作

贵重物品保险箱、登记卡、记事本。

(二)操作步骤

贵重物品保管的操作步骤如表 4-3 所示。

表 4-3 贵重物品保管的操作步骤

程　　序	标　　准
主动迎候客人	1. 客人前来保存贵重物品,主动迎接问好 2. 向客人介绍保管方法和注意事项
为客人建立保险箱	1. 请客人出示房卡或钥匙牌证明其是本店客人 2. 请客人填写保险箱登记卡,填上箱号
存入	1. 检查登记卡,无误后交给客人保险箱钥匙 2. 保管员与客人同时将钥匙插入打开保险箱,由客人将贵重物品放置妥当,保管员退后不得观看
上锁	当着客人的面锁上保险箱,将其中一把钥匙交于客人并告知要妥善保存
登记	在保险箱登记本上逐项填写登记记录

(三) 要点及注意事项

(1) 贵重物品的保管属于酒店提供的有偿服务,要向客人介绍保险箱的收费标准。

(2) 告知客人一定要妥善保存保险箱钥匙,如遇丢失,立即告知前台;按照酒店要求给予一定的赔偿。

三、实训项目 4:贵重物品的开箱服务

(一) 操作步骤

贵重物品开箱服务的操作步骤如表 4-4 所示。

表 4-4 贵重物品开箱服务的操作步骤

程　　序	标　　准
主动迎接客人	请客人出示房卡、保险箱钥匙
填写贵重物品寄存单	1. 请客人逐项填写寄存单 2. 认真核对客人签名,笔迹一致方可开箱取物
开箱	将两把钥匙同时插入保险箱,当着客人的面将贵重物品取出,检查是否有遗漏物品
登记、收回钥匙	1. 在贵重物品保管登记表上签字 2. 收回客人的保险箱钥匙
检查钥匙	检查钥匙并放归原处

(二) 要点及注意事项

若客人将保险箱钥匙遗失,又要取出贵重物品时,必须征得客人赔偿的同意后,在客人、当班保管员、饭店保安人员在场的情况下,由饭店工程部的有关人员将保险箱的锁做破坏性处理,并做好记录。

案例分析

酒店保管的贵重物品丢失,谁之责

李某新婚后旅游度蜜月,在出发前一天晚上住进了靠近机场的一家酒店,因为要洗漱,

就将其一克拉的钻戒取了下来,结果到了目的地才发现钻戒掉了。李某立即和酒店取得联系,称这个戒指是婚戒,对其有特殊意义,希望他们能帮忙寻找。

酒店工作人员在房间里找到了她的钻戒,并放在了前台,双方协商待李某旅游回来过后再去酒店取戒指。几天过后,度完蜜月的李某和酒店联系,结果却被告知戒指丢了。面对这种情况,酒店是否需要承担相关责任?

案例评析:

1. 是否需要赔偿?

李某退房后才发现戒指丢失,在与酒店联系后确认,已经找到了戒指,酒店为其保管,待李某回来了再取。根据《中华人民共和国合同法》第374条的规定,保管期间,因保管人保管不善造成保管物毁损、灭失的,保管人应当承担损害赔偿责任,但保管是无偿的,保管人证明自己没有重大过失的,不承担损害赔偿责任。

显然,酒店在拾得戒指后又将戒指丢失,存在重大过失,应当承担赔偿责任。也即是说,李某可以要求酒店对其进行赔偿。

2. 应该赔偿多少?

本案中,在双方确认戒指丢失的情况下,就要确定依据什么标准进行赔偿。此时,李某需要提供其购买该戒指时的支付凭证、商家开具的发票、确定与丢失的戒指是同一枚戒指的照片等证据,用以确认该枚戒指的价值。

根据《中华人民共和国民法典》第1184条的规定,侵害他人财产的,财产损失按照损失发生时的市场价格或者其他方式计算。本案中,酒店承担赔偿责任的具体数额可能涉及相关的价格评估鉴定。

3. 是否会被要求承担精神损害赔偿?

根据《民法典》司法解释第1183条的规定,具有人格象征意义的特定纪念物品,因故意或重大过失侵害的,被侵权人有权请求精神损害赔偿。

本案中,李某丢失的戒指是其婚戒,对李某及其丈夫具有特殊意义,符合上述法律的规定,李某有权要求酒店承担精神损害赔偿责任。

(资料来源:郑传波.酒店保管的贵重物品丢失,怎么挽回损失?[EB/OL].重庆合纵律师事务所. https://m.sohu.com/a/288800865_490666,2019-01-14.)

第四节　礼宾服务程序与主要操作技能

一、实训项目5:散客到店的行李服务

(一)实训目的

通过行李服务实训,使学生了解饭店行李服务的基本常识,学习并掌握散客抵店时的行李搬运的操作程序、方法和要点。

(二)准备工作

(1) 保证行李车能正常工作、外观整洁。

(2) 准备好行李登记表。

(3) 准备好行李卡。

(三) 操作步骤

散客到店的行李服务的操作步骤如表 4-5 所示。

表 4-5　散客到店的行李服务的操作步骤

程　序	标　准
问候	1. 向抵店的客人微笑点头，表示欢迎 2. 帮卸行李，请客人一起清点行李件数并检查行李有无破损 3. 记下客人乘坐到店的车的国内号码、所属单位及特征
引导至前台办理入住手续	以正确的姿势站立于客人身后，替客人看管行李并随时听从客人吩咐和总台服务员的提示
引领入房	主动上前向客人或总台服务员取房间钥匙，护送客人到房间
进房前服务	先按门铃，再敲门，房内无反应，再用钥匙开门
房间服务	1. 先开总开关(此时房间大部分灯即亮)，立即退出，将钥匙交回客人，请客人先进入房间 2. 将行李放在行李架上或按客人吩咐将行李放好 3. 向客人介绍房间内的设施、电话使用方法、电视频道的接收以及饭店内其他服务项目，并耐心回答客人的疑问
道别	询问客人是否还有吩咐，在客人无其他要求时，即向客人告别，道谢，祝客人愉快(玩得开心)，迅速离开(面对客人后退)将房门轻拉上

（四）要点及注意事项

(1) 对于客人的各种行李物品要轻拿轻放，对易碎的和贵重的物品应尽量让客人自己拿。

(2) 用行李车运送行李，应注意摆放顺序。大件和重的行李摆在下面，小的轻的行李摆在上面，并注意易碎和不能倒置的行李的摆放。

(3) 迎领客人时，要走在离客人两三步远的前方，步子应稳，遇有拐弯时，应回头微笑向客人示意。

(4) 介绍房间内的设施应视具体情况而定，如果是常住客人，应言简意赅。

(5) 服务员接受小费后，要向客人道谢，不要当着客人的面数小费，小费无论多少，都是客人的心意，绝不能向客人伸手索取小费，这是非常失礼的行为，有损酒店的形象。

二、实训项目 6：散客离店的行李服务

（一）实训目的

通过行李服务实训，使学生了解饭店行李服务的基本常识，学习并掌握散客抵店时的行李搬运的操作程序、方法和要点。

（二）准备工作

(1) 准备行李车。

(2) 准备好散客行李登记表。

(3) 清楚客人的房间号、客人姓名、行李件数及离店时间。

(三)操作步骤

散客离店的行李服务的操作步骤如表 4-6 所示。

表 4-6 散客离店的行李服务的操作步骤

程　序	标　准
进入房间	按门铃或者敲门得到客人同意进入房间
清点行李	向客人致意,帮助客人清点行李并检查行李破损情况
寄存行李	询问客人是否有寄存行李要求,并填写行李寄存单,将下联留给客人
离开客房	礼貌地请客人离开客房,主动提供电梯服务
退房	带客人到前台办理退房结账手续
道别	协助行李装车,向客人道别

三、实训项目 7:团队客人抵店的行李服务

(一)实训目的

通过行李服务实训,使学生了解饭店行李服务的基本常识,学习并掌握团队客人抵店时行李搬运的操作程序、方法和要点。

(二)准备工作

(1)准备行李车。

(2)准备行李标志牌。

(3)准备团队行李登记表。

(三)操作步骤

团队客人抵店的行李服务的操作步骤如表 4-7 所示。

表 4-7 团队客人抵店的行李服务的操作步骤

程　序	标　准
行李交接	行李员与押运员交接行李,清点行李的件数、有无破损,履行签收手续
分行李及上牌	核对前台的团体分房表,将每一件行李贴上标签,注明房号和客人姓名
行李装车	将行李装车,由多个行李员分头运送或者分时间单独运送
分送行李	行李到达楼层,由行李员将行李送入房间。轻敲三下门进入房间,向客人问好,请客人确认行李并将行李放在行李架上
登记	将每间客房的行李件数准确地登记在团队入住行李登记表上

(四)要点及注意事项

(1)交接行李时,如果发现行李有破损,应由行李押运员负责,并通知陪同领队。

(2)若有几个团队同时到达,可以用不同颜色的行李卡或绳带作标志予以区分。

(3)若该团队没有办完入住手续行李不能马上运送时,可以用行李网将行李罩在一起,妥善保管。

(4) 装车遵循"同团同车、同层同车、同侧同车"的原则。

① 硬件在下、软件在上、大件在下、小件在上,并特别注意"请勿倒置"字样的行李。

② 同一团体的行李应放在同一趟车上,放不下时分装两车,同一团体的行李分车摆放时,应按照楼层分车,尽量将同一楼层或者相近楼层的行李放在同一趟车上。

③ 如果同一楼层有两车行李应按照房号分装。

四、实训项目 8：团队客人离店的行李服务

（一）实训目的

通过行李服务实训,使学生了解饭店行李服务的基本常识,学习并掌握团队客人离店时的行李搬运的操作程序、方法和要点。

（二）准备工作

（1）准备行李车。
（2）准备团队行李登记表。
（3）离店前一天与领队联系。
（4）确认团队离店的时间及收行李的时间。

（三）操作步骤

团队客人离店的行李服务的操作步骤如表 4-8 所示。

表 4-8　团队客人离店的行李服务的操作步骤

程　　序	标　　准
收取行李	在规定的时间按照团号、房号收取客人的行李
行李装车、核对行李	行李收齐后拉到指定位置,与领队一起核对行李件数是否相符,若相符请领队签字确认
行李交接	与行李押运员检查、清点行李,做好行李移交手续
行李搬运上车	将行李搬运上车
填表存档	填写"团队行李登记表"并存档

五、实训项目 9：行李寄存服务

（一）实训目的

通过行李寄存服务项目的实训,使学生了解行李寄存的基本知识,掌握行李寄存的程序和标准,达到熟练应用的目的。

（二）准备工作

（1）行李房保持清洁。
（2）准备行李寄存单。

（三）操作步骤

行李寄存操作步骤如表 4-9 所示。

表 4-9 行李寄存操作步骤

程　　序	标　　准
礼貌询问	礼貌询问客人的房间号、姓名,请客人出示房卡
检查行李	检查行李是否属于本酒店寄存范围
登记	请客人填写行李寄存卡,确认无误请客人签字,下联交给客人预留
收拾行李	将行李放入行李房
在"行李寄存记录本"上进行登记	注明行李的件数、位置及领取日期

(四) 要点及注意事项

(1) 行李房严禁非行李员进入,钥匙由专人看管,做到"人在门开,人走门锁"。

(2) 酒店寄存物品属于免费服务,要弄清寄存物品的范围:易燃、易碎、易爆、易腐烂物品和化学药品、枪支弹药、现金、珠宝首饰等贵重物品不属于寄存范围。

(3) 提示客人将行李锁好。

(4) 行李摆放的原则:将短时间寄存的行李放在易于搬运的地方;同一客人的行李用绳连在一起,避免拿错。

六、实训项目 10:行李领取服务

(一) 实训目的

通过行李领取服务项目的实训,使学生了解行李领取的基本知识,掌握行李领取的程序和标准,达到熟练应用的目的。

(二) 准备工作

(1) 行李房保持清洁。

(2) 准备行李寄存单。

(三) 操作步骤

行李领取操作步骤如表 4-10 所示。

表 4-10 行李领取操作步骤

程　　序	标　　准
检查寄存凭据	客人提取行李时,先请客人出示行李寄存凭证,与系在行李上的寄存卡核对,确保吻合
清点行李	当面清点行李,确保无误后交给客人,并收回行李寄存牌
签名存档	礼貌地请客人在行李暂存记录上签字
道别	帮客人把行李运送到指定地点,向客人道别

第五节 前厅客服(总机)服务程序与主要操作技能

一、前厅客服(总机)工作实训

(一)实训实习目标

通过对客服(总机)服务实训项目的训练,学习总机服务的基本知识,掌握总机各项服务的程序和标准,达到熟练运用与操作的目的。

(1)就已有的酒店客务理论基础,给予实务上的验证。
(2)经由不同角色的轮流扮演,熟悉客务部的基本操作流程。
(3)彻底了解订房、服务中心、电话总机等作业。
(4)确立酒店中层干部的管理基础。

(二)实训实习岗位类别与工作内容

1. 实训实习岗位

电话总机(SwitchBoard)、总机(Operator)、主管(Supervisor)。

2. 实训工作内容

实训项目 1:总机转接服务。
实训项目 2:挂拨国内、国际长途电话服务。
实训项目 3:叫醒服务。

二、实训项目 1:总机转接服务

(一)准备工作

(1)开启并检查计算机、专线电话、打印机、电话交换机,保证 24 小时为客人提供国内国际电话服务。
(2)认真查看上一个交接班的记录,做好信息沟通工作。
(3)做好设备保养和清洁卫生工作。
(4)准备好笔、记录本等相关工具。

(二)操作步骤

总机转接操作步骤如表 4-11 所示。

表 4-11 总机转接操作步骤

程 序	标 准
应接电话	转接电话要在铃响三声以内接听,主动向客人问好,自报店名和岗位
聆听电话	仔细聆听客人的要求,迅速将电话转接过去,如有必要可以请对方重述一遍,态度温和
转接电话	使用礼貌语言请客人稍等
进房间电话	务必问清楚客人的房间号、姓名

续表

程　　序	标　　准
等待	线路忙时,用音乐保留键播放音乐
无人接听时	向客人表示歉意,并询问是否要求留言。若留言,记录复述后,电话通知前台问讯处和行李员
挂断电话	请客人先挂断电话并道别

(三) 要点及注意事项

(1) 电话铃响三声之内必须接听电话。

(2) 尽量使用姓名称呼贵宾和客人。

(3) 来话方只知道客人姓名而不知道房间号时,请其稍等,查出房间号后予以转接但不告知对方房间号;若果来电方只告知房间号,应先核对计算机中客人信息资料,注意该客人有无特殊要求,如房间号保密、免打扰等。

(4) 若对房间号保密的客人,可先询问来电方的姓名、单位,再告诉客人,问其是否接听;若客人不愿接听,应婉拒来电方。

(5) 若客人要求"免电话打扰",应礼貌地向来电方说明并建议其留言。

三、实训项目2:挂拨国内、国际长途电话服务

(一) 准备工作

(1) 保证电话间整齐、清洁。

(2) 电话间内有"请勿吸烟"标志,在电话间桌子(或墙壁)上放国外、国内直拨长途电话地区代码表,并备有笔、纸供打长途电话的客人使用。

(二) 操作步骤

挂拨国内、国际长途电话的操作步骤如表4-12所示。

表4-12　挂拨国内、国际长途电话操作步骤

程　　序	标　　准
受理客人要求	铃响三声接通电话,询问客人的要求,并在长途电话单上填写各项信息
接通电话	拨通电信局国内国际长途台挂号,向对方通报本机号码、分机号码及客人姓名、国籍和电话号码
转接电话	电话接通后转接至房间,等待电话结束
结账	开账单,在"登记单"上记录

(三) 要点及注意事项

(1) 在采用程控直拨电话系统的饭店,客人可以在房间内直拨长途电话。接到总台客人到访消息后,应立即将长途线与该客房接通。

(2) 开具电话通知单和收据单并将正联送至前台,计入客人账户。

(3) 非住店客人要求打长途电话,请其到商务中心办理相关业务。

四、实训项目3:叫醒服务

(一)准备工作

(1)开启并检查计算机、专线电话、打印机、电话交换机,保证24小时为客人提供叫醒电话服务。

(2)认真查看上一个交接班的记录,做好信息沟通工作。

(3)做好设备保养和清洁卫生工作。

(4)准备好笔、记录本等相关工具。

叫醒服务

(二)操作步骤

叫醒服务的操作步骤如表4-13所示。

表4-13 叫醒服务操作步骤

程　　序	标　　准
受理叫醒服务	接到叫醒服务要求的电话,把客人的房间号、叫醒时间与客人进行确认
填写叫醒记录	将客人的叫醒时间、房间号准确无误地填写在叫醒记录本上
输入叫醒信息	将叫醒信息及时输入定时叫醒器上
夜班话务员	夜班话务员将叫醒记录按时间顺序整理登记在交接本上
检查叫机设备并开机	按照最早的叫醒时间开机,检查叫醒记录
开始叫醒	叫醒时间到,系统自动生效并打印记录
叫醒失败	5分钟后系统会再次进行叫醒,若无人答应,应采取人工叫醒服务

(三)要点及注意事项

(1)准时叫醒客人,时间正负误差不能超过1分钟。

(2)如有客人要求多次叫醒,话务员必须在叫醒记录表上注明。

(3)两次叫醒均无应答,应通知房务中心,进行敲门叫醒。

(4)多次核对叫醒记录,确保服务准确。

第六节　退房服务程序与主要操作技能

实训项目:结账退房服务

通过结账退房服务实训项目的训练,让学生掌握为酒店客人结账退房的服务流程及相关服务技巧。

(一)准备工作

在前台接待台上准备好计算机、银联收银机、收据/发票、签字笔。

(二)操作步骤

为客人办理结账退房的操作步骤如表4-14所示。

表 4-14　办理结账退房的操作步骤

程　序	标　准
问候客人	按照标准称呼客人：早上好/下午好/晚上好，先生/女士，我能为您做什么吗？
收取房卡、押金单，报查房	1. 当客人确定退房以后，收取客人房卡、押金单，核对计算机备注与押金单 2. 询问客人是否消费过 Mini Bar、长途电话等，如有，立即将金额输入计算机 3. 用对讲机向相应楼层报查房
查房核对	客房服务员用电话报房间消费后录入计算机，然后与客人核对
准备账单	1. 打印账单，并让客人核实后签字 2. 对于团队结账，由领队或陪同人员结清住宿费用，有些费用（如长途电话、洗衣服务、Mini Bar 消费等）由客人自付
确认付款方式	客人核对无误后，询问客人付款方式，按其要求办理结账手续；如果公司已为其付款，请客人在账单上签字即可
发票	1. 只有客人自付款的，才可为其开具发票 2. 将发票及明细账单一起装入信封交给客人，并感谢客人入住
恭送客人	使用服务用语恭送客人，收银接待同时恭送
单据核对装订	核对开房单、押金单、结账单，并进行装订
建立客史档案	前厅收银员将客人档案放入"当日退房"档案资料中

（三）要点及注意事项

（1）退房时间前半小时应打电话询问客人是否续住，提醒退房时间。催房必须提前半小时给客房打电话，如无人接听，继续拨打开房人联系电话，如无法联系到开房人，直接到计算机跳费完毕，通知相应楼层服务人员敲门通知，若无人应答，应开房门查看是否有行李物品，无行李直接退房，有行李继续跳费，用行李作为房费担保。

（2）将入住登记表归档，但注意归档时不要让其他客人等候。

第七节　酒店商务中心专业实训

一、前厅商务中心服务工作

（一）实训实习目标

通过对商务中心服务实训项目的训练，学习商务中心服务的基本知识，掌握商务中心各项业务的程序与标准，达到熟练操作与应用的目的。

（1）就已有的酒店客务理论基础，给予实务上的验证。

（2）经由不同角色的轮流扮演，熟悉客务部的基本操作流程。

（3）彻底了解订房、服务中心、前台接待、电话总机、邮电服务、商务中心、前台出纳等作业。

（4）确立酒店中层干部的管理基础。

（二）实训实习岗位类别与实训工作内容

1. 实训实习岗位

商务中心服务员（Business Center Clerk）、顾客关系员（Guest Relationship Officer）。

2. 实训工作内容

实训项目1：传真发送服务。
实训项目2：传真接收服务。
实训项目3：商务中心复印、打印服务。
实训项目4：商务中心票务服务。

二、商务中心服务准备工作

(1) 开启计算机、复印机、打印机、传真机等设备，保证随时为客人提供服务。
(2) 做好交接班的信息沟通工作，认真查看上一值班员的交接记录。
(3) 做好商务中心的设备保养和清洁卫生服务，精神饱满地迎接对客服务。

三、实训项目1：传真发送服务

（一）操作步骤

传真发送操作步骤如表4-15所示。

表4-15 传真发送操作步骤

程　　序	标　　准
受理服务	仔细询问客人发传真的地点，并向客人说明收费标准
发送传真	具体操作：纸平放在传真机上→挂机→音频→拨号→收到信号→启动
接收打印报告	按客人要求接收打印报告
结账服务	根据客人的结账方式结账并正确填写商务单
账后工作	将前两联交给前台，第三联留作存根

（二）要点及注意事项

(1) 仔细询问客人发传真的地点，并向客人说明收费标准。
(2) 根据客人的结账方式结账并正确填写商务单。
(3) 将前两联交给前台，第三联留作存根。

四、实训项目2：传真接收服务

（一）操作步骤

传真接收操作步骤如表4-16所示。

表4-16 传真接收操作步骤

程　　序	标　　准
接收来件	认真阅读收到的传真信息，与前厅确认客人的姓名及房间号
填表	填写"商务中心来件报表"
通知客人	电话通知客人有传真来件并安排行李员送入房间，若客人不在房间，应留言并通知总台
结账服务	根据客人的结账方式填写商务单，按照标准收费

（二）要点及注意事项

（1）所有传真应快速准确地通知房间的客人，避免贻误客人。

（2）客人不再回收的底稿应一律销毁。

（3）送入客人房间的传真应该用信封封好，若收到的传真加盖保密字样的，应用信封封好，加盖机要章。

五、实训项目3：商务中心复印、打印服务

（一）操作步骤

商务中心复印、打印操作步骤如表4-17所示。

表4-17　商务中心复印、打印操作步骤

程　　序	标　　准
受理服务	礼貌地问候客人，询问客人的要求，并向客人介绍收费标准
复印、打印准备	开启机器，大致浏览受理的稿件
复印和打印	1. 复印的要求：版面干净，字迹清晰，纸张符合客人的要求 2. 打印的要求：文字正确，校对后无错误，纸张及字体符合客人要求
填单	填写"商务服务收费单"，仔细填写单据上的各项内容，包括客人姓名、房间号及服务项目发生的费用
结账服务	按照客人的结账方式，现金结账或者通知前台计入客人账单
账后服务	将前两联交给前台，第三联留作存根

（二）要点及注意事项

（1）复印的要求：版面干净，字迹清晰，纸张符合客人的要求。

（2）打印的要求：文字正确，校对后无错误，纸张及字体符合客人要求。

（3）仔细填写单据上的各项内容，包括客人姓名、房间号及服务项目发生的费用。

（4）将前两联交给前台，第三联留作存根。

六、实训项目4：商务中心票务服务

（一）操作步骤

商务中心票务操作步骤如表4-18所示。

表4-18　商务中心票务操作步骤

程　　序	标　　准
主动问候客人	略
了解客人订票要求	礼貌地询问客人的订票细节，包括航班、线路、日期、车次、座位选择及其他要求
查询票源情况	通过计算机快速查询，如果客人所期望的航班、车次无票源，向客人致歉并询问客人是否可以延期
办理订票手续	请客人填写登记单，礼貌地请客人出示有效证件
出票及确认	请客人对所出票据进行确认，礼貌地请客人支付所需费用
道谢及送别	略

(二)要点及注意事项

(1) 仔细聆听客人的订票要求。
(2) 客人填写登记单时,应对客人不明白之处予以耐心解答,帮助其填写。
(3) 认真核对登记表和客人的有效证件。

本章小结

本章主要介绍了前厅部接待服务实训模块:前厅预订客房服务、入住登记服务、贵重物品的保管服务、贵重物品的开箱服务、散客到店的行李服务、散客离店的行李服务、团队客人抵店的行李服务、团队客人离店的行李服务、行李寄存服务、行李领取服务、结账退房服务。前厅总机服务实训模块:总机转接服务、挂拨国内、国际长途电话服务、叫醒服务。前厅商务中心服务实训模块:传真接收服务、商务中心复印、打印服务、商务中心票务服务。掌握酒店前厅的基础技能是做好酒店实务的根本与必要条件。

本章思考题

1. 以下常用的服务实训模块的内容有哪些?
2. 以下常用的服务实训模块的服务程序与服务标准是什么?

(1) 前厅部接待服务实训模块
实训项目1:前厅客房预订服务
实训项目2:入住登记服务
实训项目3:贵重物品的保管服务
实训项目4:贵重物品的开箱服务
实训项目5:散客到店的行李服务
实训项目6:散客离店的行李服务
实训项目7:团队客人抵店的行李服务
实训项目8:团队客人离店的行李服务
实训项目10:行李寄存服务
实训项目11:行李领取服务

(2) 前厅总机服务实训模块
实训项目1:总机转接服务
实训项目2:挂拨国内、国际长途电话服务
实训项目3:叫醒服务

(3) 退房服务实训模块
实训项目:结账退房服务

(4) 前厅商务中心服务实训模块
实训项目1:传真发送服务
实训项目2:传真接收服务
实训项目3:商务中心复印、打印服务

实训项目4：商务中心票务服务

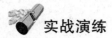
实战演练

实战演练一

1. 实践内容

饭店前厅管理专业职业技能测试库。

2. 测试目标

测试学生在饭店前厅工作中的规范服务、应变能力、业务知识等方面的实际能力和技巧的应用水平。

3. 测试对象

饭店管理专业学生。

4. 测试时间

5 分钟。

5. 测试成绩

如表 4-19 所示。

表 4-19 前厅服务员基本礼仪

项目编号	测试项目名称	测试内容	测试要求	测试分值	实际得分
1	前厅服务员基本礼仪规范	1. 仪容仪表 2. 站姿 3. 坐姿 4. 行姿	规范 得体 自然	10 30 30 30 100	

6. 测试环境

(1) 场地准备：面积为 40 平方米左右的厅堂或教室。

(2) 用品准备：大堂值班台（或者替代物），桌、椅（供考评人员使用）。

(3) 布置：将大堂值班台（或替代物）成 45°放置一侧，将桌椅放置在另一侧，厅堂位置留出足够空间。

7. 测试流程

学生进入场地，面向考评人员站立，停留片刻，以便考评人员观察仪容仪表；前行至大堂，保持站姿；最后走出大堂，在事前准备好的椅子上落座。

8. 测试说明

(1) 人员组织：1 人/组。

(2) 评分等级：85 分以上优秀，70~85 分良好，60~70 分合格，60 分以下不合格。

测试人：　　　　　　　　　　　测试日期：

实战演练二

前厅常见疑难问题的处理

1. 客人对酒店账单提出异议时应如何处理？

参考答案：

(1) 总台收银员应保持礼貌,询问客人对哪些收费项目和数额存在异议。

(2) 仔细核对相关部门的账单,找出产生异议的根源。

(3) 如果是客人对酒店的收费标准不熟悉导致的异议,收银员要耐心地向其解释,使客人明确收费标准与额度。

(4) 如果是酒店工作人员的工作粗心大意、收费情况不合理造成的,收银员应郑重地代表酒店向客人道歉,将账单重新核查、改正后再开出。

分值:10分,答题时间:5分钟。

评分标准:(1)2分,(2)2分,(3)3分,(4)3分。

2. 在酒店前厅登记入住检查中发现可疑的客人,应如何处理?

参考答案：

(1) 保持冷静和镇定,态度如常。

(2) 在住宿登记单上做出特殊记号。

(3) 安排房间时,将其分配在易于观察和控制的区域。

(4) 报告上司与保安部,并尽快与有关部门联系,进行调查和监控。

分值:10分,答题时间:5分钟。

评分标准:(1)2分,(2)2分,(3)3分,(4)3分。

3. 前厅工作人员值班时对客人的故意纠缠应如何处理?

参考答案：

(1) 设法迅速摆脱客人的有意纠缠。

(2) 礼貌地告诉客人自己现在很忙,主动找出工作做。

(3) 暗示其他工作人员前来,自己借故离开。

(4) 日常工作中拿捏好对待客人的分寸,不要让客人产生不必要的误会。

分值:10分,答题时间:5分钟。

评分标准:(1)2分,(2)2分,(3)3分,(4)3分。

4. 如何处理已经离开的客人的信件?

参考答案：

(1) 先查询客人是否对其离开后信件的处理有所交代,如有则按其交代办理。

(2) 客人如无特别交代,对于急件、特快专递应转寄客人前往的下一站,或直接寄往客人家里,或立即退件。

(3) 对于平信,酒店可暂时存放一段时间,每天查询该客人是否再次入住,超过酒店保管期限(通常为一周)则作退信处理。

分值:10分,答题时间:5分钟。

评分标准:(1)3分,(2)3分,(3)4分。

5. 客人要求代办事项应如何处理?

参考答案：

(1) 详细了解代办要求,做到办理准确无误。

(2) 将代办事项的账目和手续、单据交代清楚。

(3) 交办及时、回复及时,办理中如有变动也应及时请示汇报。

(4) 客人交办的工作若经过努力一时实在难以办到,应向客人做好解释并表示歉意。

分值:10分,答题时间:5分钟。

评分标准:(1)2分,(2)2分,(3)3分,(4)3分。

6. 酒店客人要求前厅对其房间号和相关情况进行保密时应如何处理?

参考答案:

(1) 总台当班人员应首先弄清客人需要保密的程度和级别,是部分保密、限量保密还是全部保密。

(2) 将客人的姓名、房间号和保密要求做好记录。

(3) 通知总台有关人员和电话总机要求做好保密工作。

(4) 当有人来访或查询该客人情况,接待人员应以该客人没有入住本酒店为由予以拒绝。

(5) 公安机关或安全部门执行公务要求查询时除外。

分值:10分,答题时间:10分钟。

评分标准:(1)2分,(2)2分,(3)2分,(4)2分,(5)2分。

7. 遇到客人带走了客房中不应该带走的物品时应当如何处理?

参考答案:

(1) 酒店在客人结账前的查房中确定客房中原有的物品被带走时,才能对客人采取措施。

(2) 若当值服务员查房发现客房中的一些东西(如小摆设、遥控器、床罩、毛毯等)丢失,总台服务人员应礼貌委婉地邀请客人协助酒店查找客房遗失的物品,向客人要回这些东西。

(3) 总台人员说话时应顾及客人的自尊,让客人容易明白和接受。

(4) 如客人对酒店的某些物品特别喜爱,酒店可核定价格收取物品的款额。

(5) 如客人执意否认并且情绪激动时,应请其到办公室说明情况,请其对客房内遗失的物品进行赔偿。

(6) 如果客人态度蛮横并且胡搅蛮缠,为了不影响酒店的正常营业,如果物品价值不是很大,在上级同意的情况下可做消耗处理,但应将客人列入"酒店黑名单",该客人下次入住时应对其重点注意;如果物品具有较高价值,则应请酒店保安部出面进行处理。

(7) 在任何情况下酒店人员都不能随意打开客人的行李、包裹,更不能对客人实行辱骂、搜身、殴打、限制行动等行为。

分值:15分,答题时间:10分钟。

评分标准:(1)2分,(2)2分,(3)2分,(4)2分,(5)2分,(6)2分,(7)3分。

8. 遇到恶劣天气时如何处理?

参考答案:

遇到恶劣天气,如台风、雷暴、暴雨等天气,前厅应做好以下工作。

(1) 接到恶劣天气的事先预报,应及时通知各相关部门(如客房部、工程部、餐饮部、保安部等)做好防范工作,并在恶劣天气来临前检查防范工作的落实情况。

(2) 突然来临的恶劣天气,及时联系相关部门并上报前厅部经理。

(3) 迅速加强防范工作。

(4) 咨询气象站、台,了解天气的恶劣程度、基本气象状况和结束期限等信息,解答客人的问题。

(5)加强酒店每个关键部门和地区的巡查,密切监视大堂及大门口的人员进出情况,维持好大堂秩序。

分值:10分,答题时间:5分钟。

评分标准:(1)2分,(2)2分,(3)2分,(4)2分,(5)2分。

9. 对于无人认领的行李,酒店应怎样处理?

参考答案:

(1) 在酒店公共场所发现的无人行李。

提高安全警惕,报告值班经理,并通知酒店保安部人员、值班主管和前厅经理在场一起打开;检查行李是否有毒品、走私物、爆炸物、危险品,验证其安全性,如属危险的行李物品,交相应部门(安全、卫生等部门)处理;如属正常行李,根据行李内的线索查找失主;如果行李属于没有价值的物品,则征得上级同意后可做丢弃处理。

(2) 在客人已退的房间中发现客人遗留的行李。

首先通知前厅领办和主管进行检查,核实其物品,寻找其主人的相关线索;客人遗留的行李物品如具有较高的价值,应根据查找到的客人住址、电话进行联系,根据客人要求送回行李并收取一定的保管费,在行李未取走之前请行李房妥善保管;客人遗留的物品若是无价值的东西,则经请示后将其丢弃。

(3) 行李房中超期而无人认领的行李。

行李超过寄存期限而无人认领,酒店应根据行李寄存单上的客人信息与其联系,询问其对行李处理的意见;如无法联系到客人,则这些行李按房间遗留行李的处理方法进行处理;当行李超过酒店规定的保存期限,又无法找到失主时,可按照业内通常做法进行拍卖。

分值:10分,答题时间:5分钟。

评分标准:(1)3分,(2)3分,(3)4分。

10. 客人要求对酒店一般的退房时间进行变通,可行吗?

参考答案:

(1) 酒店一般的退房时间如下。

① 客人通常应在中午12时之前结账离开。

② 客人结账时间超过12点但在18点之前结账,酒店加收半天房费。

③ 客人超过18点结账,酒店加收一天的房费。

(2) 有些客人由于活动安排需要在酒店多休息1~2个小时,对于酒店要加收半天的房费觉得不公平,进而对酒店要求免费多休息1~2小时,酒店可行的应对之策如下。

① 如该客人是酒店的常客,可向大堂副理报告,经查实,在酒店入住率不高、存在大量空房的情况下可满足客人的变通要求,并向其说明是特别的优惠对待。

② 酒店可设部分钟点房,将客人多停留的时间按小时收费,使客人有公平感。

③ 少数酒店将退房时间安排在下午14点或16点,避免客人的不方便和不公平感。

分值:10分,答题时间:5分钟。

评分标准:(1) 5分;(2)5分。

11. 酒店客人结账时,所付款额中出现假钞时应如何处理?

参考答案:

(1) 收银员发现假钞(包括假人民币和假外币)时,对客人的态度应保持礼貌,处理问题应讲究语言艺术。

(2) 请客人稍等片刻,立即报告前厅主管或经理。

(3) 将客人请入办公室,查清假钞的来源。

(4) 如果客人使用的假钞数量不大(只有一两张),并且有合理的解释证明其并不知情,酒店可没收该客人的假钞并出具没收证明(要取得银行授权),同时再请客人用真钞结清账款后,在该客人的酒店住宿档案中进行记载,以备查。

(5) 如果该客人使用的假钞面额大、数量多,甚至出现连号的情况,应请公安部门协助调查,调查期间需请客人协助。

分值:10分,答题时间:5分钟。

评分标准:(1)2分,(2)2分,(3)2分,(4)2分,(5)2分。

12. 酒店前厅可在什么情况下安排客人的"加床"?

参考答案:

"加床"是指在一定时期内对特定客房额外临时配套的床,一般使用席梦思床垫、钢丝折叠床、沙发床等较为简单的床具,价格不高、舒适度低,按床位收费。酒店一般不应主动提供加床,当客人需求提供加床时,应符合下列情况。

(1) 时逢旅游旺季,酒店床位紧张,争得客人同意的情况下可加床。

(2) 同性、同行的客人两位以上,要求同住一间房间的情况下可加床。

(3) 提高酒店的客房利用率,尊重客人的客房使用权和隐私权,酒店不可使用空房配置加床,也不可将加床安放在其他没有关系的客人房间内。

分值:10分,答题时间:5分钟。

评分标准:(1)2分,(2)2分,(3)2分,概念4分。

13. 前厅接待员通常按照怎样的顺序为客人安排房间?

参考答案:

通用的安排顺序如下。

(1) VIP(重要客人、贵宾)。

(2) 有特殊要求的客人。

(3) 团队宾客,其顺序又分为政府邀请的团队客人、豪华团队客人、一般团队客人。

(4) 已经订房的客人,其顺序又可分为常客、在酒店住宿期较长的客人、其他客人、没有办理订房手续而直接抵达酒店的客人。

分值:10分,答题时间:10分钟。

评分标准:(1)3分,(2)3分,(3)2分,(4)2分。

14. 如何预防客人的拖延付款?

参考答案:

从酒店的管理来说,客人通常是离开酒店才付账,因此在住店期间,酒店是将产品和服务赊销给客人,为预防客人的拖延付款,有以下六点须注意的事项。

(1) 建立酒店工作人员对宾客账款的新认识。

酒店向客人收取账款,是客人在酒店消费服务和产品的代价,是酒店所提供给他的服务的货币表现,酒店工作人员作为酒店的代表,应该堂堂正正地,同时又怀有谢意地来接受宾客的付款。

（2）酒店各部门通力合作，弄清客人基本情况和反常迹象。

如客人到大酒店时，接待员对客人的第一印象如何；客人住宿登记单上的行李是否确实；注意客人的赊账情况，及时正确地向上级报告客人的反常动态。

（3）适当催促和主动中止相结合。

对于那些拖延付款的客人，酒店可正式催促他付款。酒店认为客人确实失去付款能力，应及早请他结账，中止他的住宿，以便把损失减少到最小程度。这种果断措施是预防造成重大损失，保护酒店利益的最好办法。

（4）限制预定的住宿期。

无论是预订房间的客人，还是临时来住店的客人，对于他们的预订期，应尽量短一点。尤其是对那些没有事先预订的客人，最多预定住2~3天，在这期间可根据客人的态度行为及付款的情况，逐渐延长预定时间。对于那些可能无力付款的客人，绝对不可与其签订长期的住宿契约。

（5）注意赊销期限。

由于客房的销售有其本身的特点，所以对实行"先住后付款"制度的酒店来说，赊销的期限应尽量缩短，这是非常重要的。部分酒店实行"一周清账"的制度，但对于那些可能无力付款的客人或在短期内账单上的数目就很大的客人，可以在任何时候请客人付款。

（6）客人结账后，一般情况下，应该先付款后离店，不能先离店后付款。

分值：10分，答题时间：10分钟。

评分标准：(1)1分，(2)1分，(3)2分，(4)2分，(5)2分，(6)2分。

15．如何防止住店不付钱？

参考答案：

住店不付钱（即住店走单），对酒店业来讲是常见的情况，其预防措施如下：

(1) 弄清住店不付钱的行为规律。

尽量在事情发生前采取措施，以便发生意外时，可以把酒店的损失控制到最低限度；如只住一夜的住店不付钱最为常见，对部分单日住客就应根据情况加以特别注意，或要求其提供担保。

(2) 注意预约客人。

有的人为了取得饭店的信任，在预约时冒充某单位某人住宿。酒店前厅的接待员或预定员应通过电话对该单位、该人员进行核实。

(3) 注意客人在住宿登记时是否作假。

在客人住宿不付钱的事情中，往往会发现当事人护照及其其他有效证件号码、住址是伪造的。因此，住宿登记的接待员一定要核实客人的姓名、住址、护照及其他有效证件的号码等。

(4) 注意行李少的散客。

世界上许多国家的酒店都在住宿登记卡上特别指出："只携带少量行李的客人，请先付住宿费。"这是为了保护酒店本身的利益而采取的做法，使行李成为客人向酒店赊销服务和产品的担保。对于有行李的客人，应注意防止其在行李上做手脚。

分值：10分，答题时间：10分钟。

评分标准：(1)2分，(2)2分，(3)3分，(4)3分。

16．曾经"走单"的客人现在重新要求入住酒店，应如何处理？

参考答案：

(1) 明确提醒客人,请其付清上次的欠款。
(2) 登记入住时应收取客人的消费保证金。
(3) 通知酒店相关部门密切注意客人的动向,防止再次"走单"。

分值:10分,答题时间:5分钟。

评分标准:(1)3分,(2)4分,(3)3分。

17. 前厅工作人员处理投诉的基本原则是什么?

参考答案:

(1) 正确认识投诉。应当知道,客人对酒店的投诉是正常现象,是客人对酒店信任的表现,正确处理投诉是酒店提供高质量服务的保证。只有拥有上述对客人投诉的正确认识,才能处理好客人的投诉。

(2) 不与客人争辩,不与客人发生争执。

(3) 选择适当的处理投诉地点,尽量不要在公共场所接受客人的投诉。

(4) 理解客人的心情,在客人讲述期间不要打断,客人讲述完毕应对其遭遇表示同情。

(5) 全心全意为客人解决问题,努力识别和满足他们的合理要求,赢得客人的尊重和好感。

(6) 积极维护酒店利益,不推卸责任或随意贬低酒店其他部门的工作。

(7) 通过面对面的沟通与对客人的关心、体谅与照顾,同时采取必要的解决措施,平息客人的怒火,解决投诉问题。

分值:15分,答题时间:5分钟。

评分标准:(1)2分,(2)2分,(3)2分,(4)2分,(5)2分,(6)2分,(7)3分。

考核时间:　　　年　　　月　　　日　　　考评师(签名)

评分标准如表4-20所示。

表4-20 评分标准

序号	考核项目	考核要点	分数	评分标准
1	仪容仪表 (10分)	着工装	4	整洁得体、纽扣齐全
		发型、面容、饰物	4	整齐、无头屑,男发长不盖耳不留胡须,女化淡妆
		服务牌	1	佩戴在外衣左上方
		皮鞋	1	黑色、洁净
2	站姿 (30分)	体态	6	保持身体正直、挺胸收腹
		双肩	6	齐平、自然放松
		目光	6	正视前方
		双手、双臂	6	自然下垂、双手可后背或腹前相握
		双脚	6	男服务员双脚并拢或微叉,女服务员双脚并拢呈V字形

续表

序号	考核项目	考核要点	分数	评分标准
3	坐姿 (30 分)	上身	5	保持正直,微挺身
		双肩	5	自然放松齐平
		椅子部位	5	坐在 2/3 处
		双膝	5	男服务员展开不过肩,女服务员双膝并拢
		双手	5	相握于腹前或平放在膝上
		双脚	5	男服务员双脚并拢或微叉、女服务员双脚并拢呈 V 字形
4	行姿 (30 分)	上身	6	保持正直,微挺胸
		头部双肩	6	不摇头晃肩,自然放松
		目光	6	平视正前方,不低头
		双臂	6	自然伸直、放松,大臂带小臂,随步幅轻松摆动
		步幅	6	男服务员步幅大约 40 cm,女服务员大约 30 cm
			100	

第五章
客房服务技能实训

【知识目标】
1. 了解客房部与部门的关系。
2. 熟悉酒店客房服务的流程与标准。
3. 掌握酒店客房各种服务的基本技能。

【技能要求】
1. 能够掌握敲门进房、迎客服务、送洗客衣服务、托婴服务、擦鞋服务、会客服务、离店客人送客服务的服务流程。
2. 能够熟练地操作清扫客房、中式铺床、西式铺床、开夜床等服务技能,并在规定时间内完成实训技能考核。
3. 具备基本的房务领班能力和对基层客房服务员的督导能力。

 业界新闻

智能机器人何时成为酒店"万能员工"

目前,酒店业在人力资源管理方面普遍存在用工短缺、人力成本偏高等问题。另外,近一段时间,高星级酒店卫生清洁的问题时有爆出,不断引发社会关注。随着智能科技的发展,AI 时代已经来临。那么智能机器人进入酒店业的情况如何呢?它究竟能不能解决酒店的用工荒和清洁服务等服务质量问题呢?

酒店业一线人手短缺,特别是客房打扫、宴会服务等基础服务外包给第三方公司已经司空见惯,在一定程度上影响了服务质量。那如何控制客房打扫服务质量呢?有的酒店想到借助科技的力量。

位于上海佘山国家旅游度假区的佘山森林宾馆,首先引入了服务记录仪,在客房打扫时进行实时连线监控。客房经理胡凤莲一边审看客房打扫实况,一边介绍说:"阿姨现在正在换不同颜色的抹布,每一种颜色擦不同区域,这样就不存在一块抹布擦到底的情况了。"

也有的酒店为了保证服务质量,坚持由本酒店员工打扫客房,如上海外滩半岛酒店。酒店方表示,目前不会考虑引入第三方客房保洁公司。也有人认为,半岛酒店作为上海酒店业的指标性酒店,房价和客房出租率一直领先,良好的经济效益可以让酒店保有一支客房保洁员队伍。但相对其他多数酒店,这个案例很难效仿。因此,有学者建议客房打扫引入机器人作业。

上海饭店业协会相关负责人表示,目前上海酒店业引入机器人还是个别现象,而且主要应用在前台,后台应用还相当鲜见。对执行打扫客房这样相对复杂而且有个性化服务任务的机器人,目前尚未见到应用报道。

据熟悉智能机器人制造的人士表示,要打造出能胜任客房打扫任务的机器人,其"智能"系数会相当高,若是光扫地还是比较容易,但要铺床叠被、倒垃圾、换茶杯,光是高性能传感器就是一大门槛,进口组装也价格不菲,恐怕目前很难在酒店业推广应用。

但是,毫无疑问,巨大的市场需求,殷切呼唤着适用酒店清洁作业的机器人早日面世。有痛点的地方,恰恰是巨大的机会。技术进步日新月异,业界有理由对高智能机器人走进酒店前景持乐观态度。

(资料来源:丁宁.智能机器人何时成为酒店"万能员工"?[N].中国旅游报,2019-03-06(004).)

第一节 酒店客房服务流程与相关要求

客房部又称管家部,是现代饭店的一个重要职能部门,它的主要职责是组织生产客房产品,为客人提供优质服务。

一、客房部的主要任务

(1) 保持房间干净、整洁、舒适。
(2) 提供热情、周到而有礼貌的服务。
(3) 确保客房设施设备时刻处于良好的工作状态。
(4) 保障饭店及客人生命财产的安全。
(5) 负责饭店所有布料及员工制服的保管和洗涤工作。

二、客房管理的基本要求

(一) 宾至如归

(1) 给客人创造一个安静的环境。
(2) 给客人以家庭般的温暖。

(二) 舒适典雅

(1) 空间充足,布局合理。按照国际标准,双人标准间建筑面积为,中低档饭店为25平方米;中档偏上饭店为36平方米;豪华饭店为47平方米。饭店客房的空间充足能够让客人住得更舒适。客房的布局要与时俱进,利用新技术、新设备不断更新。

(2) 设施完善,装饰精致。装饰装修应该体现出一定的品位和档次,让客人有物超所值的感觉。

(3) 保养完好,运转正常。凡是提供给客人使用的必须是有效的,这就要求饭店的功能布局要合理,设施要配套,设备要完好,运行要正常,使用要方便。

(4) 用品齐全,项目配套。
(5) 清洁卫生,安全可靠。

三、客房部的功能划分

(一) 客房的种类划分

1. 按房间及床位划分

(1) 单人间

单人间(Single Room)面积为16~20平方米,内由卫生间和其他附属设备组成。房内设一张单人床。

① 单人房,单人床(Single Room,Single Bed)。

② 单人房,大床(Single Room,Double Bed)。

③ 单人房,沙发床(Single Room,Sofa Bed)。

(2) 大床间

大床间(Double Room,Double Bed)放置一张双人床,是饭店中最小的客房,房内有独立的卫生间,适用于单身客人或夫妻,新婚夫妇使用时,称"蜜月客房"。

(3) 双床间

双床间(Two-Bed Room)配备两张单人床,称为"标准间"(Twin Room),可供两位客人住宿。饭店绝大多数的客房都为标准房。

(4) 三人间

三人间(Triple Room)一般配备三张单人床。

(5) 套间

套间(Suite Room)一般是由两间或两间以上的房间(内有卫生间和其他附属设施)组成。

① 普通套房(Suite),一般是连通的两个房间。一间是会客室,另一间是卧室。卧室内设两张单人床或一张双人床,这样的房间适合夫妻或旅游团住用。

② 豪华套房(Deluxe Suite),此类套间十分注重装饰布置、房间气氛及用品配备,以呈现豪华的气派。由3~5间或更多房间组成,有两个卧室各带卫生间,有会客厅(餐室)和书房,有的还有会客室、餐厅、办公室及厨房等。卧室中配置大号双人床或特大号双人床。

③ 复式套房(Duplex Suite),由楼上、楼下两层组成,楼上为卧室,面积较小,设有两张单人床或一张双人床。楼下设有卫生间和会客室,室内有活动沙发,同时可以拉开当床。

④ 总统套房(Presidential Suite),由多间客房组成(通常有5个以上房间),室内设备和用品华丽、名贵,走廊有小酒吧。两个卧室分开,男女卫生间分开。套房内分总统房、夫人房、随从房、警卫房,另有客厅、办公室、会议室、娱乐室、书房、健身房、餐厅、厨房等。男女卫生间分用,还有桑拿浴室、按摩浴池等高级设施。整个套房装饰高雅豪华,有的还有室内花园。

有的时候饭店方面会应客人要求,把相邻的两间客房或相对的两间客房一同租给客人使用,称为组合客房。这是一种根据需要专门设计的房间,每个房间都有卫生间。有的由两个对门的房组成;有的由中间有门有锁的隔壁两个房间组成;也有的由相邻的各有卫生间的三个房间组成。此外,还有残疾人客房、多功能客房等。

2. 按房间在饭店所处的位置划分

(1) 外景房(Outside Room)。

(2) 内景房(Inside Room)。

(3) 角房(Corner Room)。
(4) 相邻房(Adjoining Room)。
(5) 连通房(Connecting Room)。

3. 按房间经济等级划分
(1) 经济间。
(2) 标准间。
(3) 豪华间。

4. 特殊客房楼层的配置
客人的多元化需求使饭店除拥有各种基本房间类型以外,还必须配置各种特殊房间或楼层。
(1) 行政楼层
行政楼层又可称为商务楼层,简称 EFL(Executive Floor),其特点是,以最优良的商务设施和最优质的服务,为商务客人高效率地投入紧张的工作提供一切方便。

行政间多为一张双人床,此类型房间单独为一楼层,并配有专用的商务中心、咖啡厅。除行政间外,饭店还设有商务间,商务间比行政间档次稍低。商务间房内设两张单人床或一张双人床,房内可以上网,满足商务客人的需求。

(2) 女士客房
所谓女士客房是根据女士的心理和生理、审美观等专门为女士设计的客房。

女士客房产生的原因有很多,但最主要的是女士在现代社会中的地位越来越突出,而且随着经济的独立,其价值观念发生了巨大的转变。女士客房的特点主要是从客房的设计上体现出来的:传统客房的设计是从大众化角度考虑的,尤其是为饭店的主要住宿者男性考虑的。所以突破传统的思想,建造完全满足女性宾客要求的女士客房,就必须充分考虑女士的审美观、爱好等多方面因素。

(3) 无烟楼层
无烟楼层专供非吸烟宾客入住,并为宾客提供严格的无烟环境的客房。在无烟楼层的客房不仅是指房间里没有烟灰缸,楼层有明显的无烟标志,而且包括进入该楼层的工作人员和其他宾客均是非吸烟者;或者对吸烟的房客而言,其在进入该楼层或房间时被礼貌地劝阻不吸烟。

(4) 残疾人客房
残疾人旅游住宿问题已经不是一个饭店的待客问题,在我国的《旅游饭店星级的划分及评定》(GB/T 14308—2010)标准中,对残疾人的设施要求也做了基本规定。

① 电梯。电梯的设置与安装应该考虑到更多残疾人的方便使用。如应安装横排按钮,高度不宜超过 1.5 米;在正对电梯进门的壁上安装大大的镜子;使用报声器等。

② 客房。客房出入无障碍,门的宽度不宜小于 0.9 米;门上不同的高度分别安装窥视器;床的两侧应该有扶手,但不宜过长;窗帘安有电动装置或遥控装置。房内各电器按钮或插座不得高于 1.2 米;如果饭店没有特殊残疾人楼层,残疾人客房不宜离电梯出口太远。

③ 卫生间。卫生间门的要求和客房一样,出入一样无障碍;门与厕位间的距离不小于 1.05 米,云石台高度在 0.7 米左右,且下面不宜有任何障碍物。坐便器和浴缸两侧装有扶手,且扶手能承受 100 千克左右的拉力或压力等。

(二)客房各功能区及设备用品

1. 客房功能布局的原则

(1) 安全性。

(2) 健康性。

(3) 舒适感。

(4) 效率。

2. 客房的功能布局与主要设备

从功能上看,客房一般具备睡眠、盥洗、储存、办公、起居 5 个功能,因此,在空间布局上,也就相应地划分为 5 个基本区域,即睡眠区、盥洗区、储存区、办公区、起居区。

(1) 睡眠区

睡眠区是客房最基础的组成部分,从高档次房间到经济型客房都必须有这个区域的存在。这个区域的主要设备是床和床头柜。床的数量与规格不仅影响其他功能区域的大小与构成,还体现了客房的等级与规格。床的尺寸越大,客房等级越高,饭店等级也越高;反之亦然。床的质量直接影响客人的睡眠质量。

床头柜也称控制面板,柜上装有电视、音响、空调、顶灯和 DND 灯等设备的开关,下面隔板上摆放一次性拖鞋和擦鞋纸。

(2) 盥洗区

盥洗空间是指客房的卫生间。卫生间空间独立,风、水、电系统交错复杂,设备多,面积小。主要设备有浴缸、马桶与洗脸台三件卫生设备。由于客人的要求不同,饭店的档次不同,所以浴缸的配备要视具体情况来定。一般经济饭店也有不设浴缸而采用淋浴的。但对于高档次饭店,浴缸的选择应该从所面临的主要客源市场的要求而定。

(3) 储存区

储存区的主要设备是柜子,包括衣柜(附小酒吧台)和行李柜。

衣柜一般设在客房小走廊侧面。柜门设计有拉门和移门两种,现代饭店为了增加客房面积,一般使用移门衣柜。柜内可垂直墙面挂放衣服,也设有折叠衣服安放区。为方便衣服的存放,柜内设有小型照明灯,由柜门的开合自动控制。柜底放有鞋盒,客人可将要擦的鞋放在鞋盒里面。

吧台下有迷你冰箱,冰箱内放有饮料和小食品。按国家《旅游饭店星级的划分及评定》标准,三星级以上饭店客房需配备小型冰箱,以满足客人对酒水饮料的需求。

行李柜是搁放客人行李的地方,所以一般比较矮小,在柜面上固定有金属条,以防行李的滑落。

(4) 办公区

标准客房的办公区在床的对面,以写字台为主。写字台面比较长,一侧可放置电视机。写字台也可兼做化妆台,所以在写字台上方的墙面上安装有大镜子。写字台面上有文件夹,里面有一些简单的办公用品,如纸、笔、信封等,也有饭店服务设施的一些介绍。

(5) 起居区

饭店客房等级不同的最大差别取决于起居休息空间的不同。标准客房的起居区一般在窗前,由沙发(或扶手椅)、小餐桌(或茶几)组成。套房一般设有独立的起居空间,沙发的数量增加,方便客人会客之用。

3. 各功能区的主要设施设备

(1) 睡眠休息区

① 床(Bed)。床配有席梦思床垫。中式床有一张床单、一床棉被、两个枕头。西式床有两张床单、一床毛毯、一床床套、两个枕头。

我国星级饭店客房用床的行业标准规定:一星级饭店、二星级饭店的床宽、长不低于900 毫米×1 900 毫米,三星级饭店的床宽、长不低于1 000 毫米×2 000 毫米;四星级饭店、五星级饭店的床宽、长不低于1 100 毫米×2 000 毫米。

② 床头柜(Night Light)。

③ 床头灯(Wall Lamp)。

(2) 起居会客区

① 茶几(Tea Table)。

② 扶手椅(Arm Chair)或沙发(Sofa)。

③ 落地灯(Standing Lamp)。

(3) 书写办公区

① 写字台(Writing Desk)。写字台抽屉内有针线包、宾客指南服务、宾客指南夹、客房送餐卡等物品。

② 椅子(Chair)。

③ 台灯(Desk Lamp)。

④ 电视机(TV Set)。

⑤ 电冰箱(Fridge)。

⑥ 电热水杯。

⑦ 电话(Telephone)。

(4) 储存物品区

① 行李架(Luggage Rack)。

② 壁柜(Closet)。壁柜内按每床2个西服衣架、2个裙架、2个裤架配备。此外还有洗衣袋、擦鞋篮、备用棉被两床。

(5) 盥洗区

① 浴缸(Bath Tub)。

② 淋浴器(Show)。

③ 水龙头(Tab)。

④ 淋浴帘(Shower Curtain)。

⑤ 洗脸盆(Sink)。

⑥ 镜子(Mirror)。

⑦ 毛巾架(Towel Rack)。方巾、面巾、浴巾按床位计各一条(大床按两条),地巾按房间数计一条。

⑧ 电源插座(Socket)。需要有防水措施。

⑨ 马桶(Toilet)。还应配有卷纸架、手纸卷、盒装纸一盒和女宾清洁袋一个。

⑩ 电话机(Telephone)。

此外,房间内还有电视柜(电视机、冰箱、VCD点播系统、VCD点播单、电视频道介绍)、电水煲、垃圾桶、房间装饰品(绿色植物)、中央空调、国际标准型3线插座器、消防装置(天花板上设置烟感报警器、温感灭火器)等。

四、客房的美化装饰

客房的美化装饰就是合理运用组合多种设备、光线、色彩和艺术陈设品,在有限的空间里实现功能、气氛、格调和美感的高度统一,创造出适应客人生理和心理需求的良好居住环境。

(一)客房的光线

光是创造室内视觉效果的必要条件,为了进一步创造良好的客房室内视觉效果,展现室内空间,增加客房室内环境的舒适感,必须对饭店客房的照明进行设计。

饭店客房应该像家一样,宁静、安逸和亲切是其典型基调。

(1) 照度要求。一般照明取50～300lux,客房的照度低些,以体现静谧、休息甚至懒散的特点;但局部照明,如梳妆镜前的照明、床头阅读照明等应该提供足够的照度,这些区域可取300lux的照度值;最被忽略的是办公桌的书写照明,目前还有些饭店提供书写台灯(通常是用装饰性台灯代替)。

(2) 色温要求。3 000K左右。在卧室用3 500K以下的光源,在洗手间用3 500K以上的光源。在卧室需要暖色调,在洗手间需要高色温,以显清洁和爽净。

(3) 显色性要求。Ra>90。较好的显色性能使客人增加自信,感觉舒适良好。

客房内照明一般有整体照明、局部照明和混合照明3种方式。常用客房照明方式一般是将(照亮全房间的)整体照明与(照亮局部范围的)局部照明相结合。作为主体照明灯具一般选用吊灯、台灯、床头灯、落地灯、投射灯等。

(二)客房色彩的选择

客房的美化装饰能否给人舒适的感觉,主要来源于色彩的选择。客房内,色彩的构成因素繁多,一般有家具、纺织品、墙壁、地面、顶棚等。为了平衡室内错综复杂的色彩关系和总体协调,可以从同类色、邻近色、对比色及有彩色系和无彩色系的协调配置方式上寻求其组合规律。

(1) 家具色彩。家具色彩是客房色彩环境中的主色调,常用的有以下两类。

① 明度、纯度较高,其中有淡黄、浅橙等偏暖色彩,还有象牙白、乳白色等偏冷色彩,明快光亮、纯洁淡雅,使人领略到人为材料的"工艺美"。

② 明度、纯度较低,其中有表现贵重木材纹理色泽的红木色(暗红)、橡木色(土黄)、柚木色(棕黄)或栗壳色(褐色)等偏暖色彩,还有咸菜色(暗绿)等偏冷色彩。这些深色家具显示出华贵自然、古朴凝重、端庄大方的特点。

家具色彩力求单纯,最好选择一色,或者两色,既强调本身造型的整体感,又易和室内色彩环境相协调。

(2) 纺织品色彩。床罩、沙发罩、窗帘等纺织品的色彩也是客房内色彩环境中重要的组成部分,一般采用明度、纯度较高的鲜艳色,以此渲染室内浓烈、明丽、活泼的情感气氛。在与家具等物的色彩配置时,可以采用色相协调的方法,如淡黄的家具、米黄的墙壁,配上橙黄的床罩、台布,构成温暖、艳丽的色调;也可以采用相距较远的邻近色做对比,起到点缀装饰的作用,获得绚丽悦目的效果。

(3)墙壁、地面、屋顶色彩。这些色彩通常充当室内的背景色、基调色,以衬托家具等物的主色调。墙壁、屋顶的色彩一般采用一两种或几种淡的彩色,有益于表现室内色彩环境的主从关系、隐显关系及空间整体感、协调感、深远感、体积感和浮雕感。

(三)客房色彩的对比

两种颜色并列相映的效果之间所能看出的明显不同就是对比。在观察色彩效果的同时,可以有对比差异很大的 7 种不同类型的对比。在装饰客房时,色彩对比运用主要有以下 3 个方面。

(1)色相对比。色相对比就是未经掺和的原色,以最强烈的明亮度来表示。在实际运用中,如果让一种色相起主要作用,少量其他色相作为辅助,那么就会得到非常有趣的效果。

(2)明暗对比。黑色与白色是最强烈的明暗对比色,它们的效果是对立的,在它们之间有着灰色和彩色的领域。如有白色沙发、墙面和天棚的客房,配上暗色的茶几、门扇与黑白相间的挂画,构成明暗对比十分强烈的、明快爽朗的环境气氛。

(3)冷暖色对比。很多试验证明,人们对冷暖的主观感觉前后者相差很大。人们在和谐的色彩搭配空间中,感觉舒适度和消除疲劳等方面也有很大的区别。如人们在蓝绿色的房间里工作,15℃时就感觉到寒冷,而在橙红色的房间里工作,11~12℃时才感到寒冷。

在设计客房时,根据客房的不同功能空间,设计不同的颜色,尽量给客人创造温馨舒适的空间。

(四)客房艺术品陈设

客房艺术品的点缀不仅能够增加客房的美感,还能从视觉效果上增加客房的整体空间感。客房艺术品陈设主要是以摆设品和挂件为主。

(1)摆设品。客房的摆设品主要分两类,一类是能够显现出客房档次和风格的艺术品摆件,如精美的雕刻等;另一类是能够突出客房生机,改善客房环境的摆件,最常见的是植物盆景。植物盆景不仅要选择造型优美的,而且要能够净化室内空气,对人体安全无害,如佛肚竹、南洋杉、印度橡皮树等。在盆景选择时,切记应该选择无花的盆景,因为有花的盆景可能会使一些客人过敏,那么效果会适得其反。

(2)挂件。室内装饰艺术品有挂画、小型手工艺品等。挂画最好选用原创的国画或油画,不管水平高低,总比计算机打印的装饰画值得一挂,并能从侧面体现饭店管理者的品位。小型的手工艺品也是如此。

阅读材料

酒店减去"六小件",还得在服务上"做加法"

继上海之后,广州也全面推开"六小件"限制令。从 2019 年 9 月 1 日起,广州全市星级酒店不在客房内摆放也不主动提供"六小件"一次性用品(牙刷、梳子、剃须刀、鞋擦、浴擦、指甲锉)。

据广州市文化广电旅游局测算,目前全市 160 多家星级酒店一天需要用到 127 万件一次性用品,一年下来要消耗超 4 亿件。减少"六小件"的使用,是垃圾减量、节约资源、绿色出行的有益尝试,也是国外很多发达城市的成熟经验。

然而在舆论场上,却有不少网友表达了疑虑。不少网友认为一次性用品是酒店服务的一部分,"一刀切"地取消难免会带来不便。也有网友希望取消后,酒店会有相应优惠或降价。若只是变"无偿提供"为"有偿售卖",不仅难以达到环保的目的,反倒有损消费者权益。

当然,要引导公众支持并参与环保,既需要刚性政策的约束,也需要柔性政策的鼓励。尤其是在过渡期,星级酒店在测算成本后,给予一定的房价优惠或置换成小礼品、纪念品,都会提升政策的"支持率"。哪怕只是客房卫生状况再认真些、标准再高些,也能减少部分抵触情绪。说到底,保护环境有赖于各方努力、各司其职、相向而行,而不是一味增加顾客的责任。

(资料来源:孟然.酒店减去"六小件",还得在服务上"做加法"[N].中国文化报,2019-09-06.)

第二节 客房对客服务的主要操作技能

一、客房部的业务分工

(一)客房服务中心

客房服务中心一般位于客房部办公室区域,它的基本职能如下。

(1)传递信息。客房中心是客房部部门内部与其他部门交流信息的中心,同时,也是对客服务的中心,所有相关的对客服务及管理信息都汇集于此。中心承担着大量的信息传递工作。

(2)协调工作。客房服务中心通常代表客房部经理协调部门内部的工作,并与相关部门联络,协调各方面的工作。

(3)控制出勤。客房部所有员工均在客房服务中心签到、签离,中心负责对该工作的监督,并对出勤情况进行统计和整理。

(4)管理钥匙。客房部所有钥匙的发放、收回及保管均由客房中心负责。

(5)管理遗留物品。中心负责管理饭店所有区域内的遗留物品。

(6)管理资料。客房部的大部分资料由客房服务中心服务员整理归档。

(二)客房楼层

客房通常是饭店最主要的产品,客房楼层部分也自然成为客房部组织机构中的主体。其职能如下。

(1)为前厅部及时提供符合饭店标准的客房。

(2)为宾客提供礼貌、周到的服务。

(3)管理楼层区域的设施、设备。

(三)公共区域

公共区域通常被称为PA组,在一些饭店也被称为厅堂组。其职能如下。

(1)负责除楼层与厨房以外所有区域的清洁和保养。

(2)负责楼层的地毯及软面家具的定期清洁和保养。

(3)为全店提供绿色植物及花卉的布置,负责庭院绿化。

(4)为宾客提供公用卫生间的服务。

(四)洗衣场

洗衣场也称洗衣房,包括棉织品房和洗衣房两部分。棉织品房通常被称为布件房或布草房。其职能如下。

(1) 负责全饭店棉织品及制服的洗涤。
(2) 为住店客人提供洗衣服务。
(3) 负责全饭店棉织品及制服的收发保管和修补。
(4) 负责全饭店棉织品的定期盘点,并负责棉织品与制服的补充。
(5) 负责棉织品的报废工作。对于报废的棉织品,根据情况进行改制,以充分利用其残值,避免浪费。

 案例分析

干洗还是湿洗

某市一家酒店住着一批商务出差的长住客。有一天,一位客人的一件名贵西装弄脏了,需要清洗,当见服务员小江进房送开水时,便招呼他说:"小姐,我要洗这件西装,请帮我填一张洗衣单。"小江想客人也许是累了,就爽快地答应了,随即按她所领会的客人的意思帮客人在洗衣单"湿洗"一栏中填上,然后将西装和单子送进洗衣房。接手的洗衣工恰恰是刚进洗衣房工作不久的新员工,她毫不犹豫地按单上的要求对这件名贵西装进行了湿洗,不料结果在口袋盖背面造成了一点破损。

客人收到西装发现有破损,十分恼火,责备小江说:"这件西装价值4万日元,理应干洗,为何湿洗?"小江连忙解释说:"先生真对不起,不过,我是照您的交代填写湿洗的,没想到会⋯⋯"客人更加气愤,打断她的话说:"我明明告诉你要干洗,怎么硬说我要湿洗呢?"小江感到很委屈,不由分辩说:"先生,实在抱歉,可我确实⋯⋯"客人气愤之极,抢过话头,大声嚷道:"这真不讲理,我要向你上司投诉!"

客房部经理接到客人投诉——要求赔偿西装价格的一半2万日元。他吃了一惊,立刻找小江了解事情原委,但究竟是交代干洗还是湿洗,双方各执一词,无法查证。经理十分为难,他感到问题的严重性,便向主持酒店工作的副总做了汇报。

副总也感到事情十分棘手,召集酒店领导做了反复研究。考虑到这家公司在酒店有一批长住客,尽管客人索取的赔款大大超出了酒店规定的赔偿标准,但为了彻底平息这场风波,稳住这批长住客,最后他们还是接受了客人过分的要求,赔偿2万日元,并留下了这套西装。

案例评析:

本案例中将名贵衣服干洗错做湿洗处理引起的赔偿纠纷,虽然起因于客房服务员代填洗衣单,造成责任纠缠不清,但主要责任仍在酒店方面。

第一,客房服务员不应接受替客人代写的要求,而应婉转地加以拒绝。在为客人服务的过程中严格执行酒店的规章制度和服务程序,这是对客人真正的负责。

第二,即使代客人填写了洗衣单,也应该请客人过目后予以确认,并亲自签名,以作依据。

第三,洗衣房的责任首先是洗衣单上没有客人签名不该贸然下水;其实,洗衣工对名贵西服要湿洗的不正常情况若能敏锐发现问题,重新向客人了解核实,则可避免差错,弥补损失,这就要求洗衣工工作要细致周到,熟悉各项业务。

另外,就本案例的情况而言,酒店一般可按规定适当赔偿客人损失,同时尽可能将客人小损的衣服修补好,由于投诉客人是长包房客,为了稳住这批长包房客源,这家酒店领导采取了同意客人巨额赔款要求的处理方法,这是完全可以理解的。况且,尽管客人的确也有责任,但酒店严格要求自己,本着"客人永远是对的"原则,从中吸取教训,加强服务程序和员工培训,也是很有必要的。

(资料来源:酒店前台服务案例:干洗还是湿洗?[EB/OL]. 最佳东方. http://arts.veryeast.cn/satisfaction/12130_1.shtml,2013-12-27.)

二、客房客务工作

(一)实训实习目标

(1)就已有的酒店房务理论基础,给予实务上的验证。

(2)经由不同角色的轮流扮演,熟悉房务部的基本操作流程。

(3)彻底了解客房迎送服务、送洗服务、托婴服务、擦鞋服务、会客服务、清扫服务、做床服务等作业。

(4)确立酒店中层干部的管理基础。

(二)实训实习岗位类别与实训工作内容

1. 实训实习岗位

(1)行政管家(Executive Housekeeper)、楼层主管(Room Inspector)、楼层服务员(Floor Clerk)、客房管理员(Senior Supervisor)、房务部领班(Floor Supervisor)、客房服务员(Room Attendant/ Housemaid/ Housekeeper/ Chambermaid)。

(2)洗衣房主管(Laundry Supervisor)、洗衣房服务员(Laundry Attendant)。

(3)清洁员(Houseman)。

2. 实训工作内容

实训项目1:敲门进房。

实训项目2:迎客服务。

实训项目3:送洗客衣服务。

实训项目4:托婴服务。

实训项目5:擦鞋服务。

实训项目6:会客服务。

实训项目7:离店客人送客服务。

实训项目8:清扫客房。

实训项目9:中式铺床。

实训项目10:西式铺床。

实训项目11:开夜床服务。

三、实训项目1:敲门进房

(一)实训目的

通过敲门进房的实训,使得饭店服务人员明确保护客人隐私和免打扰客

客房服务敲门

人的重要性,养成敲门进入房间前先观察和思索的好习惯,随时按照规范敲门进入客房。

(二) 准备工作

(1) 检查仪容仪表是否符合饭店上岗的要求。

(2) 了解将要进入的客房的房态。

(3) 观察门外情况,注意有否 DND 牌、"请勿打扰"指示灯或双重锁标志。

(三) 操作步骤

(1) 第一次敲门,用食指或中指的指关节在门的表面敲三下,紧接着表明身份。

(2) 门外等候。注意房内客人的反应,时间约 5 秒。

(3) 第二次敲门。

(4) 第二次等候,与第一次等候时间相同。

(5) 开门,手不离开门把手,将房门推开约 30°,同时再次表明身份。

(6) 进房,注意将房门全部打开。

(四) 要点及注意事项

(1) 敲三下客人房门的规范要求为一轻两稍重,并有节奏感。

(2) 饭店有尊重和保护客人隐私权的义务。客人入住饭店期间则享有租用房间的使用权。

(3) 客房服务人员在向客人提供服务时,应尽量不要打扰客人。

(4) 凡是房门上挂有 DND 牌时,或房门上方墙壁上亮着"请勿打扰"(Do Not Disturb)指示灯时,不能敲门进房间。到了 14:00 时(有些饭店是 12:00),房门上仍然挂着 DND 牌,服务员可以打电话到客人房间,礼貌地询问客人是否需要整理房间。若出现无人应答电话的情况,很有可能是客人生病或其他问题,应立即报告客房领班或主管,并及时采取相应的措施。

(5) 每一位饭店员工都应养成先敲门通报,征得客人的同意后方可进房(客人在房间时)的习惯。

(6) 进入房间以后,注意卫生间的房门是否关闭,如是关闭的,则需要敲门。

客房状态及清扫顺序

客房状态也就是酒店客房的情况,为了随时掌握酒店客房状态的变化,在酒店客房管理中,设计了一个客房的状况图,如表 5-1 所示。

表 5-1　酒店客房状态及其含义

客房状态	英文简称	含　　义
请即打扫房	MUR(Make Up Room)	客人要求立即打扫的房间
贵宾房	VIP(Very Important People)	该房间的客人是酒店的重要客人
走客房	C/O(Check Out)	客人已经结账并离开房间

续表

客房状态	英文简称	含义
住客房	OCC(Occupied)	客人正在住用的房间
长住房	LSG(Long Staying Guest)	长期由客人包租的房间
空房	V(Vacant)	暂时无人租用的房间
未清扫房	VD(Vacant Dirty)	没有经过打扫的房间
已清扫房	VC(Vacant Clean)	又称OK房,已经清扫完毕,可以重新出租的房间
请勿打扰房	DND(Do Not Disturb)	该房间的客人不愿意受到任何打扰
外宿房	S/O(Sleep Out)	客房已被租用,但客人昨夜未归
维修房	O.O.O.(Out Of Order)	房间设施设备发生故障,暂不能出租的房间
预计退房	E/D(Expected Departure)	客人应在当天中午12点以前退房,但现在还未结账退房的房间
双锁房	D/L(Double Locked)	住客在房间双锁客房,服务员用普通钥匙无法开启房门,对此应加以观察,可能是误操作,也可能是客人生病等

当酒店开房率高时,客房清扫顺序一般按"请即打扫"房→VIP房→退房(也称走客房)→住客房→长住房→空房进行打扫。

当酒点开房率低时,客房的清扫顺序一般按"请即打扫"房→VIP房→住客房→长住房→退房(也称走客房)→空房进行打扫。

四、实训项目2:迎客服务

(一) 实训目的

通过迎客服务的实训,掌握客房对客服务的礼仪礼节,使宾客有宾至如归之感。

(二) 准备工作

1. 了解客人情况

包括客人姓名、常住地、国籍、人数、抵离饭店的时间等,特别注意客人的宗教信仰和风俗习惯。

2. 房间的布置和设备的检查

根据客人的要求和接待规格,对房间进行整理,布置备好各种用品,并对布置好的房间再做一次细致的检查。

3. 迎接客人的准备

客人到达前要根据气候调节好室温,若是晚上到达,可提前将夜床做好。

(三) 操作步骤

1. 热情迎宾(设立楼层服务台的饭店或对VIP客人的接待)

(1) 接到新客人入住信息或电梯铃响时,应迅速站到相应的位置等候客人,并注意检查自己的仪容仪表。

(2) 见到客人,笑脸相迎,主动问好。

(3) 如是新到客人,应向客人微微鞠躬行礼表示衷心的欢迎,并自我介绍,核实房间号。
(4) 如是住在楼层的客人外出归来,应尽量以客人姓氏称呼以示对其尊重。

2. 引领客人入房

如有行李员引领客人入房,则楼层服务员应先请客人进房休息,然后马上准备茶水和毛巾。如是楼层服务人员带客人入房则应注意以下几点。
(1) 接过客人的房间钥匙,帮助客人提拎行李。
(2) 如客人的房间在走廊的左侧,则服务员应在客人的右前方引领;如客人的房间在走廊的右侧,则服务员应在客人的左前方引领。
(3) 引领过程中,如遇拐弯、上下楼梯,则应停下向客人伸手示意。
(4) 在房门前,放下行李,先敲门,用钥匙打开房门,请客人入内,然后服务员提行李进入。
(5) 进房后应征求客人意见摆放行李。

3. 介绍房间设备

(1) 向客人简要介绍房内的设备,并告知客人如有什么需要可用电话通知楼层服务台或客房服务中心。
(2) 需要注意的是,为客人介绍房间设备时,为避免过多地打扰客人或避免使客人产生误会,服务员应根据经验把握这样一个原则:特殊设备一定要介绍,语言得体,简明扼要。
(3) 最后向客人道别并祝客人在酒店生活愉快。
(4) 退出房间时应注意面朝房内将门轻轻带上。
(5) 如果客人旅途疲劳,来不及仔细介绍房内设施及使用方法,应找适当机会为客人说明,以免使用不当造成不必要的损失。

4. 端茶送水

有的饭店已取消此项服务,但如果饭店要求实行"三到"服务(客到、茶到、毛巾到),要按要求做,一般都要为国内的 VIP 客人提供这项服务。
(1) 根据客房部的安排,或客人的需求,准备好相应的茶具和茶叶,并记清房间号。
(2) 客人需要送茶水服务时可电话要求,服务员应询问客人要几杯茶,是红茶、花茶还是绿茶(饭店必备的三种茶),并记清房间号。
(3) 在最短的时间内做好准备,泡好茶。要点是,茶具干净,无破损;茶叶放适量,开水冲泡,七成满即可;盖上杯盖,将泡好茶的茶杯放在垫有小方巾的托盘内。
(4) 用托盘送茶到客人房间。
(5) 进门前,要敲门、通报,征得客人的同意后方可进门。
(6) 客人开门,先说"谢谢",然后说"让您(们)久等了"。
(7) 将茶按先宾后主或先女士后男宾的顺序放在客人方便拿取的地方,如茶几上、床柜上、梳妆台上等,视客人坐的位置而定。从托盘内拿出茶水时应先拿外面的,后拿靠里的,杯把放在右手,同时说"请用茶"。
(8) 茶水全部放下后询问客人是否需要其他帮助。
(9) 礼貌地向客人告退,离开房间,轻轻将门关上。

（四）要点及注意事项

（1）未设客房楼层服务台的饭店,引领客人入房的工作一般是由行李员来完成。

（2）接待贵宾的房间,要严格按照接待规格,准备相应的鲜花、水果以及总经理的名片等。

（3）饭店接待 VIP 贵宾时,待客人入房后,需要立即提供"三到"服务,即客到、茶到、毛巾到的服务。

五、实训项目 3：送洗客衣服务

（一）实训目的

掌握客衣的收取、检查、回送各环节的技能技巧和注意事项。

（二）准备工作

（1）服务人员在整理房间时,检查是否配齐了洗衣单和洗衣袋。

（2）客房部和洗衣房应及时沟通,确保洗衣服务正常运行。

（三）操作步骤

（1）房内均配有可重复使用的布料洗衣袋及洗衣单。

（2）客人电话通知或将需洗衣物袋放在门边,服务员发现后及时收取。

（3）楼面服务员每天 9:30 前检查客房时,留意房内有无客人要洗的衣物袋。如有应及时收取。

（4）通知洗衣房服务员到楼层收取。

（5）洗衣房服务员在 15:00 后将洗好的衣服送到楼层。

（6）楼层服务员按房号将衣服送入客房,按酒店规定放在固定的地方。

（四）要点及注意事项

（1）要点清衣物数量是否与客人所填写的相吻合,如有偏差,当面向客人说清后纠正。

（2）检查衣物有无破损、特殊污点等,以免引起麻烦。

（3）看衣物质地是否会褪色、缩水。若客人要求湿洗,则应向客人当面说明,出了问题,与酒店无关。

（4）衣物分快洗和慢洗,费用相差 50%,所以要向客人说明,以免结账时出现争执。

（5）五星级的饭店还应提供客衣的修补服务。

（6）很多客人待洗衣服的价值远远超过洗涤费的 10 倍,如果衣服损坏或丢失,按洗涤费的 10 倍进行赔偿远不能补偿客人的损失,饭店可考虑推出"保价洗涤收费方式",即按客人对其所送洗衣物保价额的一定比例收取洗涤费。

六、实训项目 4：托婴服务

（一）实训目的

掌握托婴服务所需的知识和技能,应客人之需提供安全、温馨的婴儿照看服务。

（二）准备工作

（1）饭店需培训几名兼职的保育员,具备婴儿看护的必备知识,能随时为宾客提供托婴服务。

(2) 饭店需有专门的托婴服务场所,配备玩具等必备用品。

(三)操作步骤

(1) 礼貌地请客人填写婴儿看护申请表。

(2) 详细核对客人所填表格内容,了解婴儿的基本情况和需要特别注意的吩咐事项。

(3) 饭店派专门人员照顾婴儿。

(4) 服务中,看护人员需要一直与婴儿在一起。

(5) 将婴儿当面交结客人后,请客人签单确认付费。

(6) 房务中心交接手续。

(四)要点及注意事项

(1) 照看者必须有责任心,诚实可靠,并有一定的保育知识。

(2) 照看中,不得随便给婴儿食物、饮料,按客人的要求照看婴儿。

(3) 在酒店规定的区域照看婴儿,不得将婴儿随意托他人照管。

七、实训项目5:擦鞋服务

(一)实训目的

掌握饭店擦鞋服务的操作步骤和注意事项。

(二)准备工作

(1) 客房清洁整理房间时,需检查房内是否已经配置相应的擦鞋篮、擦鞋垫以及擦鞋说明。

(2) 备齐擦鞋油、刷子等工具。

(三)操作步骤

(1) 房内均备有鞋篮。客人将要擦的鞋放在鞋篮内,或电话通知,或放在房内显眼处,服务员接到电话或在房内看到后都应及时收取。

(2) 用纸条写好房号放入鞋内。

(3) 将鞋篮放到工作间待擦。

(4) 在地上铺上废报纸,备好与鞋色相同的鞋油和其他擦鞋工具。

(5) 按规范擦鞋,要擦净、擦亮。

(6) 一般半小时后将擦好的鞋送入房内,放在饭店规定的地方。

(四)要点及注意事项

(1) 鞋底和鞋口边沿要擦净,不能有鞋油,以免弄脏地毯和客人的袜子。

(2) 不要将客人的鞋送错房间。

(3) 根据不同的鞋,采用不同的清洁方法。不宜用油的鞋,绝不要抹油。

(4) 如果客人的鞋有破损无法处理,提示客人送鞋匠处理。

八、实训项目6:会客服务

(一)实训目的

掌握会客服务的规程和注意事项。

(二)准备工作

问清客人来访的人数和时间,是否准备鲜花和饮料,有什么特别的要求等。在客人到达前半个小时做好准备。若是访客已到客人房间后才接到通知,服务人员应立即按照客人的要求提供现场服务。

(三)操作步骤

(1) 按规范敲门进房,向客人礼貌地表示问候。

(2) 根据人数和场地情况,将增加的椅子摆放到合适的位置。

(3) 为在场的每一位客人提供茶水或饮料服务。会见期间,视情况安排专人为客人续水或加饮料。

(4) 会客完毕后,主动撤出加椅。

(5) 迅速将客人的房间收拾整理后复位。

(6) 填写会客服务登记表。

(四)要点及注意事项

(1) 未经客人同意,不得随便将客人的姓名和房间号等信息告诉访客。

(2) 未经客人同意,不得将来访者引进客人房间。应礼貌地请访客在饭店的公共区域等候。

(3) 对晚间来访的客人,服务人员应主动提醒访客在饭店规定的时间前离开客房。对于到了规定时间仍未离开房间的访客,应礼貌地提示。对晚间需要留住客人房间的访客,服务人员应请访客到饭店总服务台办理登记手续。

九、实训项目7:离店客人送客服务

(一)实训目的

掌握客人离店时对客服务的程序和方法。

(二)准备工作

(1) 准确掌握客人离店的时间。

(2) 根据客人的要求,及时通知行李员为离店客人提供行李服务。

(三)操作步骤

1. 客人离店前的准备工作

(1) 掌握客人离店的准确时间。

(2) 在得知客人的离店日期后,要记住客人的房间号码,了解客人结账离开房间的准确时间。

(3) 检查代办事项,看是否还有未完成的工作。要注意检查账单,例如,洗衣单、饮料单、长话费用单等,必须在客人离店前送到前台收银处,保证及时收款。

(4) 询问客人离店前还需要办理哪些事情,如是否要用餐、叫醒服务、帮助整理行李等。

(5) 征求即将离店客人的意见,并提醒客人检查自己的行李物品,不要遗漏。

2. 送别客人

(1) 协助行李员搬运客人行李。

(2) 主动热情地将客人送到电梯口,代按电梯按钮,以敬语向客人告别。
(3) 对老弱病残客人,要专人护送。

(四) 要点及注意事项

(1) 若是送别团队客人,要按规定时间集中行李,放到指定地点,清点数量,并协同接待部门核准件数,以防遗漏。
(2) 服务员要准确记录要离店客人房间号,及时通知行李处。有些客人因急事提前退房,委托服务员代处理未尽事宜,服务员要认真做好记录并履行诺言。
(3) 对老弱病残客人,服务员要护送下楼至大门或上车。
(4) 若客人已经离店后发现遗留物品,则交到客房部统一保管,并在捡拾物品登记簿上备案。
(5) 一般在客房部保管的物品超过三个月无人认领则可经客房部检验后处理。
(6) 对搞不清楚是宾客遗忘的还是扔掉的物品,为了稳妥起见应先以遗忘物品处理。
(7) 事后客人来认领丢失物品时,需在捡拾物品登记簿中填写领取时间并请客人签字。

第三节 客房清洁服务的主要操作技能

实训项目8:清扫客房

(一) 实训目的

通过清扫客房的实训,全面掌握客房清扫的要领,养成良好的操作习惯。

(二) 准备工作

(1) 到客房部签到并领取工作钥匙。
(2) 准备工作车。按酒店规定将工作车上客用品准备充足、整齐,并保证清洁卫生。
(3) 准备清洁用具。检查吸尘器是否正常运行,备齐抹尘和洗刷所需的工具及清洁剂等。
(4) 核实房态是否处于走客房状态。
(5) 将工作车靠墙放置,不要离门太近,以免妨碍他人。

(三) 操作步骤

1. 卧室清洁"十字诀"

(1) 开。开门、开灯、开空调、开窗帘、开玻璃窗。
(2) 清。清理烟灰缸、字纸篓和垃圾(包括地面的垃圾)。
(3) 撤。撤出用过的茶水具、玻璃杯、脏布件。如果有用过的餐具也一并撤去。
(4) 做。做床(中式铺床/西式铺床)。
(5) 擦。擦家具设备及用品。从上到下,环形擦拭灰尘。
(6) 查。查看家具用品有无损坏,配备物品有无短缺,是否有客人遗留物品,要边擦拭边检查。
(7) 添。添补房间客用品、宣传品和经洗涤消毒的茶水具(此项工作后应进行卫生间的清扫整理)。

(8) 吸。地毯吸尘由里到外,同时对清扫完毕的卫生间地面吸尘。

(9) 关(观)。观察房间清洁整理后的整体效果;关玻璃窗、关纱帘、关空调、关灯、关门。

(10) 登。在"服务员工作日报表"上做好登记。

2. 卫生间清洁"一字诀"

(1) 开。开灯、开换气扇。

(2) 冲。放水冲马桶,滴入清洁剂。

(3) 收。收走客人用过的毛巾、洗浴用品和垃圾。

(4) 洗。清洁浴缸、墙面、脸盆和抽水马桶。

(5) 擦。擦干卫生间所有设备和墙面。

(6) 消。对卫生间各个部位进行消毒。

(7) 添。添补卫生间的棉织品和消耗品。

(8) 刷。刷洗卫生间地面。

(9) 吸。用吸尘器对地面吸尘。

(10) 关(观)。观察和检查卫生间工作无误后即关灯并把门虚掩。将待修项目记下来上报。

(四) 要点及注意事项

1. 从上到下

例如,在擦洗卫生间和用抹布擦拭物品的灰尘时,应采取从上到下的方法进行。

2. 从里到外

地毯吸尘和擦拭卫生间的地面时,应采取从里到外的方法进行。

3. 环形清理

即在擦拭和检查卫生间、卧室的设备用品的路线上,应按照从左到右或从右到左,亦即按顺时针或逆时针的路线进行,以避免遗漏死角,并节省体力。

4. 干、湿分开

擦拭不同的家具设备及物品的抹布,应严格区别使用。例如,房间的灯具、电视机屏幕、床头板等只能使用干抹布,以避免污染墙纸和发生危险。

5. 先卧室后卫生间

先卧室后卫生间即住客房应先做卧室然后做卫生间的清洁卫生,这是因为客人有可能回来,甚至带来亲友或访客。先将客房的卧室整理好,客人归来即有了安身之处,卧室外观也整洁,客人当着访客的面也不会尴尬。对服务员来说,这时留下来做卫生间也不会有干扰之嫌。整理走客房则可先卫生间后卧室。一方面可以让弹簧床垫和毛毯等透气,达到保养的目的;另一方面又无须担忧会有客人突然闯进来。

6. 注意墙角

墙角往往是蜘蛛结网和尘土积存之处,也是客人重视的地方,需要留意打扫。

第四节　客房中式铺床的主要操作技能

实训项目9：中式铺床

（一）实训目的

通过客房中式铺床的实训，了解操作中式铺床的流程，熟悉中式铺床的操作要领，掌握中式铺床的技能技巧。

（二）准备工作

（1）按顺序撤床巾（叠好），检查被套、被罩、床单等有无污迹、破损（如有特殊污迹，应将布巾打结处理），检查有无夹带客人物品。

（2）将脏布巾放入工作车布袋内，并带回干净布巾，严禁放在地上。

（3）按一换一标准配备干净布巾，注意检查有无污迹和破损。

（三）操作步骤

1. 拉床

（1）弯腰下蹲，双手将床架稍抬高，然后慢慢拉出。

（2）将床拉离床头板约50厘米。

（3）注意将床垫拉正对齐。

注意：床垫的翻转要贴上标签（每周头尾调换一次，每月上下翻转一次），使床垫受力均匀，床垫与床座保持一致。

2. 铺单

（1）开单

用手抓住床单的一头，右手将床单的另一头抛向床面，并提住床单的边缘顺势向右甩开床单。

（2）打单

将甩开的床单抛向床头位置，将床尾方向的床单打开使床单的正面朝上，中线居中。手心向下，抓住床单的一边，两手相距80～100厘米。将床单提起，使空气进到床尾部位，并将床单鼓起，在离床面约70厘米高度时，身体稍向前倾，用力打下去。当空气将床单尾部推开时，利用时机顺势调整，将床单往床尾方向拉正，使床单准确地降落在床垫的正确位置上。打单必须一次性到位，两边所落长度需均等。

（3）包角

包角从床尾做起，先将床尾下垂部分的床单掖进床垫下面，包右角，左手将右手侧下垂的床单拉起折角，右手将右角部分单掖入床垫下面，然后左手将折角往下垂拉紧包成直角，同时右手将包角下垂的床单掖入床垫下面。包左角方法与右角相同，但左右手的动作相反。床尾两角与床头两角包法相同。包边包角时注意方向一致、角度相同、紧密、不露巾角（90°）。

3. 装被套

（1）将被芯放于床尾，被芯长宽方向与被套一致。

(2) 将被套外翻,把里层翻出。

(3) 将被套里层的床头部分与被芯的床头部分固定。

(4) 两手伸进被套里,紧握住被芯床头部分的两角,向内翻转,用力抖动,使被芯完全展开,在被套内四角到位、饱满、平展。

(5) 将被套开口处封好,被芯不外露。

(6) 调整被套位置,使被套床头部分与床垫床头部分齐平,被套的中线位于床垫的中心线,四周下垂的尺度相同,表面要平整。

(7) 将床头部分的被套翻折 45 厘米。

注意:使整个床面平整、挺括、美观。

4. 套枕套

(1) 将枕芯平放在床上,两手撑开枕袋口,并把枕芯往枕套里套,两手抓住袋口,边提边抖,使枕芯全部进入枕袋里,将超出枕芯部分的枕袋掖进枕芯里,把袋口封好。

(2) 枕套压折开口要放置正确,枕头开口朝下并反向于床头柜,套好的枕头必须四角饱满、外形平整,枕芯不外露。

5. 放枕头

(1) 两个枕头放置居中。

(2) 放好的枕头距床两侧距离均匀。

6. 将床复位

弯腰将做好的床慢慢推进床板下,与床头板吻合,注意不要用力过猛。

注意:检查铺床的整体效果,整个铺床过程用时 3 分钟。

(四)要点及注意事项

1. 铺床前要做好充分的准备

从布草房领来物品时,以楼层为单位,将各个房间所需物品分区域放置。到每个房间时,将房间内所需物品一次带齐,放在房间内顺手的位置,防止因物品不齐全返回去取,或因物品放置不合理而在铺床过程中浪费时间。物品准备好后,在床尾位置将床往外拉到适当的距离以方便工作,用眼睛迅速扫描床的整体情况,观察有无床腿损坏或床垫移位等情况。如果没有,即可进入正式的程序。

2. 铺床时要动作利落

动作一定要干净利落,不拖泥带水,用力适当,尽量使每个动作一次到位。甩床单时,用力过小床单会出现一次性打不开或不平整,用力过大会造成一端长一端短,这样就要再来一次。应站于床尾正中,手拿床单等距离的两侧,均匀用力甩出,使床单整齐地平铺于床上,中线定位于床垫正中,不偏不斜,一次到位。

3. 铺床过程尽量少走弯路

铺床时不跪床,行走路线不重复,一会儿跑到这边,一会儿跑到那边,很浪费时间。就包角而言,对各个角按照一定的顺序依次来包,就会减少很多时间。套被套也要有序操作,一次抛开定位,被套中线与床单中线重叠,不偏离床的中心线,被子齐床头。

第五节　客房西式铺床的主要操作技能

实训项目 10：西式铺床

（一）实训目的

通过对西式铺床技能的训练，掌握西式铺床的程序和操作方法，通过训练，能够在规定时间内保证质量地完成此项工作，能够根据规范要求熟练操作并初步了解酒店铺床方法的变化。

（二）准备工作

（1）按顺序撤床巾（叠好），检查床单、毛毯、床罩等有无污迹、破损（如有特殊污迹，应将布巾打结处理），检查有无夹带客人物品。

（2）将脏布巾放入工作车布袋内，并带回干净布巾，严禁放在地上。

（3）按一换一标准配备干净布巾，注意检查有无污迹和破损。

（三）操作步骤

1. 拉床

（1）弯腰下蹲，双手将床架稍抬高，然后慢慢拉出。

（2）将床拉离床头板约 50 厘米。

（3）注意将床垫拉正对齐。

注意：床垫的翻转要贴上标签（每周头尾调换一次，每月上下翻转一次），使床垫受力均匀，床垫与床座保持一致。

2. 垫单（第一张床单）

（1）开单：用手抓住床单的一头，右手将床单的另一头抛向床面，并提住床单的边缘顺势向右甩开床单。

（2）打单：将甩开的床单抛向床头位置，将床尾方向的床单打开使床单的正面朝上，中线居中。手心向下，抓住床单的一边，两手相距 80～100 厘米。将床单提起，使空气进到床尾部位，并将床单鼓起，在离床面约 70 厘米高度时，身体稍向前倾，用力打下去。当空气将床单尾部推开时，利用时机顺势调整，将床单往床尾方向拉正，使床单准确地降落在床垫的正确位置上。打单必须一次性到位，两边所落长度须均等。

3. 铺衬单（第二张床单）

（1）铺衬单与铺垫单的方法基本相同，不同的地方是铺好的衬单单沿须包角。

（2）甩单必须一次性到位，两边所落长度须均等。

4. 铺毛毯

（1）将毛毯甩开平铺在衬单上。

（2）使毛毯上端与床垫保持 5 厘米的距离。

（3）毛毯商标朝上，并落在床尾位置，床两边所落长度须均等。

（4）毛毯同样一次性到位。

5. 包角边

(1) 将长出床垫部分的衬单翻起盖住毛毯(单折)60厘米或30厘米。

(2) 从床头做起,依次将衬单、毛毯一起塞进床垫和床架之间,床尾两角包成直角。

(3) 掖间包角动作幅度不能太大,勿将床垫移位。

(4) 边角要平紧,床面整齐、平坦、美观。

6. 放床罩

(1) 在床尾位置将折叠好的床罩放在床上,注意对齐两角。

(2) 将多余的床罩反折后在床头定位。

(3) 两手抓住口袋,边提边抖动,使枕芯全部进入枕袋里面。

(4) 将超出枕芯部分的枕袋掖进枕芯里,把袋口封好。

(5) 被压处朝上压倒的朝下,枕套口与床头柜是相反的方向。

(6) 套好的枕头必须四角饱满、平整,且枕芯不外露。

7. 放枕头

(1) 两个枕头放置居中。

(2) 下面的枕头应压住床罩15厘米,并进行加工处理。

(3) 放好的枕头距床侧两边均匀。

8. 将床复位

弯腰将做好的床慢慢推进床板下,与床头板吻合,注意不要用力过猛。

(四) 要点及注意事项

(1) 第一次甩单到位,正面向上,中线居中。

(2) 从床头开始,按照顺时针或逆时针依次包角,包角的四角式样角度一致,均匀紧密(内角为45°,外角为90°)。

(3) 床两侧塞边均匀,挺括,无褶皱。

第六节　客房开夜床服务的主要操作技能

实训项目11:开夜床服务

(一) 实训目的

通过开夜床服务的实训,掌握夜床服务的技能技巧,养成想宾客之所想,千方百计地为客人提供高品质服务的好习惯。

(二) 准备工作

(1) 将参加班前会时所了解的房态认真记录在表格中。

(2) 注意观察房门外是否有DND牌("请勿打扰"牌),并在工作表上做好记录。

(3) 备好开夜床所需的早餐点餐牌、巧克力、鲜花、水果、推车等物品。

开夜床服务

（三）操作步骤

夜床服务通常在18:00以后开始,也可在客人到餐厅用晚餐时进行,或按服务台的要求进行。

(1) 进客房要敲门或按门铃,并通报自己的身份和目的——夜床服务。如果客人在房内,则应经客人同意方可进入,并礼貌地向客人道晚安；如果客人不需要开夜床,服务员应在夜床表上做好登记。

(2) 开灯,并将空调开到指定的刻度上。

(3) 轻轻拉上遮光窗帘和二道帘。

(4) 开床。

① 将床罩从床头拉下,整理好,放在规定的位置。

② 将靠近床头一边的毛毯连同衬单(盖单)向外折成45°。

③ 拍松枕头并将其摆正,如有睡衣应叠好放置于枕头上。

④ 按饭店规定在床头或枕头上放上鲜花、晚安卡、早餐牌或小礼品等。

(5) 清理烟灰缸、桌面和倒垃圾；如有用膳,餐具也一并撤除。

(6) 按要求加注冰水,放入报纸或将饭店提供的浴衣摊开在床尾。

(7) 如有加床,则在这时打开整理好。

(8) 整理卫生间。

(9) 检视一遍卫生间及房间。

(10) 除夜灯和走廊灯外,关掉所有的灯并关上房门。如果客人在房内,不用关灯,向客人道别后退出房间,轻轻将房门关上。

(11) 在开夜床报表上登记。

（四）要点及注意事项

(1) 上述夜床服务内容和操作程序源于美式饭店规程,因此在具体的夜床服务中,应了解客人的风俗习惯后加以调整和增减。例如,英式夜床服务中的开夜床,其内容仅为将床罩从床头拉下折好,然后放入规定的地方即可。

(2) 是否进行夜床服务,应根据饭店的档次和经营成本而定。

(3) 同样,是否需要重新更换毛巾和杯具等客用品,也应根据房间的等级和经营成本而定。

案例分析

用心服务才能感动顾客

两位顾客入住一标间,因酒店只提供一个房卡,故外出办事的一位顾客凌晨回来时,只能将同屋的同事叫醒开门。第二天早上洗漱时,顾客发现漱口杯、牙刷、毛巾都是一模一样的,分不出哪个是自己的,感觉很尴尬。退房时,一位顾客将昨晚的经历告诉前台,表示没有两张房卡很不方便。前台的答复是,我们的标准是一个房间一张房卡。如果您有需要,我们可以为您开门,并为您重新配备洗漱用品送到房间。

案例评析：

虽然服务人员对顾客的不满予以答复,有弥补和致歉。但是,顾客对住宿体验并不满意。案例中,办理入住时,如是两位顾客入住,前台应主动制作两张房卡。房间配备的物品,如口杯、牙刷、洗浴用品、拖鞋等,也应有易于区别的标识。如果带孩子或老人入住,酒店能为他们提供专用物品就更好了。

服务无止境,只要用心想客人之所想,相信一定能带给客人惊喜与感动。

(资料来源:江富孚.用心服务才能感动顾客[N].中国旅游报,2018-09-17.)

本章小结

本章介绍了酒店客房实训实习教学目标与计划,讲解了客房部与相关部门的联系。主要介绍了客房实训模块的敲门进房、迎客服务、送洗客衣服务、托婴服务、擦鞋服务、会客服务、离店客人送客服务、清扫客房、中式铺床、西式铺床、开夜床服务等实训。掌握酒店客房的基础技能是做好酒店实务的根本与必要条件。

本章思考题

1. 以下常用的服务实训模块的内容有哪些?
2. 以下常用的服务实训模块的服务程序与服务标准是什么?

实训项目1:敲门进房

实训项目2:迎客服务

实训项目3:送洗客衣服务

实训项目4:托婴服务

实训项目5:擦鞋服务

实训项目6:会客服务

实训项目7:离店客人送客服务

实训项目8:清扫客房

实训项目9:中式铺床

实训项目10:西式铺床

实训项目11:开夜床服务

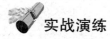

实战演练

实战演练一

1. 实践内容

登录官方网站,查阅酒店客房发生的投诉资料,讨论并分析。

2. 实践课程学时

2学时。

3. 实践目的

通过网站搜集和分析资料,掌握预防常识。

4. 实践环节

(1) 以组为单位(2~3人一组),登录相关网站,查阅相关资料。

(2) 以组为单位,讨论酒店客房发生的投诉问题造成的后果。
5. 技能要求
(1) 能够熟练应用互联网查阅资料。
(2) 能够分析酒店客房发生的投诉的案例。
(3) 能够通过案例学习,归纳出酒店的预防措施。
6. 实践成果
(1) 能够识别酒店客房发生的投诉并提前预防。
(2) 建议:通过网络案例分析,增强服务意识。

实战演练二

1. 如何应对前来住宿的酒店"黑名单"上的人?
参考答案:
酒店"黑名单"上的人主要包括曾经在酒店住宿,发生了一些不轨行为(如在住店期间有偷窃行为、使用假钞和假信用卡实施欺诈行为和逃账行为),损害了酒店和其他宾客的利益,不受酒店欢迎的客人。酒店遇到这类人前来住宿,应采取如下措施。
(1) 发现可疑的"黑名单"上的人,迅速报告前厅主管和经理。
(2) 确认无误后,若是以前的逃账客人,追讨以前所欠的账目,否则拒绝其入住该酒店。
(3) 若是暂时不能确认,保持冷静和礼貌,请该客人在总台预付房费押金。
(4) 通知酒店各部门密切注意其动向,若有不轨的行为立即通知相关部门处理。
分值:10分,答题时间:10分钟。
评分标准:(1)2分,(2)2分,(3)3分,(4)3分。

2. 客人投诉的一般心理动机包括哪些?
参考答案:
(1) 求发泄的心理:客人认为自己受到不公正的对待,投诉的目的是维持心理平衡,发泄心中的愤怒、委屈与羞辱感。
(2) 求尊重的心理:客人要求得到理解、尊重和道歉,保全和尊重其自尊心和荣誉感,尽快采取相应措施解决其问题。
(3) 求补偿的心理:客人认为自己的精神和物质上受到了某种损害,希望得到某种形式上的补偿。
分值:10分,答题时间:5分钟。
评分标准:(1)3分,(2)3分,(3)4分。

3. 客人投诉的主要原因有哪些?
参考答案:
(1) 主观原因
酒店在服务和管理工作中存在的种种缺陷与不足,表现在以下方面。
① 岗位服务工作不负责,工作出现失误,对客人利益造成损害。
② 岗位服务工作不规范,服务项目不全或不属实,给客人造成不便。
③ 岗位服务态度恶劣,不尊重客人,对客人的服务要求、风俗习惯不予重视,欠缺礼仪礼貌和语言艺术。
④ 管理工作松懈,对员工素质和服务质量缺乏标准化的管理。

(2) 客观原因

酒店客观条件造成对客人利益的损害和工作的不便,例如,建筑设计不合理造成提供服务的不便,但短期无法得到解决;酒店的地理位置造成交通不便和通信困难;酒店定价和收费存在不合理之处;外部因素压力(如地方不合理收费、土地政策等);意外事件。

分值:10分,答题时间:5分钟。

评分标准:(1)5分,(2)5分。

4.客人常见的投诉类型有哪些?

参考答案:

客人对于酒店的投诉通常可以分为以下几类。

(1) 对酒店前厅服务质量的投诉

这一类投诉在酒店接待工作繁忙时最容易发生,如叫醒服务不准时、总机接转电话的速度太慢、行李无人搬运、服务人员没有按照"FIRST ARRIVE,FIRST SERVE"(先来先服务)原则提供服务、邮件未能及时送达客人等的投诉,都属于此类。

(2) 对酒店前厅服务态度的投诉

对酒店前厅服务态度投诉的产生有一定的背景,因为酒店前厅的工作人员和宾客都是由不同性格特点和背景的人组成的,所以在任何时间、任何场合都有可能发生摩擦。其主要种类有,前厅服务人员粗鲁的语言、不负责任的答复和行为、心不在焉的接待方式、冷冰冰的态度,乃至于过分的热情都可能导致宾客的这类投诉。

(3) 对酒店设施的投诉

对酒店设施的投诉包括电梯、空调、照明、供水、供电、家具等。

(4) 对酒店发生的异常事件的投诉

包括前厅订票处无法买到车船票、机票,因天气和突发事件车船、飞机不能按时出发,酒店客房已经订完等酒店很难控制的事件。

分值:10分,答题时间:10分钟。

评分标准:(1)2分,(2)2分,(3)3分,(4)3分。

考核时间: 年 月 日 考评师(签名)

第六章
餐厅服务基本技能实训

【知识目标】
1. 了解餐饮部与相关部门的关系。
2. 熟悉酒店餐饮基本服务的流程与标准。
3. 掌握酒店餐厅基本服务的操作技能。

【技能要求】
1. 能够熟练地操作托盘服务、餐巾折花、铺台布、餐位预订服务、迎宾服务、客人就餐时的服务、结账与收银的服务、送客与收尾服务等酒店餐饮各种服务的基本技能,并在规定时间内完成实训技能考核。
2. 具备基本的餐厅领班能力和对基层餐厅服务员的督导能力。

业界新闻

酒店员工谨防"预订"骗局

某日上午,某酒店餐饮部客户经理小向接到一位自称姓须的某中学教师的电话。对方称,要预订该酒店包厢。

小向初入酒店行业,人脉不广,几个月下来销售指标都没有完成。能够接到这样一单生意,小向自然高兴。虽然对方电话很陌生,但小向丝毫没有怀疑,继续与对方商讨预订事项。

"我差点忘了,你们那里有没有消毒水?先借两箱。"预订谈妥了,对方却突然表示。

小向觉得奇怪,"您要这个干什么?"自称须老师的人说:"明天防疫站要来检查,我现在不在学校,而且身上带得钱不多,行政办公室的人又都出去办事了。我想请你帮我跟防疫站供应科的李科长电话联系,你先帮我垫一下买消毒水的钱,然后叫他们派人送货到学校传达室。晚上去你酒店吃饭时把钱一并结清,你看可以吗?"

一般来说,小向与这位客人素不相识,不可能轻易答应这种与本职工作无关的要求。但是小向心想,为客人做点增值服务不也是酒店提倡的吗?买两箱消毒水钱应该不多,自己垫一下也无妨,何况晚上连同餐费就收回来了。于是就同意了。

接下来,小向与李科长联系了,并按对方要求把钱打到一个卡号上。然而,等到下午,小向打电话给李科长,想确认一下货是否送到,但对方手机关机。小向顿时紧张起来,再给那位自称颜老师的人打电话,手机也是关机。至此,小向意识到被骗,向当地派出所报案。

点评:

这是一起由中央电视台"社会与法"频道报道的案例。案例中,电信诈骗者利用酒店人员为了做成生意愿意为客人提供额外服务的心理设计骗局,成功骗取钱财。

案例中,小向轻易被骗与她初入酒店、涉世不深有关。例如,对84消毒水价格及使用方法倘若有所了解,就会对其买如此之多、价钱又高产生怀疑;对学校公款消费如此高标准预订包间有所疑问;对客人向素不相识的人借钱心存疑惑。其中任何一个疑问,小向只要请教资深人士,都不致被骗。

类似骗局还可能在酒店继续上演,希望从业者以此为鉴,严加防范。

(资料来源:陈文生.酒店员工谨防"预订"骗局[N].中国旅游报,2018-09-17.)

第一节 餐饮实务实训实习教学目标与计划

一、教学目标

(1)了解、体会餐饮业的整体作业环境,且因置身于社会情境中,从事部分职业活动,使其能体验并适应职业生活。

(2)从与他人合作中学习生活、工作及人际间的互动关系与意义。

(3)训练观察、判断与搜集相关资料的能力。

(4)培养沟通与领导的能力。

二、教学计划

(一)餐饮服务(理论课程)

(1)工作部门的人事、组织及其职责。

(2)其他相关部门的组织及其职责。

(3)人际关系与部门间的沟通、协调。

(4)企业组织文化和整体运作。

(5)工作人员区域及班表排定与制作。

(二)厨房作业(厨师实践课程)

(1)厨房设备、器皿的认知与操作。

(2)厨房流水线的规划与工作流程。

(3)厨房与外场服务的联系。

(4)菜单中菜色的成分及制作方法。

(5)出菜。

(6)领货。

(三)营业前的备餐工作

(1)桌/座位排定。

(2)宴席/会议等场地的规划与布置。

(3) 各式口布折叠及其运用。
(4) 台布种类、铺设、更换及送洗。
(5) 餐具擦拭、漂洗镀银及摆设。
(6) 服务台用具/品补充。
(7) 清洁工作。
(8) 领货及存货控制工作。
(9) 备用金申请、发放与保管。

(四) 服务工作

(1) 订位及各式宴席工作的处理。
(2) 迎宾、带位并协助顾客入座。
(3) 铺口布。
(4) 各种饮料认识、调制与服务。
(5) 菜单认识、推荐及接受点菜。
(6) 点菜单填写。
(7) 出菜控制。
(8) 餐饮服务与收拾。
(9) 以托盘运送器物(包括不同形式的托盘)。
(10) 宴席服务与人员的安排与控制。
(11) 酒会服务与人员的安排。
(12) 会议服务与人员的安排。
(13) 外卖服务与人员的安排与控制。

(五) 营业后清理工作

(1) 场地复原。
(2) 清洁器具与用品的使用、餐具的摆放或复位。
(3) 餐盘、器具洗涤与保管。
(4) 盘点。

(六) 其他相关工作

(1) 顾客抱怨的处理。
(2) 财务报表的认识与分析。
(3) 营销作业的认识与参与。
(4) 管理领导的内容与执行。

第二节 托盘的主要操作技能

　　托盘操作是每位餐厅服务员必须掌握的一项基本技能。在服务过程中根据工作需要，运用各种托盘装运、递送各种物品，不仅能够减轻劳动强度、提高服务工作效率，另外也体现了文明、礼貌的职业服务风范。所以，正确的托盘操作对于提高餐厅服务质量和餐厅服务水平起到了至关重要的作用。

作为餐饮服务技能的门槛,托盘也是摆台、斟酒、上菜等服务技能的基础,要想做好服务工作,就必须熟练掌握托盘的技能操作。这项技能看起来很简单,其实是有一定难度的,要想熟练掌握这项技能,全靠平时勤学苦练。

一、托盘实训的分类

托盘实训可分为轻托(腰托)、重托(肩托)和端盘(徒手低托)。

二、托盘种类

托盘可以分为以下几大类。

(1) 按质地划分,可分为木制品、金属品(如银、铝、不锈钢等)、塑料制品和陶瓷制品4种。

(2) 按形状划分,可分为椭圆形、长方形、圆形等,使用时可根据托运物品的形状和重量选择合适的托盘。

(3) 按规格划分,可分为大、中、小三类。大、中托盘用于装递菜品、酒水和盆碟等较重物品。小托盘一般用于沏茶、斟酒、端送咖啡等。

三、实训项目1:轻托(腰托)

轻托,就是托送较轻的物品或进行分菜、斟酒,所托的物品重量一般在5千克以下,因托送物品的总体重量较轻,所以称为轻托。因为托盘的位置在皮带上方一点,又称为"腰托"或"胸前托"。轻托用途较广,需经常在客人面前操作,因此要求动作熟练、优雅和准确。轻托水平的高低往往决定了客人对饭店的餐饮服务水平的评价。

托盘轻托

(一) 实训目的

通过学习,掌握餐饮工作中最基础的技能之一。在餐饮工作中使用托盘,为服务工作提供便利,同时可以展现餐饮工作者的文明操作水平。

(二) 实训内容

姿势正确,行动自如;有效控制,清洁卫生;摆放有序,动作规范;切忌双手端托或手指捏拿托盘。

(三) 实训准备

圆托盘若干,2只/组,装满水的啤酒瓶、饮料瓶、易拉罐和白酒瓶若干,计时秒表1只。

(四) 实训指导

先由教师进行示范讲解,然后将学员分成5人/组,在操作室或户外的大场地按"S"形托盘路线进行操作练习,可按1瓶走4次、2瓶走3次、3瓶走2次、4瓶走1次的规律进行。

(五) 实训步骤及操作要领

轻托实训主要包括理盘、装盘、起托、托盘行走、托盘服务、卸盘几个环节。

1. 理盘

根据所托的托盘选择好清洁合适的托盘。如果不是防滑托盘,需要在盘内垫上干净的垫盘布,将其铺平,四边于盘底相齐,尽量做到整齐美观,防止盘内物品滑动。

2. 装盘

根据物品的形状、体积大小和使用的先后顺序进行合理装盘,以安全稳当和方便操作为宜。一般重物、高物在托盘里档(即靠向身体的一侧),轻物、低物在外档(远离身体的一侧);后用后拿的物品放在里档,先用先拿的放在外档。同时还要注意托盘内的物品重量分布均匀才能在托送过程中保持托盘的整体平衡。

3. 起托

(1) 左手五指分开,掌心向上置于圆托盘下部,手掌自然成凹形,掌心不与盘底接触,五指与掌根的二点接触托盘,使 7 个接触点连成一平面。

(2) 左大臂与左小臂弯曲成 90°,与大臂形成直角。

(3) 托盘平托在胸前,高度处于胸部下方和腰部上方的中间位置。

(4) 手指和掌根部随时根据托盘上各侧面的轻重变化做相应的调整,保持托盘的重心平稳。

4. 托盘行走

(1) 行走时头正肩平,上身挺直,两眼正视前方,脚步轻快;手腕要灵活,托盘不能贴腹,随着走路的节奏摆动。

(2) 行走时上臂不靠身体,右手随着走路的节奏自然摆动,保持重心,转向灵活自如。

(3) 常步:即在厅内不拥挤的情况下走路的方法。要求步幅均匀,快慢适当,节奏适中。

(4) 快步:端火候菜时急行的步法。有的菜做时要快做,上时要快上,吃时也要快吃,如拔丝类的菜。因此需要用快步。要求步幅较大,速度较快,但不能形成连跑带颠,否则既不雅观,又容易洒汤或碰撞人。

(5) 碎步:端汤菜或托盘多用这种步法。要求步子小,速度稍快,保持身体平稳,上下前后波动小,目视前方,保证汤菜不颠不洒。

(6) 垫步:依服务员工作的实际要求,服务员端菜上桌前应稍停,先和客人打招呼,说"菜来了",然后上半步,这就是垫步,即一只脚在前,一脚在后,前脚进一步,后脚跟一步的行进行走法。

(7) 巧步:服务员端菜行走时,对面突然走来顾客或遇到其他障碍时所用的步子。此时应一手端菜,一手护菜,灵活躲闪。这种走法不固定,随机应变,以防止发生冲撞。

总之,托盘行走时,要做到举止大方,姿态端正,步法轻快;上身要稳,下身要紧,脚步稳健,动作敏捷,不能任意而行。

5. 托盘服务

(1) 行走时托盘可以略有摆动,但摆动幅度不可过大。

(2) 某些场合的某些物件,可用托盘直接让客人自取。

(3) 服务要侧身立于客人身旁,盘旋于客位之外,严禁将托盘越过宾客的头顶,将身体的重心放于右腿,左脚后跟抬起,双脚呈"丁"字形。

(4) 托盘服务时右手取拿物件。根据托盘中物品数量、重量分布的不断变化,左手手指不断移动,以保持托盘的平衡。

6. 卸盘

到达目的地后,要先将托盘一边平稳地放到工作台上,向内将托盘完全推进桌面上,再安全取出物品。

(六) 注意事项

(1) 时刻保持托盘干净清洁。

(2) 物品摆放井然有序。

(3) 重心不稳或盘中物件减少时,要随时用右手进行调整。

(4) 对客服务时,托盘需悬于客位之外。

(5) 严禁端托在餐厅内奔跑。

四、实训项目2:重托(肩托)

重托主要用于托运大型菜点、酒水和盘碟,一般所托的重量在10~20千克,因为盘中所托送的物品较重,故称重托。

重托的托盘一般选用质地坚固(塑胶、木制品)的大、中长方形盘。与轻托最大的不同是将托盘托在肩上,也称肩托,多用于西餐的上菜与派菜。目前国内饭店为了安全起见使用重托的不多,一般用小型手推车递送重物,既省力又方便。

重托的优点如下。

(1) 可以托起较重的物品。

(2) 托盘放在肩部容易被看到,可以及时调整避让,避免碰撞等事故发生;同时对就餐者来说,又能起到吸引视线,激发客人的联想,调节情趣之用。

(3) 西餐宴会时就餐人数较为集中,派菜与切配有时使用同一托盘,而同种菜点需同时分派给不同客人,故盘中需要同时装较多的菜肴,避免主客冷场。

(一) 实训目的

通过本节学习,掌握餐饮工作中最基础的技能之一。在餐饮工作中合理使用重托,为工作中重物的运输提供便利,同时可以展现餐饮工作者的文明操作水平和技巧。

(二) 实训要求

姿势正确,行动自如;有效控制,清洁卫生;摆放有序,动作规范;如果盘内物品用于分派,应掌握好分量。

(三) 教具准备

长方形托盘若干,装满水的矿泉水瓶、饮料瓶和练习专用空盘碟若干。

(四) 实训步骤及操作要领

重托实训主要包括理盘、装盘、托盘、重托服务、落台等几个环节。

1. 理盘

由于重托的托盘经常与菜汤接触,易沾油腻,所以每次使用前都要擦洗、消毒,根据需要在盘内铺上洁净的垫布,垫布上洒上少量清水。

2. 装盘

重托装盘时,因其特点是"重",所以要将托盘内物品分类码放、均匀得体、稍有间距,物品的重量要在盘中分布均匀,并注意把物品按高低、大小摆放协调;同时要注意重托装盘时常常要重叠摆放,其叠放方法如下。

(1) 上层的菜盘要搁在下层两盘、三盘或四盘的盘沿上。

(2) 叠放形状一般为"金字塔"形。如托5盘菜需叠放时,可叠成2层,下层可摆4盘,在四盘中间搁1盘。

(3) 如是6个大鱼盘,可叠成3层,底层摆3盘,中层摆2盘,上层搁1盘,以此类推。

(4) 装盘时冷热食物分开装,咖啡壶与茶壶嘴应靠盘中央,以免溅出。

3. 托盘

(1) 起托时,用双手将托盘(以大方形托盘为例)一边拖移至工作台外,用右手扶住托盘一边,左手伸开五指(可以垫上垫布防止打滑)托住盘底,双腿下蹲成马步式,腰向左前弯曲,左臂弯曲成轻托姿势,左手掌调整好重心后,用右手协助将托盘托起至胸前,向上转动手腕,将托盘稳托于肩上。

(2) 托起后,托盘应悬空擎托于左肩外上方。盘底约离肩2厘米,盘前不近嘴,盘后不靠发。右手扶住托盘的前内角,或自然下垂随时准备排挡他人的碰撞。重托也可以用右手,根据个人习惯而定。

(3) 起托、后转、擎托和放盘这4个环节都要掌握好重心以保持平衡,不使汤汁外溢或翻盘。要盘平、肩平、两眼看前方。

(4) 擎托盘底稳,不晃动,不摇摆,让别人看了有稳重、踏实的感觉。

4. 重托服务

在使用重托运送菜点和餐后收拾餐具时,姿势正确,距离适当,不可将汤汁、残羹喷洒在宾客身上。收餐时,先将残余汤汁集中于一只碗或盘中,将其余餐具分类摆放。对盘中堆物大小、轻重要调度得当,分档安放,高位物品和分量重的餐具靠里档。操作时要做到平、稳、松。

(1) 平:托送时掌握好平衡,平稳轻松。行走时要保持盘内平、肩平、动作协调。

(2) 稳:装盘合理稳妥,不要在盘内装力所不能及的物品。托托盘时不晃动,行走时不摇摆,转动灵活不碰撞,使人看了有稳重、踏实的感觉。

(3) 松:在手托重物的情况下,动作表情要显得轻松自如。上身保持正、直,行走自如。

5. 落台

先站稳双腿,腰部挺直,双膝弯曲,手腕移动,手臂移动,呈轻托状后将托盘放在落菜台上或其他空桌上,再徒手端送菜盘上台。

(五) 注意事项

(1) 时刻保持托盘干净清洁。

(2) 物品摆放井然有序。

(3) 托盘需落稳后再对客进行服务。

(4) 严禁肩负重托在餐厅快速奔走,在行走过程中避免冲撞客人。

五、实训项目 3：端盘（徒手端托）

端盘也称为徒手端托。目前，餐厅普遍采用了端托形式为就餐者服务。此法主要用于西餐上菜和撤盘，一般均用左手单手端托，端时左手上下臂成 90 度，右手用于做其他工作。西餐撤盘时，右手主要用于取剩菜。由于端盘是在客人面前完成，具有表演性，要求技艺高，难度大。

目前，端盘在中餐中常用于自助餐服务，其运送方便、快速，通过端盘（徒手端托）来向客人展示菜品的精致，以引起客人的购买欲。

（一）实训目的

通过学习，掌握餐饮工作中最基础的技能之一。在餐饮工作中使用徒手端托，为工作提供便利，增加餐厅卖点，同时也可以展现餐饮工作者的文明操作水平和技能。

（二）实训要求

（1）合理运用指力、腕力和臂力。

（2）徒手端盘。

（三）教具准备

西式大盘 4 只，西餐刀、西餐叉各 4 把。

（四）实训步骤及操作要领

徒手端托实训主要包括健手操、徒手端盘、单手端单盘、单手端两盘（碗）、单手端三盘、撤盘等几个环节。

1. 健手操

两臂伸直，双手握拳、分开、再握拳 50 次。

2. 徒手端盘

服务人员上身要垂直，两臂放松，一般用左手单手端盘（端盘时大小臂呈 90°），右手腾出做其他工作（可以在行走时随时排除前方障碍等）。

3. 单手端单盘

用食指、中指、无名指托住盘底，拇指和掌根鼓起部位压住盘边，以正常速度前进至桌前，双手朝桌面上轻放，如端鱼盘（椭圆形盘），应端住直径较短的一边，方法同上。

4. 单手端两盘（碗）

单手端两盘（碗）的方法有以下三种。

（1）用食指勾托住盘底，拇指跷起压住盘边，端起第一个盘子，用中指、无名指支撑，然后再用拇指和小指托住第二个盘，使其平稳。

（2）将左手拇指压住第一只餐碟的碟边，食指和中指托住碟底，第二只餐碟压在拇指、无名指、小手指和手腕上。

（3）将左手的拇指压在第一只餐碟的边缘，食指和中指托住碟底，第二只餐碟夹在第一只餐碟和中指之间，并用无名指和小手指托住碟底。

5. 单手端三盘

将左手的拇指压住第一只餐碟的边缘，食指和中指托住碟底，空出无名指和小手指，将第二只餐碟夹在第一只餐碟与食指中间,中指和无名指托住餐碟的底部,将第三只餐碟放置于拇指、小手指和手腕三点构成的平面上。为了避免烫到手和手腕,上热菜时可以在手部和手腕上铺放服务巾。

6.撤盘

西餐进餐结束后,应向前迈进右脚,从宾客右侧用右手完成撤盘动作。

(五)注意事项

(1)保持双手的干净清洁。
(2)盘子摆放位置要井然有序。
(3)严禁端托在餐厅奔跑。
(4)重心不稳或盘子减少时,要随时用右手进行调整。

第三节 餐巾折花的主要操作技能

餐巾又名口布,是餐厅中常用的一种卫生用品,又是一种装饰美化餐台的艺术品。餐巾折花是餐前准备工作之一,主要工作内容是餐厅服务员将餐巾折叠成各种不同的花样,插在口杯或水杯之中,也可以放置在餐盘或餐碟之内,供客人观赏和用餐过程中使用。

实训项目4:餐巾折花

餐巾折花常用于中餐宴会,插入杯中或者放入盘中完成造型,客人取出餐巾折花,花型即刻散开,方便客人取用。但是因为它有污染餐具的嫌疑,故现在用餐巾装饰台面也有它的不足之处。

(一)实训目的

通过本节学习,使学生能够熟练掌握餐巾折花的7种基本手法。餐巾折花既是最基础的也是最能体现餐饮工作者个人技能特色的一项技能。在餐饮工作中合理使用餐巾折花,不仅可以为工作提供便利,而且可以烘托就餐气氛。

(二)实训要求

(1)餐巾干净整洁,完好无破损。
(2)辅助工具齐全。
(3)折花动作要求灵巧、娴熟、规范。
(4)餐花摆放合理、有序、统一。
(5)餐花摆放的整体效果美观、大方。

(三)教具准备

干净餐巾若干,干净筷子两根以上,光面托盘一个。

(四)实训步骤及操作要领

折花实训主要包括叠、折、卷、穿、翻、拉、捏等手法。

1. 叠

叠是退叠、折叠的意思，就是将餐巾一折二，二折四，单层叠成多层，折叠成正方形、矩形、长条、三角、菱形、锯齿、梯形等各种几何形体。

这是餐巾折花最基本的手法。几乎每朵花型都要用到这种方法。其要领是，熟悉基本的造型，看准角度，一次叠成。避免反复，否则餐巾留下折痕，影响造型挺阔美观。叠的方法如图6-1所示。

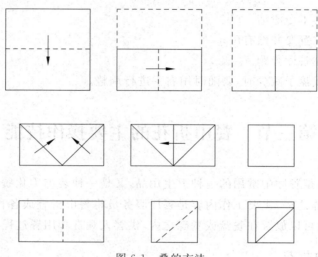

图 6-1 叠的方法

2. 折

折包含折叠、折裥两层意思，就是将餐巾叠面折成一裥一裥的形状，使花型层次丰富、紧凑、美观。

折是餐巾折花中的一种重要技法。折裥的好坏直接影响花型的挺阔美观。折裥时，用双手的拇指、食指紧握餐巾，两个大拇指相对成一线，指面向外。中指控制好下个折裥的距离，拇指、食指握紧餐巾，向前推折到中指处。中指再腾出去控制下一个折裥的距离，三个指头相互配合向前折。所折的裥要求距离相等，高低大小一致。每裥的宽度根据花型不同而有区别，一般在2厘米左右。

3. 卷

卷是将折叠的餐巾卷成圆筒形的一种方法，可以分为平行卷和斜角卷两种。

平行卷是将餐巾两头一起卷拢，要求卷得平直。斜角卷是将餐巾一头固定，只卷一头，或者一头少卷，一头多卷的卷法。如果按卷筒的形状来分，可以分为螺旋卷和直卷两种。前者所卷成的圆筒呈螺旋状；后者形如直筒。

卷的要领是，平行卷要求两手用力均匀，一起卷动，餐巾两边形状必须一样；斜角卷要求两手能按所卷角度的大小，互相配合好。无论采用哪种卷法，都要求卷紧。卷松了就显得软弱无力，容易软塌弯下，影响造型。

4. 穿

穿是使用工具从餐巾的夹层折缝中穿过去，形成皱褶，使造型更加逼真美观的一种方法。穿的工具一般是圆形的筷子,根据需要有用一根的,有用两三根的。穿之前,餐巾一般都要打折,这样容易穿紧,看上去饱满,富有弹性。

穿时,左手握住折好的餐巾,右手拿筷子,将筷子细的一头穿进餐巾的夹层折缝中。另一头顶在自己身上或桌子上,然后用右手的拇指和食指将巾布慢慢往里拉,把筷子穿过去。皱褶要求拉得均匀。

穿筷褶皱后的折花,一般应先将它插进杯子,再把筷子抽掉,否则皱褶容易散开。所以筷子的数量要根据花型而定。例如,"花枝蝴蝶"体形纤细,可用一根筷子穿;"孔雀开屏"上下两根折裥,可用两根筷子;"鸡冠花"形状粗壮,可以用三根筷子。

5. 翻

翻的含义较广,餐巾折叠过程中,上下、前后、左右、里外改变部位的翻折,均可成为"翻"。如将中角从下端翻折到上端;两侧向中间翻折;前面向后面翻折;或将夹层的里面翻到外面等。折叠花朵、叶子、花瓣、花蕊和鸟类的翅膀、头尾,均要用到这种折法。

6. 拉

拉就是牵引。折巾中的拉常与翻的动作相配合。在翻折的基础上为使造型挺直,往往就要使用拉的手法。如折鸟的翅膀、尾巴、头颈,花的茎叶等,通过拉使折巾的线条曲直鲜明,花型就显得挺拔有生气。翻与拉一般都在手中操作,一手握住所折的餐巾,另一手翻折,将垂下的中角翻上,或将夹层翻出,拉折成所需的形状。

在翻拉过程中两手必须配合,握餐巾的左手要根据右手翻拉的需要,该紧则紧,该松则松。配合不好,就会翻坏拉散,影响成形。在翻拉花朵瓣、叶子及鸟的翅膀时,一定要注意前后左右大小一致,距离对称。拉时用力要均匀,不要猛拉,否则往往损坏花型,前功尽弃。

7. 捏

捏主要用于做鸟与其他动物的头。方法是,用一只手的拇指、食指、中指三个指头进行操作。将所折餐巾巾角上端拉挺,然后用食指将餐巾角端向里压下。中指与拇指将压下的巾角捏紧,捏成一个尖嘴,作为鸟头。

(五)注意事项

(1) 双手保持干净,口布整洁。
(2) 按照规范动作进行操作。
(3) 注重花形的整体效果。

第四节 铺台布的主要操作技能

铺台布作为服务员最基本的服务技能之一,是餐厅服务员必须掌握的一门技术。由于中西餐饮服务中餐台的台型有所差别,因此铺台布的技能方法也有区别。台布也称桌布,有很多不同的样式和颜色。

以台布的质地来分,可分为提花台布、织棉台布和工艺绣花台布;从颜色来分,有白色、红色、绿色和黄色等多种颜色。铺台布是为了保证卫生、美观而且便于服务。台布的规格是根据餐桌的大小来选择的。由于餐桌的尺寸大小不同,台布规格也要做出相应的调整。

常见的台布尺寸有以下几种。

(1) 180厘米×180厘米,一般供4~6人餐台使用。

(2) 220厘米×220厘米,一般供8~10人餐台使用。

(3) 240厘米×240厘米,一般供10~12人餐台使用。

(4) 260厘米×260厘米,一般供14~16人餐台使用。

(5) 280厘米×280厘米,可供16~18人餐台使用。

在零点餐厅使用台布较多为180厘米×180厘米的正方形台布和220厘米×220厘米的正方形台布,宴会厅里则以准备一些240厘米×240厘米的台布较为理想。有些餐厅在铺台布前会先铺台布垫(衬布),这样会使台布显得更平整,并且可以避免餐具的滑动。台布的常用铺设方法一共有三种,即中式撒网式、中式推拉式和西式铺台式。

实训项目5:铺台布

本节实训将中、西式铺台布结合在同一个实训项目中。在中餐宴会中一般大量使用圆形桌面,所以通常习惯站在副主人位铺设台布。正确掌握铺设台布的方法有助于服务员提高工作效率,减少不必要的工作环节。

(一) 实训目的

通过学习,掌握餐饮工作中必须掌握的一项技能。由于在餐饮工作中使用的台型有所差别,铺台布的方法也分为推拉式和撒网式两大类。

(二) 实训要求

(1) 台布正面朝上,凸缝统一方向(正直穿过主人位与副主人位)。

(2) 台布两条凸凹缝交叉点与台面中心点吻合。

(3) 台布干净平整,四边垂下的部分均匀对称。

(4) 铺台布的整个过程流畅轻巧,动作敏捷简练。

(5) 掌握各类台型铺设方法,熟悉不同台布的铺设方法。

(三) 实训步骤及操作要领

铺台布实训主要包括折叠台布、撒网式铺台布操作、推拉式铺台布操作几个环节。

1. 折叠台布

方法因人而异,多为单人折叠法和双人折叠法两大类。

2. 撒网式铺台布操作

(1) 抖台布:服务人员面朝餐桌站立于副主人位前,双手同时将台布向两侧餐位拉开,随后抖动台布使其尽量舒展。

(2) 收台布:用双手食指、中指和拇指捏住台布靠近身体一边的布角,身体略向前倾,将台布收拢于自己身前;同时将右臂略微抬高,形成左边低右边高的姿势。

(3) 撒台布:身体先略微向左扭转,腰部再从左至右转动,当身体调整至正面朝向桌面时,手臂也随着腰部的转动向侧前方挥动,双手除了捏紧台布边缘的食指、中指和拇指外,其余手指迅速松开,使台布向前自然铺撒开,很像渔民撒网捕鱼的样子。

(4)台布定位:在台布落下的过程中,三指(食指、中指和拇指)捏住台布的边缘,及时调整好台布最后的落点,达到台布均匀下垂、中心点吻合的要求。

(5)放转盘:台布铺好之后,将转盘底座放置于台面的中心位置,随后将转盘放于底座之上,轻轻转动并用手指测试,看看转盘中心是否有所偏斜、转动是否灵活自如。

3.推拉式铺台布操作

(1)抖台布:服务人员面朝桌面立于主人位前,双手同时将台布向两侧餐位拉开,随后抖动台布使其尽量舒展。

(2)收台布:用双手食指、中指和拇指捏住台布靠近身体的一边的布角,身体略向前倾,用剩余的手指将台布迅速收拢于自己身前(类似于餐巾折花中的打褶动作)。

(3)撒台布:身体先略微向前倾,腰部微弯,双手把台布沿着桌面迅速用力地推出,推出时除了捏紧台布边缘的食指、中指和拇指外其余手指迅速松开,使台布呈放射状向前自然铺撒开,台布放射的角度大约以80°为较佳,同时要注意掌握力度的大小。

(4)台布定位:在台布的前端刚过台面时,双手轻轻地调整台布偏差,在落下的过程中,三指(食指、中指和拇指)紧捏台布边缘,及时调整好台布最后的落点,达到台布均匀下垂、中心点吻合的要求。

(5)放转盘:台布铺好之后,将转盘底座放置于台面的中心位置,随后将转盘放于底座之上,轻轻转动并用手指测试,看看转盘中心是否有所偏斜、转动是否灵活自如。

(四)注意事项

(1)铺设台布时注意动作幅度不要过大,以免影响客人。
(2)更换台布时,台面尽量裸露于客人面前。
(3)铺设台布的过程中台布不能碰到地面。

第五节　预订服务的主要操作技能

实训项目6:餐厅预订服务

(一)实训目的要求

通过餐厅预订服务的实训,了解餐厅预订的基本程序,掌握餐厅预订的基本内容,能熟练地进行餐厅预订服务的操作。

(二)实训准备工作

计算机预订系统/餐厅预订记录单、收费标准、电话、签字笔。

(三)服务程序与标准

电话餐饮预订服务的操作步骤如表6-1所示。

表 6-1　电话餐饮预订的操作步骤

程　序	标　准
接电话	预订员在电话铃响三声内拿起电话
问候客人	1. 问候：早上好/中午好/晚上好 2. 报酒店名称，如是内部电话报部门名称
聆听客人预订要求	1. 礼貌询问客人姓名（西餐预定应明确客人姓名的英文拼写）、预订日期、单位、人数、用餐时间、餐标、付款方式 2. 如遇客人预订时间或地点与其他预订有冲突，建议客人改期或更换地点，如客人不同意，可征求客人意见，留下电话或其他联系方式，以便原有预订取消或变更，可在第一时间内通知客人该预订被确认或拒绝
询问客人特殊要求	1. 询问客人有无特殊要求（如禁忌） 2. 对有特殊要求者，详细记录并复述
复述核对预订内容	重复客人预订，获得确定信息
向客人致谢	1. 告诉客人预订餐位或包房保留的最后期限 2. 致谢客人选择本餐厅
记录预订	1. 真写预订单并输入计算机 2. 按日期存放预订单

（四）要点及注意事项

（1）认真复述核对预订内容，确保预订信息的准确无误。

（2）做好预订信息的登记录入，交接班时注意详细确认。

第六节　迎送宾服务的主要操作技能

一、实训项目 7：迎宾服务

（一）实训目的

通过迎宾服务的实训，掌握餐饮开餐工作中的一个重要环节，也是一门基本功。在开餐工作中有座位时的合理安排席位，餐厅已满时的迎宾服务是以最快速度为客人准备好餐台，为后续工作提供便利，同时也可以展现餐饮工作者的专业素养。

（二）实训要求

掌握相关的技能和知识，按照餐饮标准进行服务。

（三）服务程序与标准

1. 餐厅有座位时的迎宾服务实训

餐厅有座位时的迎宾服务程序和标准如表 6-2 所示。

表 6-2　餐厅有座位时的迎宾服务程序和标准

服 务 程 序	服 务 标 准
迎接客人	客人来到餐厅时,引位员应面带微笑,主动上前问好
引位	1. 如客人已预定,引位员应热情地引领客人入座 2. 如客人没有预定,引位员应礼貌地将客人引领到客人满意的餐台 3. 引领客人时,应走在客人右前方1米处,且不时回头,把握好客人与自己的距离
拉椅让座	1. 当引位员把客人带到餐台时,服务员应主动上前问好并协助为客人拉椅让座,注意女士优先 2. 站在椅背的正后方,双手握住椅背的两侧,后退半步的同时将椅子拉后半步 3. 用右手做请的手势,示意客人入座 4. 在客人即将坐下时,双手扶住椅背的两侧,用右腿顶住椅背,手脚配合将椅子轻轻往前送,使客人不用自己移动椅子便能恰到好处地入座 5. 拉椅、送椅的动作要迅速、敏捷,力度要适中、适度
送上菜单	1. 引位员在开餐前应认真检查菜单,保证菜单干净整洁,无破损 2. 按引领客人人数拿取相应数量的菜单 3. 当客人入座后,打开菜单的第一页,站在客人的右后侧,按先宾后主,女士优先的原则,依次将菜单送至客人手中
服务茶水	1. 服务茶水时,应先询问客人喜欢何种茶,适当做介绍并告之价位 2. 按照先宾后主的顺序为客人倒茶水 3. 在客人的右侧倒第一杯礼貌茶,以8分满为宜 4. 为全部客人倒完茶,将茶壶添满水后,放在转盘上,供客人自己添茶
服务毛巾	1. 根据客人人数从保温箱中取出小毛巾,放在毛巾篮中用毛巾夹服务毛巾 2. 服务毛巾时,站在客人右侧 3. 按女士优先,先宾后主的原则依次送上 4. 热毛巾要抖开后放在客人手上 5. 冷毛巾直接放在客人右侧的毛巾盘中 6. 客人用过毛巾后,征求客人同意后方可撤下 7. 毛巾要干净无异味,热毛巾一般保持在40℃
铺餐巾	1. 服务员依据女士优先,先宾后主的原则为客人铺餐巾 2. 一般情况下应在客人右侧为客人铺餐巾,如果在不方便的情况下(如一侧靠墙),也可以在客人左侧为客人铺餐巾 3. 铺餐巾时应站在客人右侧,拿起餐巾,将其打开,注意右手在前,左手在后,将餐巾轻轻铺在客人腿上(左侧服务相反),注意不要把胳膊肘送至客人面前 4. 如有儿童用餐,可根据家长的要求,帮助儿童铺餐巾
撤、加餐具	1. 按用餐人数撤去多余餐具(如有加位则补上所需餐具),并调整桌椅间距 2. 如有儿童就餐,需搬来加高童椅,并协助儿童入座
撤筷套	1. 在客人的右侧,用右手拿起带筷子套的筷子,交与左手,用右手打开筷子套封口,捏住筷子的后端并取出,并摆在原来的位置上 2. 每次脱下的筷子套握在左手中,最后一起撤走
记录	在协助服务员完成上述服务后,引位员回到迎宾岗位,将客人人数、到达时间、台号等迅速记录在迎宾记录本上

2. 餐厅已满时的迎宾服务程序与标准

餐厅已满时的迎宾服务程序与标准如表 6-3 所示。

表 6-3　餐厅已满时的迎宾服务程序与标准

服务程序	服务标准
迎接客人	客人来到餐厅时,引位员应面带微笑,主动上前问好
服务	1. 礼貌地告诉客人餐厅已满 2. 询问客人是否可以等待,并告知大约等待时间 3. 安排客人在休息处等待,为客人服务茶水 4. 与餐厅及时沟通,了解餐位情况,以最快速度为客人准备好餐台 5. 为客人送上菜单,可提前为客人点菜
引位	1. 尽快地将客人带到其满意的餐台前 2. 引领客人,应走在客人右前方1米处,且不时回头,把握好客人与自己的距离 3. 通知服务员尽快提供上菜服务
服务毛巾	1. 根据客人人数从保温箱中取出小毛巾,放在毛巾篮中用毛巾夹服务毛巾 2. 服务毛巾时,站在客人右侧 3. 按女士优先、先宾后主的原则依次送上 4. 热毛巾要抖开后放在客人手上 5. 冷毛巾直接放在客人右侧的毛巾盘中 6. 客人用过毛巾后,征求客人同意方可撤下 7. 毛巾要干净无异味,热毛巾一般保持在40℃
铺餐巾	1. 服务员依据女士优先、先宾后主的原则为客人铺餐巾 2. 一般情况下应在客人右侧为客人铺餐巾,如果在不方便的情况下(如一侧靠墙),也可以在客人左侧为客人铺餐巾 3. 铺餐巾时应站在客人右侧,拿起餐巾,将其打开,注意右手在前,左手在后,将餐巾轻轻铺在客人腿上(左侧服务相反),注意不要把胳膊肘送到客人面前 4. 如有儿童用餐,可根据家长的要求,帮助儿童铺餐巾
撤筷套	1. 在客人的右侧,用右手拿起带筷子套的筷子,交与左手,用右手打开筷子套封口,捏住筷子的后端并取出,并摆在原来的位置上 2. 每次脱下的筷子套握在左手中,最后一起撤走
记录	在协助服务员完成上述服务后,引位员回到迎宾岗位,将客人人数、到达时间、台号等迅速记录在迎宾记录本上

(四) 要点及注意事项

(1) 当客人来到餐厅时,引位员要礼貌热情地问候客人。

① 可说:"早上好/晚上好,先生、小姐,欢迎光临××××餐厅。请问几位?/请问需要几个人的餐桌?"

② 询问客人姓名,以便称呼客人。

③ 询问客人是否有预订,如客人尚未订桌,立即按需给客人安排座位。

④ 询问客人是否吸烟,如客人不吸烟,要为客人安排在不吸烟区就座。

⑤ 协助客人存放衣物,提示客人保管好贵重物品,将取衣牌交给客人。

⑥ 引位员右手拿菜单,左手为客人指示方向,要四指并拢手心向上,同时说:"请跟我来/请这边走。"

⑦ 引领客人进入餐厅时,要和客人保持1米的距离。将客人带到餐桌前,并征询客人意见。

⑧ 帮助客人轻轻搬开座椅,待客人落座前将座椅轻轻送回。
(2) 安排客人座位。
① 一张餐桌只安排同一批的客人就座。
② 要按照一批客人的人数安排合适的餐桌。
③ 吵吵嚷嚷的大批客人应当安排在餐厅的包房或餐厅靠里面的地方,以免干扰其他客人。
④ 老年人或残疾人尽可能安排在靠餐厅门口的地方,可避免其多走动。
⑤ 年轻的情侣喜欢被安排在安静且景色优美的地方。
⑥ 服饰漂亮的客人可以渲染餐厅的气氛,可以将其安排在餐厅中引人注目的地方。
(3) 客人入座后的服务。
① 为客人提供毛巾和茶水服务。
② 为客人铺餐巾。
③ 为客人撤筷套和多余餐具。
④ 为客人送上菜单。

二、实训项目 8:客人就餐时的服务

(一) 实训目的

通过客人就餐时的服务实训,掌握餐饮工作中开餐工作的一个重要环节,也是一门基本功。掌握在开餐工作中就餐服务的工作内容可以为后续工作提供便利,同时也可以展现餐饮工作者的专业素养。

(二) 实训要求

掌握相关的技能和知识,按照餐饮标准进行服务。

(三) 服务程序与标准

客人就餐时的服务程序与标准如表 6-4 所示。

表 6-4 客人就餐时的服务程序与标准

服务程序	服务标准
上菜、分菜服务	1. 服务技巧同上菜、分菜服务技能 2. 把握上菜时机,合理适时分菜
餐桌卫生清洁	1. 时刻保持餐台清洁卫生,出现杂物或空盘应在征得客人同意后及时撤去 2. 如果餐桌台面上有剩余食物,要用专用的服务用具,切记不可用手直接操作
餐盘餐具的撤换	1. 撤换餐盘时,要待客人将盘中食物吃完方可进行,如果客人放下筷子而菜未吃完,应征得客人的同意后才能撤换 2. 按先宾后主的顺序依次撤换 3. 使用托盘撤换时,先在客人的左侧送上干净的餐盘,然后在客人的右侧撤下脏的餐盘,左手托盘,右手撤餐,动作要轻、稳 4. 徒手撤盘时,站在客人的右侧,用右手撤下,将其放入左手后,移到客人身后 5. 将用过的餐具及时撤下

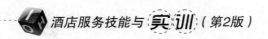

续表

服务程序	服务标准
烟灰缸的撤换	1. 在客人的烟灰缸有两个烟头或明显的杂物时,要给客人撤换 2. 撤换时,应用托盘上干净的烟灰缸,用右手的拇指和中指掐紧一个干净的外壁,从客人的右侧将干净的烟灰缸覆盖在脏的上 3. 将两只烟灰缸同时移入托盘,然后将清洁的放在餐桌,这样可以避免烟灰污染菜点及落在客人身上
服务香烟	1. 服务员左手持火柴盒,右手的食指和拇指持火柴底部,向里将火柴头划着 2. 右手除食指、拇指外的其余三个指头稍向内呈弧形,避免划燃的火苗被风吹灭或火柴棍断裂,火星溅出发生意外 3. 在划火柴的过程中,服务员应侧身避开,待火柴完全燃烧后,再送到客人面前 4. 点着香烟后,摇熄或吹熄火柴,将剩余火柴棍装入火柴盒 5. 使用打火机为客人点烟,应事先检查 6. 操作时,用手握打火机,大拇指按住打火机开关,在客人侧面将打火机打着,再从下往上移送过去
服务酒水	1. 随时观察客人用酒情况,在客人饮用剩至1/3时,及时斟酒 2. 掌握客人酒水情况,及时推销提供添酒服务
加菜处理	1. 服务员应细心观察分析,主动了解客人加菜的目的,客人提出加菜的原因有三:所点的菜不够吃;想买菜带走;对某一菜欣赏想再吃 2. 主动介绍菜肴,帮助客人选择菜肴 3. 根据客人的需要开单下厨

(四) 要点及服务注意事项

1. 就餐服务的工作内容

就餐服务是点菜服务的继续,也是餐饮服务中时间最长、环节最复杂的服务过程。进行上菜、分菜服务;服务员必须经常在客人台旁巡视,及时为客人更换餐盘;为客人撤换烟灰缸,收去餐台上的空瓶、空罐等杂物;点菜后30分钟,应检查客人的菜是否上齐;处理客人在用餐过程中出现的各种问题;为客人斟添酒水饮料;再次推销菜肴、酒水。

2. 撤换餐盘的时机

上翅、羹或汤之前,上一套小汤碗,待客人吃完后,送上毛巾,收回翅碗、换上干净餐碟;吃完芡汁多的食物之后,应该换上干净餐碟;上甜菜、甜品前应该更换餐碟;上水果之前,换上干净餐碟和水果刀叉;残渣骨刺较多或有其他脏物的餐碟,要随时更换;客人失误将餐具跌落在地时,要立即更换。

三、实训项目9:结账与收银服务

(一) 实训目的

通过结账与收银服务实训,掌握餐饮工作中开餐工作的一个重要环节,也是一门基本功。结账服务对整个服务过程来说十分重要,结账中出现问题会影响客人对饭店的印象,影响到整体服务质量;同时也可以展现餐饮工作者的专业素养。

(二) 实训要求

掌握结账相关的技能和知识,按照标准进行服务。

（三）服务程序与标准

结账与收银的服务程序与标准如表 6-5 所示。

表 6-5　结账与收银的服务程序与标准

服 务 程 序	服 务 标 准
结账准备	1. 在给客人上完菜后，服务员要到账台核对账单 2. 当客人要求结账时，请客人稍候，立即去收银处取回账单 3. 服务员告诉收款台号，并核查账单台号、人数、食品及饮品消费是否准确无误 4. 将账单放入账单夹内，并确保账单夹打开时，账单正面朝向客人 5. 注意先上小毛巾，后递账单 6. 随身准备结账用笔
递交账单	将取回的账单夹在结账夹内，走到主人右侧，打开账单夹，右手持账夹上端，左手轻托账夹下端，递至主人面前，请主人检查，注意不要让其他客人看到账单，并对主人说："这是您的账单"
现金结账	1. 客人付现金时，服务员要礼貌地在餐桌旁当面点清钱款 2. 请客人等候，将账单及现金送给收款员 3. 核对收款员找回的零钱及账单上联是否正确 4. 服务员站在客人右侧，将账单上联及所找零钱夹在结账夹内，送给客人 5. 现金结账应注意唱收唱付 6. 真诚感谢客人 7. 在客人确定所找钱数正确后，服务员迅速离开客人餐桌
支票结账	1. 支票结账，应请客人出示身份证或工作证及联系电话，然后将账单及支票、证件同时交给收款员 2. 收款员结账完毕后，记录证件号码及联系电话 3. 服务员将账单第一联及支票存根核对后送还给客人，并真诚地感谢客人 4. 如客人使用密码支票，应请客人说出密码，并记录在一张纸上，结账后将账单第一联、支票存根、密码纸交与客人并真诚地感谢客人 5. 如客人使用旅行支票结账，服务员需礼貌地告诉客人到外币兑换处兑换成现金后再结账
信用卡结账	1. 如客人使用信用卡结账，服务员请客人稍候，并将信用卡和账单送回收款员处 2. 收款员做好信用卡收据，服务员检查无误后，将收据、账单及信用卡夹在结账夹内，拿回餐厅 3. 将账单、收据送给客人，请客人在账单和信用卡收据上签字，并检查签字是否与信用卡上一致 4. 将账单第一页、信用卡收据中客人存根页及信用卡递还给客人 5. 真诚感谢客人 6. 将账单第二页联及信用卡收据另外三页送回收银处
签单结账	1. 如果是住店客人，服务员在为客人送上账单的同时，为客人递上笔 2. 礼貌地要求客人出示房间钥匙 3. 礼貌地示意客人需写清房间号，用楷书签名 4. 客人签好账单后，服务员将账单重新夹在结账夹内，拿起账夹 5. 真诚感谢客人 6. 迅速将账单送交收银员，以查询客人的名字与房间号码是否相符

(四)要点与服务注意事项

1. 结账种类

(1) 现金结账:适用于店外的零散客人和团队客人。

(2) 支票结账:适用于大企业、大公司的长期包餐或大型宴会旅游团队用餐。

(3) 信用卡结账:适用于零散客人。

(4) 签单:适用于住店客人与饭店签订合同等单位饭店高层管理人员及饭店的 VIP 客人等。

2. 结账单要求

(1) 结账服务对整个服务过程来说十分重要,结账中如果出现问题,会影响客人对饭店的印象,影响整体服务质量。

(2) 要注意结账单时,服务人员不可催促客人结账,应由客人主动提出,以免造成赶客人走的印象,同时账单递送要及时,不可让客人久等。

(3) 要注意结账对象,尤其是在散客结账时,应分清由谁付款,如果弄错收款对象,容易造成客人对饭店的不满。

(4) 要注意服务态度。餐饮服务中的服务态度要始终如一,结账阶段也要体现出热情和有礼貌的服务风范,绝不要在客人结账后就停止服务,马上收拾,而应继续为其端茶倒水,询问他们的要求,直至离开。

四、实训项目 10:送客与收尾服务

(一)实训目的

通过送客与收尾服务实训,掌握餐饮工作中开餐工作的一个重要环节,也是一门基本功。掌握热情送客是礼貌服务的具体体现,表示餐饮部门对客人的尊重、关心、欢迎和爱护。

送客时服务员的态度和表现,直接反映出饭店接待工作的等级、标准和规范程度,体现出服务员本身的文化素质与修养。收尾整理工作往往在其他客人仍在用餐或已有客人在等待餐桌的情况下进行,所以文明和速度是该程序的重要标准。

(二)实训要求

掌握结账相关的技能和知识,按照标准进行服务。

(三)服务程序与标准

1. 撤台服务程序与标准

撤台服务程序与标准如表 6-6 所示。

表 6-6　撤台服务程序与标准

服务程序	服务标准
撤台要求	1. 零点撤台需在该桌客人离开餐厅后进行,宴会撤台必须在所有客人均离开餐厅后才能进行。 2. 收撤餐具要轻拿轻放,尽量不要发生碰撞声响。 3. 收撤餐具要为下道工序创造条件,叠碗时大碗在下,小碗在上。 4. 收撤时,要把剩有汤或菜的餐具集中起来放置。

续表

服务程序	服务标准
撤台	1. 按摆台规范对齐餐椅 2. 将桌面上的花瓶、调味瓶和台号牌收到托盘上,暂放于服务桌 3. 用托盘开始收撤桌面上的餐具,并送至洗碟机房清洗,收撤的顺序为,银器、餐巾、瓷器、餐具、玻璃酒杯 4. 桌面清理完后,立即更换台布 5. 用干净布巾把花瓶、调味瓶和台号擦干净后,按摆台规范摆上桌面 6. 使用转盘的餐桌,需先取下已用过的转盘罩及转盘,然后更换台布,再摆好转盘,套上干净的转盘罩

2. 送客服务程序与标准

送客服务程序与标准如表 6-7 所示。

表 6-7 送客服务程序与标准

服务程序	服务标准
协助客人离开座位	1. 客人起身准备离开时,上前为客人拉椅 2. 客人起身后,向客人致谢并提醒客人勿遗留物品
向客人致谢	礼貌与客人道别,向客人表示感谢,诚恳欢迎客人再次光临
送客人离开餐厅	1. 走在客人前方,将客人送至餐厅门口 2. 当客人走出餐厅门口时,引领员或餐厅经理再次向客人致谢、道别 3. 引位员应帮客人叫电梯,并在电梯来后,送客人进入电梯,目送客人离开 4. 正门直接有车道的餐厅,引位员要帮助客人叫出租车,雨天要为客人打伞,为客人开车门,目送客人坐车离开
餐厅检查	1. 服务员立即回到服务区域,再次检查是否有客人遗留物品 2. 如有遗留物品尽快交还客人,如客人已经离开,要向餐厅经理汇报,将物品交给大堂副理处

3. 收尾服务程序与标准

收尾服务程序与标准如表 6-8 所示。

表 6-8 收尾服务程序与标准

服务程序	服务标准
减少灯光	1. 当营业结束,客人离开后,服务员开始着手餐厅的清理工作 2. 关掉大部分的照明灯,只留适当的灯光供清场用
撤器具、收布草	1. 先清理桌面,再撤走服务桌上所有的器皿,送至洗碟机房清洗 2. 把布草分类送往备餐间(干净的与脏的要分开)
清洁	清洁四周护墙及地面,吸地毯,如有污迹,通知绿化部清洗
落实安全措施	1. 关闭水、电开关 2. 除员工出入口以外,锁好所有门窗 3. 由当值负责人做完最后的安全防患复查后,填写管理日志 4. 落实厅面各项安全防患工作,最后锁好员工出入口门,方可离岗

(四)要点与服务注意事项

1. 送客服务

热情送客是礼貌服务的具体体现,表示餐饮部门对客人的尊重、关心、欢迎和爱护。送客时服务员的态度和表现,直接反映出饭店接待工作的等级、标准和规范程度,体现出服务员本身的文化素养与修养。因此在送客服务过程中,服务员应做到礼貌、耐心周全,使客人满意。其要点如下。

(1) 客人不想离开时,决不能催促,不要做出催促客人离开的错误举动。

(2) 客人离开前,如有未吃完的菜肴,在征求客人同意的情况下,可主动将食品打包,切不可有轻视的举动,不要给客人留下遗憾。

(3) 客人结账后起身离开时,应主动为其拉开座椅,礼貌地提示他们不要遗忘物品。

(4) 要礼貌地向客人道谢,欢迎他们再来。

(5) 要面带微笑地注视客人离开,或亲自陪同客人到餐厅门口。引位员应礼貌地欢送客人并欢迎他们再来。如遇到特殊天气,如雨天,可为没带伞的客人打伞,扶老携幼,帮助客人叫出租车,直至客人安全离开。

(6) 重大餐饮活动的欢送要隆重、热烈,服务员可列队相送,使客人真正感受到服务的真诚和温暖。

2. 收尾服务

待客人全部离开餐厅后,要在不影响其他就餐客人的前提下收拾餐具、整理餐桌,并重新摆台。这项收尾整理工作往往在其他客人仍在用餐或已有客人在等待餐桌的情况下进行,所以文明和速度是该程序的重要标准。在服务中应注意以下要点。

(1) 在4分钟之内清桌完毕,并重新摆台。

(2) 清桌时如发现客人遗忘的物品,应及时交给客人或上交有关部门。

(3) 清桌时应注意文明作业,保持动作沉稳,不要损坏餐具物品,也不应惊扰正在用餐的客人。

(4) 清桌时要注意周围的环境卫生,不要将餐纸、杂物、残汤剩菜等乱洒乱扔。

(5) 清桌完毕后,应立即开始规范摆台,尽量减少客人的等候时间。

(6) 营业结束,要对餐厅进行全面的检查,结算一天账务,关闭水、电、火等设备开关,关闭好门窗,一天服务工作即告结束。

本章小结

本章介绍了餐饮实务实训实习教学目标与计划,主要介绍了餐饮实训模块的基本技能,包括托盘服务(轻托、重托、端盘)、餐巾折花、铺台布、餐位预订服务、迎宾服务、客人就餐时的服务、结账与收银的服务、送客与收尾服务。掌握酒店餐饮的基础技能是做好酒店实务的根本与必要条件。

本章思考题

1. 简述餐饮部与相关部门的联系。

2. 餐厅服务实训的内容有哪些?
3. 以下常用的服务实训的服务程序与服务标准是什么?

实训项目1:轻托(腰托)

实训项目2:重托(肩托)

实训项目3:端盘(徒手端托)

实训项目4:餐巾折花

实训项目5:铺台布

实训项目6:餐厅预订服务

实训项目7:迎宾服务

实训项目8:客人就餐时的服务

实训项目9:结账与收银服务

实训项目10:送客与收尾服务

实战演练

酒店餐饮服务中餐厅常见疑难问题的处理

1. 设备突发事件的处理

餐厅服务开餐期间,设备应能正常地运转,但是有时因为种种原因出现了问题,作为餐厅服务人员有责任及时处理。

(1) 停电突发事件

开餐期间如遇到停电,服务人员要保持镇静,首先要设法稳定客人的情绪,请客人不必惊慌,然后立即开启应急灯,或为客人餐桌点燃备用蜡烛。说服客人不要离开自己的座位,继续用餐。

马上与有关部门取得联系,弄清楚断电的原因,如果是餐厅供电设备出现了问题,就立即要求派人来检查修理,在尽可能短的时间内恢复供电。如果是地区停电,或是其他一时不能解决的问题,应采取相应的对策。此时,对在餐厅用餐的客人要继续提供服务,并向客人表示歉意。在停电时暂不接待新来的客人。

在平时,餐厅里的备用蜡烛应该放在固定的位置,以便取用时方便。如备有应急灯,应该在平时定期检查插头、开关、灯泡是否能正常工作。

(2) 失火突发事件

餐厅开餐期间,如遇到失火突发事件,服务人员要保持镇静,根据情况,采取相应措施。首先,应立即电话通知本饭店的保卫部门,或直接与消防部门联系,要争取时间。其次,要及时疏导客人远离失火现场,疏导客人离开时,要沉着冷静、果断,对有些行动不便的客人,要立即给予帮助,保证客人的生命和财产安全。最后,服务人员要做一些力所能及的灭火和抢救工作,把损失降低到最低限度。

2. 宾客发病突发事件的处理

在餐厅用餐时,有的客人可能会因为心情激动,或饮酒过量而发生一些突发情况。服务人员应了解掌握一些有关的知识和应急救护办法,以便正确、及时地处理突发事件。

如有心脏病的客人在用餐时突然发病,不省人事,服务员应及时处理。

(1) 先打电话通知急救部门,通知饭店的有关部门,同时服务员要保持冷静,采取一些可能的抢救措施。如客人已躺倒在餐厅里,服务人员不能因为客人躺在地上很不雅观而把客人抬起来,或架到别处,因为此时的任何移动都有可能加重客人的病情。服务员应该及时移开餐桌椅,让出一块地方,然后用屏风等围起来。

服务人员要认真观察客人的病情,帮助客人解开领扣,打开领带,在客人身下铺垫一些椅垫、桌布等柔软的织物,等待抢救医生的到来。医生到来之后,按照医生的吩咐,做一些力所能及的具体事情。

(2) 心脏病突发事件是比较典型的,除此之外,高血压、脑溢血也有突发的可能,要相应掌握有关知识,提供特殊的服务。对于一些有慢性疾病或传染病的客人,服务人员应该有针对性地为其提供服务,同时注意对有传染病的客人使用过的餐酒具单独清洗,严格消毒。

另外,有些客人在进餐时,或进餐后没有离开餐桌以前,突然有肠胃不适的感觉,这可能是因为就餐的食物不卫生引起的。此时,服务员要尽可能地帮助客人,如帮助打电话叫急救车,帮助客人去洗手间,有时要清扫呕吐物等。与此同时,服务员不要急于清理餐桌,要保留下客人使用过的食品,以备检查化验,分析客人发病的原因,以分清责任。

3. 醉酒宾客的突发事件的处理

(1) 在餐厅、宴会和餐厅间,有时客人饮酒过量,发生醉酒的情况。客人醉酒后言语无常,举止失态,甚至个别人寻机闹事,严重影响餐饮部门的正常营业。服务人员在服务过程中,对于那些要酒过多的客人要随时注意观察,热情礼貌地为客人服务。

(2) 在有些客人已接近醉酒时,服务人员可以有礼貌地婉言拒绝其继续要酒的要求,并为客人介绍一些不含酒精的饮料,如咖啡、各种果汁等,同时为客人送上热餐巾。

(3) 对于发生重度醉酒的客人,服务人员要认真服务。有的客人喝多酒后烂醉如泥,呕吐不止,服务人员要及时清扫污物。如是住在本店的客人,要及时派专人送客人回房间休息,同时告知客房的值班人员。有的客人重度醉酒后寻机闹事,服务人员要尽量让客人平静下来,有条件的可把客人请入单独的厅堂,不要影响餐厅的正常营业。

(4) 如果服务人员的种种努力完全不能奏效,服务员应及时向上级领导请示,由专职的保安或公安部门协助解决问题。在处理这类问题时,餐厅的女服务员最好离开现场,由男士和领导去解决。在处理醉酒客人损坏餐用具的问题时,要执行照价赔偿的原则。

(5) 事故及处理结果应记录在工作日志上。

第七章
中西餐厅服务技能实训

【知识目标】
  1. 了解中餐服务和西餐服务的常识。
  2. 熟悉中餐零点摆台、中餐宴会摆台、中餐席位安排、西餐零点摆台、西餐宴会摆台服务的服务流程和服务标准。
  3. 掌握酒店餐厅基本服务的操作技能。

【技能要求】
  1. 能够熟练地操作中西餐服务的技能,并在规定时间内完成实训技能考核。
  2. 具备基本的中西餐厅领班能力和对基层餐厅服务员的督导能力。

 **业界新闻**

打扰客人用餐,餐厅服务员被解雇

据外媒10月28日报道,英国知名女演员艾玛·汤普森近日在布朗酒店的五星餐厅就餐时被服务员要求合影,但她婉拒了这一请求,第二天该服务员被酒店解雇。艾玛·汤普森随后致电酒店,请他们重新雇用该服务生。

伦敦布朗酒店是一家历史悠久的酒店。维多利亚女王经常光顾这家酒店。女作家阿加莎·克里斯蒂曾根据她在这家酒店的入住经历写过一本小说。英国前首相丘吉尔曾说:"我住过的地方,只有布朗才称得上是真正的酒店。"但是就在这家酒店的五星餐厅,一名酒店男服务员在当时打断了汤普森与朋友们的聚会,请求与汤普森自拍合影。

显然,这一唐突行为与这家酒店的档次和服务不符,也可能让汤普森感到被冒犯了。因此,汤普森以不想打扰朋友们的交谈兴致和聚餐氛围为理由,婉拒了服务员的请求。令人意外的是,布朗酒店随后解雇了这名服务员。

艾玛·汤普森听说这个消息后,立刻私下里给酒店管理人员打电话,请布朗酒店撤回解雇决定,重新聘用这名服务员,因为他并没犯什么错。酒店经理斯图尔特·约翰逊随后回应称,出于对公司和客户隐私的考虑,布朗酒店不会对此事公开做出评论。

(资料来源:韩晓蕾.好惨,英国一餐厅服务员请求与奥斯卡女星合影被拒,又遭酒店开除[EB/OL].腾讯网,https://new.qq.com/omn/20191029/20191029A0F7I600.html.)

第一节　中餐零点餐服务的主要操作技能

实训项目1：中餐零点摆台

（一）实训目的

通过学习，掌握餐饮工作中较复杂的一项综合技能。在餐饮工作中正确、规范地进行中餐零点摆台，为餐饮工作打下良好的基础，同时可以展现餐厅布置的特有风采。

（二）实训要求

(1) 餐具应保证洁净，完好无破损。
(2) 轻拿轻放，不落地，不碰撞。
(3) 餐具摆放合理、有序、统一。
(4) 摆台过程中动作要求灵巧娴熟。
(5) 餐台摆放的整体效果美观、大方。

（三）实训步骤及操作要领

中餐零点实训主要包括铺台布、围台裙、摆放骨碟、摆放味碟、摆汤勺、摆筷架和筷子、摆杯具、叠摆口布花等几个环节。

(1) 铺台布：要求参照第六章第四节。

(2) 围台裙：沿顺时针方向用大头针、胶带或者台裙扣固定台裙，台裙的折要均匀平整。用大头针固定台裙时，针尖向内，以防对客人造成伤害。

(3) 摆放骨碟：从主人位开始摆放，按顺时针方向进行骨碟定位，骨碟边沿距桌边1.5厘米，盘间距离均匀。公用骨碟摆放在距离正、副主人位骨碟正上方10厘米处。4个骨碟成一条直线与桌子的中线相重合。

(4) 摆放味碟：同样从主人位开始，按顺时针方向摆放，味碟放于骨碟正上方1厘米处，味碟的中线与骨碟的中线重合。

(5) 摆汤勺：在味碟中心放置汤勺，汤勺的勺子部位居于味碟正中心，汤勺与桌边切线平行，勺把向右。公用勺放于公用碟内上方1/3处，勺柄向右。

(6) 摆筷架和筷子：筷架应放在骨碟的右侧，高度与骨碟和味碟的中缝同高，注意造型、图案。如果是动物造型，头应朝左摆放。筷子放于筷架之上，筷子图案或字要朝上对正（筷子套同样），筷子头超出筷架5厘米，筷子末端距离桌边1.5厘米。筷子距离骨碟3厘米，与骨碟的中线平行。公用筷摆放在公用碟下方1/3处，筷头和筷尾两端超出骨碟的部分长度均等。

(7) 摆杯具：味碟中线正上方1厘米处摆放葡萄酒杯，葡萄酒杯左手1厘米处摆放口杯，葡萄酒杯右手1厘米处摆放白酒杯，距离以三杯的底座为准，三杯间距相等，中线同在一条直线上，和汤勺平行。

(8) 叠摆口布花：餐巾折花，根据情况选择花形，位置摆放得当；要一次成型，形象逼真，巾褶宽窄均匀，美观大方，并且符合卫生要求。摆放时，如果是杯花可以直接摆放水杯，如果是盘花，将折叠好的餐巾折花放于骨碟之内。两种方法都需将餐巾折花的观赏面朝向客人。

（9）摆牙签盅、调味壶、烟缸、花瓶：在圆桌摆放时，调味壶摆在餐桌的中间左侧，牙签盅在中间右侧，烟缸摆放4只，两两对称成正方形；方桌摆放，调味壶摆在餐桌的右下角，牙签盅、烟缸放在左上角；花瓶无论方圆桌均居中而放，台号放置于一侧，面朝向餐厅门口的方向。

（10）摆椅子：圆桌摆放多为三三两两式；方桌摆放一般为两两一一式，对称式，椅面内沿紧贴垂下的桌布。

（四）注意事项

（1）摆台操作时一律使用托盘。
（2）摆台后要检查台面摆设有无遗漏。
（3）检查摆放是否规范、符合要求。

中餐零点摆台图样如图7-1所示。

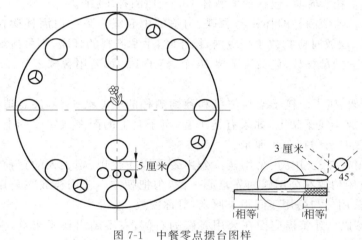

图7-1 中餐零点摆台图样

第二节 中餐宴会服务的主要操作技能

实训项目2：中餐宴会摆台

（一）实训目的

通过中餐宴会摆台步骤和方法的学习，掌握中餐宴会摆台技巧。

（二）设备和用品准备（以十人台为例）

1. 设备准备

中餐餐台、服务桌、椅子。

2. 餐具和用品准备

不同规格的台布、口布、展示盘；第一托盘餐具，包括餐碟10个、勺垫10个、勺10把；第二托盘餐具，包括葡萄酒杯10个、白酒杯10个；第三托盘餐具，包括筷子架10个、筷子

中餐摆台

12双、公用餐碟2个、公用勺2把、牙签盅2个;第四托盘餐具,包括水杯10个、餐巾10块;第五托盘餐具,包括烟灰缸5个、火柴5盒、菜单、台号。

(三) 操作步骤

(1) 双手洗净,定好座位,铺好台布。

(2) 铺完台布后,开始围椅。从正主人位开始,顺时针方向依次摆放餐椅,正、副主人餐椅与台布股缝呈一直线,餐椅均匀摆放,餐椅椅座边与下垂的台布平行。

(3) 准备第一托盘餐具,包括餐碟10个、勺垫10个、勺10把。

(4) 摆餐碟。从正主人位开始按照顺时针依次摆放。碟边距桌边1厘米。正、副主人位置餐碟应在台布股缝的中心位置,与餐椅中心线呈一线。

(5) 摆勺垫、勺。勺垫摆在餐碟的正前方,勺垫边沿距餐碟边1厘米,勺垫的中心与餐碟的中心线重合。勺摆在勺垫的中央,勺把朝右。

(6) 准备第二托盘餐具,包括葡萄酒杯10个、白酒杯10个。

(7) 摆酒具。葡萄酒杯的杯柱与餐碟、勺垫的中心线一致。白酒杯摆在葡萄酒杯的右侧,间距1厘米。摆放时应扣放于托盘内,操作时,手拿酒杯的杯座,不可碰触杯口。

(8) 准备第三托盘餐具,包括筷子架10个、筷子12双、公用餐碟2个、公用勺2把、牙签盅2个。

(9) 摆筷子架、筷子。筷子架与勺垫和葡萄酒杯的中心线平行,注意造型,一般为头朝左侧摆放。筷子放于筷子架上,如果有筷子套,筷子套上的图案或字要朝上对正,筷子尾端距桌边1厘米,筷身与勺把距1厘米。

(10) 摆公用餐碟、公用勺、公用筷。公用餐碟应摆在正、副主人的正前方,碟边距葡萄酒杯3厘米。公用勺放在公用碟内靠桌心一侧,勺把朝左。公用筷放在公用碟内靠桌边一侧,尾端朝右。公用勺与公用筷间距1厘米,对称摆放。

(11) 摆牙签盅。牙签盅应摆在公用餐碟的右侧,右不超出筷子末端,左不超出碟边外切线。

(12) 准备第四托盘餐具,包括水杯10个、餐巾10块。

(13) 将水杯摆放在葡萄酒杯的左侧,三个杯子的中心在横向应成为一条直线,水杯的上口与葡萄酒杯的上口相距1厘米,将餐巾折花的观赏面朝向客人。

(14) 准备第五托盘餐具,包括烟灰缸5个、火柴5盒。

(15) 摆烟灰缸、火柴。从正主人位右侧开始,每隔两个座位摆一个。

(16) 摆菜单、台号。一般10人以下餐台摆放2张菜单,摆在正、副主人位的左侧。大型宴会一般在每张餐台的下首摆放台号,朝向宴会厅的入口处。

(17) 对台面进行检查,适当调整,将餐椅归位。

(四) 质量标准

(1) 摆台应达到的质量标准是,卫生整洁、方便就餐,摆放集中,距离相等;餐用具配套齐全,适应需求、清洁卫生、整齐划一、便于服务。

(2) 每个餐位的餐具摆放后形成餐位构图,一张餐桌的餐具形成台面构图。餐位、台面和整个宴会厅的空间构图要美观、整齐、协调、大方,有舒适感。

第三节　中餐席位安排服务的主要操作技能

在中餐宴请活动中,一般多采用圆桌布置菜肴、酒水,偶尔使用方桌。每桌人数从8人、10到12人不等。作为礼仪之邦的中国非常重视席位的安排,尤其注重"主位"的安排,也就是我们常说的"首席"或"首座"。具体来说宴会的席次安排以礼宾次序为主要依据。

一般按照国际惯例,主桌上男女穿插安排,以女主人为准,主宾在女主人右上方,主宾夫人在男主人右上方。而我国习惯按个人本身职务排列以便交谈。如夫人出席,通常把女方安排在一起,即主宾坐在男主人右上方,其夫人在女主人右方。

一、排列位次的基本方法

(1) 主人大都应面对正门而坐,并在主桌就座。
(2) 举行多桌宴请时,每桌都要有一位主桌主人的代表在座,位置一般和主桌主人同向,有时也可以面向主桌主人。
(3) 各桌位次的尊卑,应根据距离该桌主人的远近而定,以近为上,以远为下。
(4) 各桌距离该桌主人相同的位次,讲究以右为尊,即以该桌主人面向为准,右为尊,左为次。另外,每张餐桌上所安排的用餐人数应限在10人以内,最好是双数。例如,6人、8人、10人。人数如果过多,不仅不容易照顾,而且可能坐不下。

二、大型宴会圆桌的排列顺序

(一) 由两桌组成的小型宴请

这种情况又可以分为两桌横排和两桌竖排的形式。当两桌横排时,桌次是以右为尊,以左为次。这里所说的右和左,是由面对正门的位置来确定的。当两桌竖排时,桌次讲究以远为上,以近为下。这里所讲的远近,是以距离正门的远近而言。

(二) 由三桌或三桌以上的桌数所组成的宴请

在安排多桌宴请的桌次时,除了要注意"面门定位""以右为尊""以远为上"等规则外,还应兼顾其他各桌与距离主桌的远近。通常,距离主桌越近,桌次越高;距离主桌越远、桌次越低。在安排桌次时,所用餐桌的大小、形状要基本一致。除主桌可以略大外,其他餐桌都不要过大或过小。

为了确保在宴请时赴宴者及时、准确地找到自己所在的桌次,可以在请柬上注明对方所在的桌次、在宴会厅入口悬挂宴会桌次排列示意图、安排引位员引导来宾按桌就座,工作人员和主人要及时加以引导指示外,应在每位来宾所属座次正前方的桌面上,事先放置醒目的个人姓名座位卡。举行涉外宴请时,座位卡应以中、英文两种文字书写。我国的惯例是,中文在上,英文在下。必要时,座位卡的两面都书写用餐者的姓名。

三、排列便餐的席位遵循的原则

(一) 右高左低原则

两人一同并排就座,通常以右为上座,以左为下座。这是因为中餐上菜时多以顺时针方向为上菜方向,居右坐的人因此要比居左坐的优先受到照顾。

(二) 中座为尊原则

三人一同就座用餐,坐在中间的人在位次上高于两侧的人。

(三) 面门为上原则

用餐时,按照礼仪惯例,面对正门者是上座,背对正门者是下座。也有特殊情况,在高档餐厅里,室内外往往有优美的景致或高雅的演出,供用餐者欣赏。这时候,观赏角度最好的座位是上座。在某些中低档餐馆用餐时,通常以靠墙的位置为上座,靠过道的位置为下座。

四、实训项目 3:中餐席位安排

(一) 实训目的

通过学习,掌握餐饮工作中备餐工作的一个重要环节,也是一门基本功。在备餐工作中合理安排席位,为后续工作提供便利,同时也可以展现餐饮工作者的专业素养。

(二) 实训要求

掌握相关的技能和知识,按照餐饮标准进行合理的席位安排。

(三) 实训步骤及操作要领

席位安排实训主要包括单桌席位安排和多桌席位安排。

1. 单桌席位安排

(1) 先在题板上画出一桌 4 人席位、8 人席位及 10 人席位的座次安排图,位置如图 7-2 所示。

(2) 让学生按照题板上所画的座次安排表,给每张餐台的每个餐位放上相应的席位签(4 人台、8 人台、10 人台)。

2. 多桌席位安排

(1) 先在题板上画出餐桌不同的摆放格局。

① 小型宴请餐桌摆放。两桌小型宴请:横排、竖排。

② 3 桌或 3 桌以上的桌数所组成的宴请。

a. 3 桌可以摆放成品字形(餐厅为正方形)或者一字形(餐厅为长方形)。

b. 4 桌可以摆放成正方形(正方形)或菱形(长方形)。

c. 5 桌可以中心一桌,四角方向各一桌,摆放成梅花形(正方形);将第一桌摆于正上方,其余 4 桌摆成正方形(长方形)。

d. 6 桌可以摆放成梅花形,也可以摆放成菱形、三角形或者长方形。

e. 7 桌可以摆放成六瓣花形,中心一桌,周围 5 桌(正方形);也可以一主桌,六副桌(长方形)。

f. 8 桌可摆放成舰队形,也可摆放成梯形(正方形);同样可摆放成呈方形或长菱形(长方形)。

g. 9 桌可摆放成横三竖三的形状(正方形);也可摆成三角形等形状(长方形)。

h. 10 桌可摆放成三角形、箭头形或囬形。

(a) 一桌4人席

(b) 一桌10人席

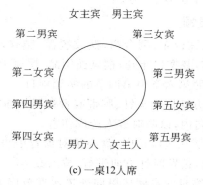

(c) 一桌12人席

图 7-2 席位的座次安排示意图

③ 中型宴会餐桌安排。

a. 11~12 桌宴会多摆放为双角形、囤形、松树形、多边性和塔形。

b. 15~17 桌宴会摆放为岛形或囤形,突出主桌,一般由一主、两副组成。

④ 大型宴会餐桌安排。

a. 将宴会厅划为若干区:服务区、主宾区、来宾区。

b. 乐队安排在主宾席的两侧或主席台对面的宴会区外侧。

(2) 将学生进行分组,每 4 人为一组,每组自行设定宴会主题、餐厅规模及形状,按照所设定的场景设计台形。

(3) 每组派一名学生向大家讲解本组的设计思路。

(四) 注意事项

(1) 餐台摆放合理,符合传统习惯。

(2) 餐具卫生,摆设配套齐全,规格整齐一致。

(3) 既方便用餐又利于席间服务,同时富有美感。

第四节　西餐零点餐服务的主要操作技能

实训项目4：西餐零点摆台

(一) 实训目的

通过学习,掌握餐饮工作中较复杂的一项综合技能。在餐饮工作中正确、规范地进行西餐零点摆台,为餐饮工作打下良好的基础,同时可以展现餐厅布置的特有风采。

(二) 实训要求

(1) 餐具应保证洁净,完好无破损。
(2) 轻拿轻放,不落地、不碰撞。
(3) 餐具摆放合理、有序、统一。
(4) 摆台过程中动作要求灵巧娴熟。
(5) 餐台摆放的整体效果美观、大方。

(三) 实训步骤及操作要领

西餐零点实训主要包括铺台布,围台裙,摆放餐盘,摆放刀和叉,摆点心叉和匙,摆面包盘、黄油刀和黄油碟,摆杯具,叠摆口布花,摆桌面用品,摆椅子等几个环节。

(1) 铺台布:要求请参照第六章中第四节的实训项目。

(2) 围台裙:沿顺时针方向用大头针、胶带或者台裙扣固定台裙,台裙的折要均匀平整。用大头针固定台裙时,针尖向内,以防对客人造成伤害。

(3) 摆放餐盘:装饰盘摆在餐位正中,盘心正对椅背中央,盘边距桌边2厘米。摆放餐具时,左手托盘,右手摆餐具,按顺时针方向进行,按人数等距离定位摆盘。

(4) 摆放刀和叉:在装饰盘的右侧从里向外依次摆放肉刀、鱼刀、汤匙和头盘刀。在装饰盘的左侧从里向外摆放肉叉、鱼叉和头盘叉。肉刀、叉离装饰盘1.5厘米,刀与刀、叉与叉之间相距0.5厘米,鱼刀和鱼叉距桌边5厘米,其余刀、叉、匙距桌边2厘米。刀口向左,叉尖向上。

(5) 摆点心叉和匙:在装饰盘正上方1厘米处摆放点心叉、匙,叉在下,匙在上,叉柄朝左,匙柄朝右,两者相距0.5厘米。

(6) 摆面包盘、黄油刀和黄油碟:在头盘叉左侧1厘米处摆放面包盘,盘心与装饰盘的盘心成一横直线,在面包盘上放黄油刀,刀尖上方3厘米处摆放黄油盘。

(7) 摆杯具:在肉刀正上方10厘米处开始呈斜线依次摆放水杯、红葡萄酒杯、白葡萄酒杯,杯间距离为1厘米,斜线与桌边呈45°角。

(8) 叠摆口布花:餐巾叠成盘花摆放在装饰盘内。

(9) 摆桌面用品:桌面用品摆放在餐桌中心线上,餐桌正中摆放花盆,左右两侧按4~5人一套的比例摆放烟缸、盐盅、胡椒盅和牙签筒,四者之间各相距2厘米。

(10) 摆椅子:一般为对称式,椅面内沿紧贴垂下的桌布。

(四) 注意事项

(1) 摆台操作时一律使用托盘。

（2）摆台后要检查台面摆设有无遗漏。
（3）检查摆放是否规范、符合要求。

西餐的上菜顺序

相比中餐的热闹，西餐显得更精致，在正式的西餐里上菜都会有严格的规定。

1. 头盘（Appetizer）

西餐的第一道菜是头盘，也被大家称为开胃品。开胃品一般区分为冷头盘或热头盘，常见的品种有鱼子酱、鹅肝酱、熏鲑鱼、鸡尾杯、奶油鸡酥盒等。考虑到主功能为餐前开胃，所以开胃菜一般都数量较少，每款都极具特色风味，味道以咸和酸为主，用它的高质量为客人打开完美一餐的开篇。

2. 汤（Soup）

与中餐主餐环节才上汤极为不同，西餐的第二出场的菜式便是汤。西餐的汤大致可分为清汤、奶油汤、蔬菜汤和冷汤4类。前三种汤大多内容为牛尾清汤、各式奶油汤、海鲜汤、意式蔬菜汤、俄式罗宋汤、法式焗葱头汤。而冷汤的品种相对较少，有德式冷汤、俄式冷汤等。

3. 副菜（Vice Dishes）

鱼类菜肴一般作为西餐的第三道菜，也称为副菜，通常水产类菜肴与蛋类、面包类、酥盒菜肴一起都称为副菜。因为鱼类等菜肴的口感轻柔鲜嫩，比较容易被人体消化，所以被安排在肉类菜肴的前面，而叫法上也和肉类菜肴主菜区别开。西餐吃鱼菜肴十分讲究使用专用的调味汁，品种有鞑靼汁、荷兰汁、酒店汁、白奶油汁等，因此带来的口味也是多样的。

4. 主菜（Main Course）

肉、禽类菜肴是西餐的第四道菜，也是大家熟知的主菜，可以说是餐桌上的主角。肉类菜肴的原料取自牛、羊猪、小牛仔等各个部位的肉，其中最具代表性的是牛排，其烹调方法常用烤、煎、铁扒等，常见配用的调味汁主要有西班牙汁、浓烧汁精、蘑菇汁、白尼斯汁等。除此以外，鸡、鸭、鹅也是西餐主材的原材料选择之一，烹饪手法可煮、可炸、可烤、可焖，主要的调味汁有黄肉汁、咖喱汁、奶油汁等。

5. 配菜（Side Dish）

蔬菜类菜肴可以安排在肉类菜肴之后，也可以与肉类菜肴一起上桌，因此也可以单独作为一道菜，或称为配菜。蔬菜类菜肴在西餐中称为沙拉，与主菜同时吃的沙拉，一般是生蔬菜沙拉，如炸薯条等熟食蔬菜则一般是与主菜肉食菜肴一同摆放在器皿中上桌。沙拉除了素食之外，还有一类是用鱼、肉、蛋类制作，这类沙拉一般不加味汁，可以作为头盘食用。

6. 甜品（Dessert）

西餐的甜品放在主菜后再供客人食用，可以当作第六道菜。其实真正意义上来说，它包括所有主菜后的食物，如布丁、煎饼、冰激凌、奶酪、水果等，为客人尝遍咸味食物后做一个味蕾更新。

7. 咖啡、茶（Drink）

西餐的最后一道才是上饮料，咖啡或茶。饮咖啡一般要加糖和淡奶油，而茶一般要加香桃片和糖,这样下来才有满足惬意之感。

西餐上菜顺序须知,不要局限于了解上汤先后顺序不同。虽说完整顺序有7个,但要注意的是,点菜并不是由前菜开始点,而是先选一样最想吃的主菜,再配上适合主菜的汤。

第五节　西餐宴会服务的主要操作技能

实训项目5：西餐宴会摆台

（一）实训目的

通过西餐宴会摆台步骤和方法的学习,掌握摆台技巧。

（二）设备和用品准备

1. 设备准备

西餐餐台、服务桌。

2. 餐具和用品准备

不同规格的台布、口布、展示盘、面包盘、黄油碟、主刀叉、鱼刀叉、汤勺、头盘刀叉、甜食叉、甜食勺、黄油刀、水果刀叉、水杯、红白葡萄酒杯、蜡烛台、胡椒盐瓶、烟灰缸、火柴。

西餐摆台

（三）操作步骤

（1）双手洗净,按要求采用拼接方法铺好台布。

（2）围椅。摆放整齐,座椅边与台布下垂部分相切。

（3）摆展示盘。从主人位按顺时针方向用右手将餐盘摆放于餐位正前方,距桌边1.5厘米,盘间距相等。

（4）摆面包盘、黄油碟。在展示盘左侧1厘米摆面包盘,与展示盘中心轴齐,黄油碟摆在面包盘右前方,间距1.5厘米图案摆正。

（5）摆餐刀、叉、勺。

（6）摆酒具。

（7）摆口布花。

（8）摆蜡烛台。

（9）摆烟灰缸、火柴。

（四）质量标准

西餐摆台应达到的质量标准是,餐台摆放合理,餐用具配套齐全,适应需求、清洁卫生、整齐划一、便于服务,同时具有美感。

牛排的分类

牛排也称为牛扒,是西餐常见的主食之一,对于一般牛排的分类如下。

（1）菲力牛排（Tenderloin）俗称嫩牛柳、牛里脊。这是牛脊背上最嫩的肉,几乎没有肥肉,很受爱吃瘦肉的客人喜欢。一般煎成3成熟、5成熟或者7成熟口感最好。

(2) 肉眼牛排(Rib-Eye)肥瘦兼而有之,这种肉煎烤后味道比较香。但是切记不要太熟,3成熟为最好。

(3) 西冷牛排又称沙朗牛排(牛外脊)(Sirloin)含较多的肥油,在肉的外围有肉筋,口感比较有韧度,肉质硬,并且有嚼头,适合牙口好的客人吃。切记3成熟就可以。

(4) T骨牛排(T-Bone)是牛背上的脊骨肉,呈现T字形较多,因而得名。一般7成熟口感最好。

牛排常见的只有5种熟度：1成、3成、5成、7成和全熟。不同的牛排的熟度其实是牛排的中心温度所决定,中间温度越低周围的熟度就越低,常常表现出来就是牛排带有血丝。一般不建议食用全熟牛排,这是因为有些牛排种类在全熟的情况下会破坏牛排应有的口感,另外,要求全熟在国外也容易被厨师误解为对厨艺的质疑或者不尊重。

本章小结

本章主要介绍了中西餐饮实训模块的中餐零点摆台、中餐宴会摆台、中餐席位安排、西餐零点摆台、西餐宴会摆台等服务。掌握酒店中西餐服务的基础技能是做好酒店实务的根本与必要条件。

本章思考题

1. 简述西餐的上餐顺序。
2. 以下中西餐常用的服务实训模块的服务程序与服务标准是什么?

实训项目1：中餐零点摆台
实训项目2：中餐宴会摆台
实训项目3：中餐席位安排
实训项目4：西餐零点摆台
实训项目5：西餐宴会摆台

实战演练

酒店餐饮服务中餐厅常见疑难问题的处理

1. 汤汁、菜汁洒在客人身上往往是由于服务员操作不小心或违反操作规程所致。在处理这种事件时有几种方法?

参考答案：

(1) 由餐厅的主管人员出面,诚恳地向客人表示歉意。

(2) 及时用毛巾为客人擦拭衣服,注意要先征得客人的同意。女客人应由女服务员为其擦拭,动作轻重适宜。

(3) 根据客人的态度和衣服被弄脏的程度,主动向客人提出为客人免费洗涤的建议,洗涤后的衣服要及时送还给客人并再次道歉。

(4) 有时衣服被弄脏的程度较轻,经擦拭后已基本干净,餐厅主管应为客人免费提供一些食品或饮料,以示对客人的补偿。

(5) 在处理此类事件的过程中,餐厅主管人员不要当着客人的面批评指责服务员,内部的问题放在事后处理。

有时由于客人的粗心,衣服上洒了汤汁,服务人员也要迅速到场,主动为客人擦拭。同时要安慰客人。若汤汁洒在客人的菜台或布台上,服务员要迅速清理,用餐巾垫在台布上,并请客人继续用餐,不得不闻不问。

分值:10分,答题时间:10分钟。

评分标准:(1)2分,(2)2分,(3)2分,(4)2分,(5)2分。

2. 宾客在进餐过程中损坏餐具的突发事件如何处理?

参考答案:

(1) 绝大多数用餐宾客在餐厅损坏餐具或用具是不小心所致。对待此种情况,餐厅服务人员首先要收拾干净破损的餐用具。

(2) 服务人员要对客人的失误表示同情,不要指责或批评客人,使客人难堪。

(3) 要视情况,根据餐厅有关财产的规定决定是否需要赔偿。如是一般的消耗性物品,可告诉客人不需要赔偿。如是较为高档的餐用具,需要赔偿的话,服务人员要在合适的时机用合适的方式告诉客人,然后在收款时一起收即可,要讲明具体赔偿金额,开出正式的现金收据。

分值:10分,答题时间:10分钟。

评分标准:(1)3分,(2)3分,(3) 4分。

3. 如何提高餐厅服务工作效率?

参考答案:

在餐厅服务工作中,节省时间,掌握好服务节奏,提高服务效率很重要。

(1) 不要空着手走路。

(2) 缩短为客人服务的时间。

(3) 有效的服务。

(4) 要方便客人。

(5) 培养观察多位客人的能力。

(6) 工作中的默契、真诚合作。

不出或少出差错,注意观察,随时保持头脑灵活,工作有条理,争取能够自己纠正差错,避免客人的抱怨和投诉。

分值:10分,答题时间:10分钟。

评分标准:(1)1分,(2)1分,(3)2分,(4)2分,(5)2分,(6)2分。

4. 餐饮部如何接待年幼客人?

参考答案:

(1) 要从诚恳的态度出发照顾他们,耐心、愉快地照应,帮助其父母坐得舒适。

(2) 注意椅子及座位,把糖缸、盐瓶等易碎的物品移到儿童够不到的地方,不要在他们面前摆放刀叉、儿童菜单等。

(3) 不要把水杯斟得太满,不要用高脚酒杯,最好用短小的甜食餐具。

(4) 尽可能为儿童提供围兜、新的坐垫和餐厅送的小礼品,使父母更开心。

(5) 如儿童在过道玩耍或打扰其他客人,要向其父母提出建议。
(6) 不要抱逗儿童或抚摸儿童的头,没征得父母同意不要随便给儿童吃东西。
分值:10分,答题时间:10分钟。
评分标准:(1)1分,(2)1分,(3)2分,(4)2分,(5)2分,(6)2分。

5. 餐饮部如何接待残疾客人?
参考答案:
(1) 要理解他们的不便之处,恰当、谨慎地帮助他们。
(2) 应将坐轮椅来的客人推到餐桌旁,尽量避免将其安排在过道上,有拐杖的也要放好,以避免绊倒他人。
(3) 盲人需要更多的照顾,但要适当,不要过分的关照而引起客人的不愉快,要小心地移开桌上的用品,帮助其选择菜肴、上菜或上饮料,要告诉其放置的地方。
(4) 耳聋的客人要学会用手势示意,上菜或上饮料时,要轻轻地用手触一下客人表示从这边上菜。
分值:10分,答题时间:5分钟。
评分标准:(1)2分,(2)2分,(3)3分,(4)3分。

第八章
酒店其他服务专业实训

【知识目标】
1. 了解酒店康乐部工作任务和酒店工作环境。
2. 熟悉酒店康乐服务的服务流程和服务标准。
3. 掌握酒店酒吧服务、茶艺服务和送餐服务的基本技能。

【技能要求】
1. 能够熟练地操作鸡尾酒调制、酒会服务、茶艺服务技能,并在规定时间内完成实训技能考核。
2. 具备康乐部领班能力、对基层服务员的日常督导能力和应对突发事件的能力。

 业界新闻

酒店借力 OTA 促进附加服务销售

近些年,传统酒店的业务正在逐步延伸,从原有的住宿场景,向更广阔、更多样化的消费场景挖掘商机,一方面可以满足旅客愈发多样化的需求,另一方面能够提升酒店的整体营收。而这些附加服务,除了在酒店自有渠道中销售,当然也希望得到渠道商的支持。

本地生活服务平台美团点评在切入酒店领域以来,其一直强调的优势除了巨大的本地生活流量以外,还可以帮助酒店销售更多的附加服务,如酒店的餐饮、康乐等。在线旅游的渠道商帮助酒店实现更加多元化的产品销售,本来就是一件双赢的事情,这似乎也是大势所趋。近期,环球旅讯注意到,携程上线了"酒+X"功能,帮助酒店销售客房以外的附加服务产品,如餐饮、接送机、SPA 或者代卖门票等。

其实,携程的酒店业务是平台模式,平台中的供应商除了酒店,还有许多大大小小的旅行社或者酒店批发商,他们的手中不仅有酒店房间资源,还有着大量诸如景点门票类的其他旅游资源,这对他们来说,也算是增加了一个销售通道。

觊觎酒店附加服务的消费场景,不仅仅是美团点评和携程,飞猪在今年已经把未来酒店的信用住升级为酒店全场景消费,将"免押先享后付"的服务,从客房产品延伸至酒店的餐饮、SPA、娱乐活动等辅助服务。

从携程、美团点评和飞猪的做法来看,其中是有一些区别的。目前,携程是让酒店在

Ebooking 系统中管理附加服务产品;而美团点评的餐饮业务是走团购模式,其餐饮业务是早于酒店业务的,住宿与餐饮是两条业务线;飞猪则提供了一套免押金后支付的解决方案,用户在酒店消费的金额都可以先挂账,离店后完成支付即可。

对于酒店来说,利用 OTA 来销售附加服务,追求的是更高的转化率,其中所面临的挑战是,如何围绕自身的客房产品设计高相关的附加服务以及如何进行资源整合。而 OTA 未来在客房产品销售的基础上,要实现更广的酒店附加产品销售,后端系统改造与匹配也是产品管理与销售效率提升的必要因素。

(资料来源:马克.携程上线"酒+X",开始帮酒店卖起了附加服务[EB/OL].环球旅讯.https://www.traveldaily.cn/article/116972,2017-08-30.)

第一节　酒店康乐项目专业实训

一、康乐项目概述

(一)康乐活动的含义

康乐活动是人们在闲暇时间,借助一定的设备设施、环境和服务,为达到身心健康、愉悦的目的而进行的一种休闲性、消遣性活动。

(二)康乐活动的内容

康乐活动所包括的项目内容很多,包括康体类活动、保健类活动、娱乐类活动、休闲类活动。其中康体类活动包括球类活动(如高尔夫球、保龄球、台球)和其他类活动(如健身房、游泳池);保健类活动包括桑拿浴、按摩、美容美发等;娱乐类活动包括电子游戏、文艺演出、卡拉 OK、夜总会等;休闲类活动包括过山车、摩天轮、游艇等。

二、康乐项目的现状与发展前景

(一)康乐项目的现状

1. 康乐项目的种类层出不穷

康乐项目随着时间的推移,内容越来越丰富、越来越新颖。世界范围内康乐项目逐渐增多,现在风行的就有高尔夫球、保龄球、沙壶球、飞镖、射箭、射击、攀岩、蹦极、骑马、台球、摩天轮、过山车、滑冰、桑拿浴、按摩、滑雪、沙滩排球、游泳、潜水、滑板、卡丁车、壁球、网球、漂流、冲浪、网吧、氧吧、SPA 水疗等几十种。

2. 康乐项目的文化色彩日益浓厚

康乐项目的消费是一种高雅的精神消费,它为人们提供的主要是消除疲劳、缓解压力、舒畅心情、恢复精力、提高兴致、陶冶情操等方面的精神享受。因此,康乐活动具有一定的文化色彩。

3. 康乐设施和经营场所大幅增加

我国的康乐业基本上是从 20 世纪 80 年代开始发展起来的,最初的康乐项目档次低、服务差,康乐需求处在低层次。进入 20 世纪 90 年代以后,尤其是 90 年代后期,高档的、先进的娱乐方式率先在经济发达省市出现,并随之带动沿海及内地各大城市。如保龄球馆、洗浴中心、夜总会、歌舞厅、俱乐部、KTV、酒吧、娱乐城等遍布城市的大街小巷,尤其是在一些高星级饭店装修豪华,环境舒适,设施完备。

4. 参与康乐活动的人数越来越多

随着经济的发展和社会文化水平的提高,人们的康乐需求也不断提高,越来越多的人希望在闲暇时参与一些有益于身心健康的康乐活动,而且呈现出不同的消费人群。

5. 康乐项目的收费水平趋于合理

随着市场经济的发展和人们消费观念的转变,康乐业的收费水平越来越合理,大多数康乐企业都能从我国消费者的实际收入情况出发,制定出符合实际的收费标准,采取降低收费的经营策略,例如,曾经属于"贵族"的康乐项目——台球和保龄球,开始大规模地走向寻常百姓。

6. 康乐场所的综合功能日益增强

在市场竞争日益激烈的今天,一个康乐区域中如果不能给客人提供综合性的康乐活动项目,它的经营将会受到巨大挑战。在饭店经营中要考虑满足顾客的食、住、行、游、购、娱的需求,同样在康乐经营中也需十分重视这一点。

如何考虑宾客需求

如果客人在游泳后希望喝些茶水饮料,或者在打完保龄球后希望进桑拿房消除疲劳,之后想去KTV包房唱歌,这就涉及了运动、保健、娱乐三个类别的项目,这些都属于正常需求的范畴,而且是现代都市人最普通、最现实的需求,所以经营者一定要考虑到宾客的这些需求。

(二)康乐项目的发展前景

随着世界经济的迅速发展,康乐经营在经济活动中所占的比重将会增加。随着人类进入"休闲时代"或称为"体验经济"和"梦幻社会",21世纪的康乐休闲、旅游产业将有许多新的变化和更大的发展,康乐消费在人们生活消费中所占的比例将会增长,康乐项目将会越来越受到人们的青睐。

最早的康乐项目

据考证,保龄球和地掷球的活动历史可以追溯到距今7 200年前的古埃及;世界上最早的游艺机起源于欧洲。"欧洲游乐城"(Euro Fun Fair)在英国具有悠久的历史。

最早的游艺设备是人力推动的儿童转椅,后来发展为经久不衰的旋转木马。正因如此,世界游艺机游乐园协会就把木马作为自己的标志。

早期的游艺活动采取巡回演出的形式,意大利、德国、新加坡、日本等100多个国家都被光顾过。

全世界最早的高尔夫球场于1754年成立于苏格兰的圣安卓市(St.Andrews);全美第一个高尔夫球场于1898年成立于纽约的圣安卓俱乐部(St.Andrews Club);最早的木制过山车建在1843年建园的丹麦蒂沃丽公园;共享型度假区于1964年创立于法国阿尔卑斯山区。但人们把康乐活动作为一门学问进行较系统的研究和开发,则是近些年才开始的。

三、饭店康乐部运营

(一) 康乐项目设置的原则

1. 适应饭店的经营理念的原则

如以商务客人为主的饭店,为适应客人电子信息方面的需求,饭店特设电子商务中心和24小时商务秘书服务,为商旅、休闲生活提供各种便捷;度假饭店强调的则是休闲。

2. 经济效益原则

目前,大部分康乐设施是单独收费的,如保龄球、台球、美容美发等项目,但是,很多饭店的康乐项目采用少收费或不收费的经营方式。

3. 社会效益原则

一些饭店的康乐设施在对住店顾客提供服务的同时,又对非住店顾客提供服务,而且取得了很好的经济效益和社会效益,既得到了较好的门票收入,又提高了饭店的知名度,并为稳定饭店的客源做出了贡献。

4. 满足宾客正当需求的原则

总体来讲宾客的需求可以分为以下几类:一是要有趣味性;二是要有健身性;三是要有高雅性;四是要有新奇性;五是要有刺激性。

5. 因地、因店、因时制宜的原则

略。

(二) 康乐项目设置的主要依据

1. 市场需求

在具体确定市场需求时,还要分析每个服务项目的市场需求量,即服务项目利用率的高低,要防止某个项目的规模和接待能力过大或不足而影响经济效益。

2. 饭店星级

康乐活动是具有现代意识的旅游新观念,在西方国家的"休假性饭店"和"公寓式饭店"的标准中,都明文规定要有健身、娱乐等康乐设施,并要求设有康乐部。

3. 资金能力

建设一个综合娱乐项目所需要的资金可能与建一座相当规模的饭店差不多,但建一个饭店附设的适度规模的康乐部门则用不了那么多资金。因此投资者、设计者要心中有数。

4. 客源消费层次

饭店康乐设施的设置要在调查研究的基础上,根据客源层次及其相应需求来决定。市场定位要准,要注意工薪阶层与商务阶层,商务旅游者与度假旅游者需求的不同,要根据不同顾客的不同需求设置相应的项目。

5. 客房接待能力

一般情况下,从饭店客房接待能力可以推算出饭店康乐部的接待能力,从而决定康乐设施的设置规模,这是对只接待住店旅客的饭店而言。但有的饭店康乐部在接待本店旅客的同时还接待店外散客,这时就要考虑该市场的客流量,并依此决定饭店康乐部的规模。

6. 康乐项目经营的社会环境

(1) 地区经济环境

如果某地区经济发展规模大、速度快,经贸商务活动会越来越频繁,外来经商、洽谈、投资的人会越来越多,这也必然会导致对康乐需求的增加,预示着康乐经营在该地区具有广阔的前景。

(2) 人文环境

这是指社会各种文化现象,包括文化传统、教育水平、社会习俗、宗教信仰、价值观念、审美情趣等。不同地区、不同民族的习俗、爱好、情趣会有很多差异,即使同一地区的人们,由于文化、年龄、习惯、性别等方面的不同,他们的康乐需求也会不同。

(3) 社会政治环境

稳定的政治环境、良好的社会治安、地方的经济政策,尤其是对饭店的税收政策将直接影响到康乐经济的发展,是康乐业经营发展的前提。

(三) 康乐部的协作

康乐部的协作是指在康乐部的经营过程中,康乐部内部各项目间和各服务岗位之间的协同配合以及康乐部与外部单位之间的互相配合。

1. 康乐部内部的协作

康乐部内部的协作精神体现在两个方面。

(1) 在某个项目提供服务过程中的协作,能使顾客体验到某项目的环境、设备、服务员的行为达到完美的统一。

例如保龄球场,保洁员营造优美的环境,设备维修人员保障提供完好的设备,服务员提供周到细致的服务,只有这三者紧密协作,才能共同为顾客提供满意的服务。

(2) 在康乐部内部各项目之间的协作。例如,网球陪打员不失时机地向顾客推介按摩服务,既为顾客推荐了一个解除运动后疲劳的项目,又为本部门增加营业收入做了一次宣传。

2. 康乐部与饭店内部其他部门的协作

康乐部要注意与餐饮部、客房部、工程部、公关销售部等的协作关系。同时,康乐部还应该处理好与财务部、采购部、安保部等部门的关系,搞好与友邻部门的协作。

3. 康乐部与饭店外部的协作

康乐部与饭店外部的协作包括以下两方面。

(1) 康乐部的业务工作需要与饭店外部发生协作关系。

(2) 饭店或康乐企业与外部的联系,往往由康乐部来落实。

康乐部对外的业务联系很多,例如,咖啡厅常需要外请乐队和演员来表演节目;如果在多功能厅举办画展、书法交流活动,需要请画家、书法家现场作画写字。

(四)康乐部的营销

康乐部的营销是指在以顾客为中心的经营思想的指导下,以康乐项目的设置、定价、销售渠道和促销策略为主要内容和手段的经营活动。

1. 康乐部的营销渠道

营销渠道是指产品从生产者到达消费者所经过的途径以及相应设置的市场分销机构。它是通过企业认真策划而开辟和建立的,通过销售人员巡访提供资料、宣传和通过计算机网络定期联系所维持的。

康乐部是通过广告等手段形成对消费需求的刺激,通过营销渠道促成购买行为的。康乐部的营销渠道有以下两种。

(1)直接销售系统

直接销售系统的特点是没有中间环节,这种销售形式是一种传统的销售形式。就康乐部而言,散客依然是主要的消费者,这种销售渠道是主要渠道。

(2)间接销售系统

间接销售系统是企业通过中间商,将产品销售给顾客。

2. 康乐项目的推广

康乐服务产品的推广也可以称作促销,就是把康乐部的服务产品对消费者进行报道、说服,以影响消费者的购买行为和消费方式,从而达到扩大销售的目的。

康乐产品的促销方式有以下三种。

(1)人员推销

人员推销是康乐企业派出推销人员或委派专职推销机构向目标市场的顾客介绍和销售康乐产品的促销活动。人员推销与其他促销手段相比具有不可替代的作用,是一种重要的促销方式。很多康乐企业都采用这种促销方式,特别是每到重大节假日之前,他们便派出销售人员到重点客户单位或家庭登门推销。

人员推销具有灵活性强、双向沟通、即时交易多、针对性强、双向沟通、成本效率高等优点。但是,人员推销也有市场面窄、声势小,可能出现因推销人员选择不当而损坏康乐企业声誉的现象等缺点。

(2)营业推广

营业推广是采用陈列、展示、表演、优惠销售、奖励购买等方式刺激市场,以使市场产生较快、较强的反应,从而促进销售的方式。营业推广的具体方式很多,例如,在报纸上刊登优惠券;允许消费者在特定的时间免费试用;向顾客赠送有纪念意义的小礼品,以鼓励其增加消费;抽奖促销;折扣减免;设立俱乐部以稳定客源、增加销售;等等。

(3)广告推销

广告推销是指康乐企业通过给大众传播媒体支付费用,购买时间或版面,用以向目标购买者及公众传达商品和劳务的特征以及顾客可能得到的利益,激起消费者的购买欲所进行的活动。有一些大型康乐企业都曾采用这种方式,例如,北京康乐宫、沈阳夏宫、苏州乐园、香港海洋公园等。

阅读材料

了解酒店营销新玩法

随着大众旅游时代的来临，酒店市场越来越繁荣，竞争也越来越激烈。很多酒店人都在感叹生意是越来越难做，哪怕把服务做得再到位，品质再高，也很难吸引客人到店入住。即使通过一些促销和推广活动来吸引客人，可是最终的效果并不是很好。那么酒店营销的突破口在哪里呢？或者说在互联网时代，要如何开启酒店营销的新模式呢？

酒店在做线上运营时，酒店营销模式的突破口至少有4个，但这4个突破口都只有一个核心——互联网式营销。

1. 自媒体式营销

目前大家获取信息的渠道多且迅速，信息越来越扁平化。客人可以通过网络平台获取酒店的资讯，酒店也能与客人通过网络平台进行互动。现在自媒体平台有很多，优先推荐使用微信平台，据统计，2019年微信用户数量已达11亿多，这说明如果酒店从业人员能依托微信这个平台来获取酒店客流量，那么获取的流量会更多更容易一些。

具体做法包括，借助微信公众号平台发布酒店资讯、促销信息等，吸粉和增加粉丝的转化率；通过公众号平台办理酒店会员业务，有针对性地对部分客户进行精准营销；把入住、续订、退订等业务搬到公众平台上，增加用户的留存；利用微信平台做好客户的维护和二次转化等。

2. 短视频营销

短视频营销并不是适合所有酒店去做，要想利用短视频去做酒店营销，得把握三个要素：爆点、场景、剧本。这需要找到一个爆点，说得形象一点，得为客人设计一个剧本：在什么样的场景下，客人怎样对爆点进行拍摄和录制。

例如，拉萨平措康桑观景酒店从客人的角度为客人设计了一个拍摄场景：客人推开房门，窗帘自动打开，客人慢慢地把镜头推向窗外，布达拉宫逐渐呈现。最终，这个设计取得的效果非常好，这个案例也是一个非常成功的酒店短视频营销案例。几乎入住这家酒店的客人都会按着预期的设想去拍视频发抖音。

3. 借助 UGC 平台进行营销

所谓的 UGC 平台也就是用户原创平台，包括自媒体、短视频平台等都属于 UGC 平台。在 OTA 行业，常见的 UGC 是马蜂窝、携程的氢气球发文频道、猫途鹰等。酒店行业可以借助 UGC 平台进行酒店营销，如有偿邀请已消费用户写攻略、邀请平台大V或者专业试睡员等来酒店试睡并在其自由平台上发表酒店试睡评价等。

4. 品牌和口碑营销

做营销一定离不开做品牌和口碑，前面的营销模式能在短期内为酒店带来流量和收益，但是要想把生意做得长久一点，获得长期的收益和回报，那么就得靠品牌和口碑了。

高境界的营销并不是要获取多少流量，而是让用户帮酒店宣传和推广，即让用户口口相传。想要把酒店经营到这样的境界，产品＋服务是基础，营销是手段，品牌是门面，口碑是目标。要记住一个核心：客人不是客人，客人是营销者，不仅要认真对待，还要努力服务，得到客人的认可，因为客人背后强大的朋友圈，是酒店口碑营销的最大舞台。

（资料来源：酒店哥酒店线上运营——酒店营销模式的新突破[EB/OL]. 搜狐网. https://www.sohu.com/a/341915407_120092109,2019-09-19.）

四、康乐项目管理分类

(一) 按功能特征分类

(1) 康体类,包括球类、健身器械运动、游泳和滑雪等。这类活动主要是体育竞技项目。

(2) 娱乐类,包括歌舞、影视、游戏和棋牌等。

(3) 保健类,包括按摩、桑拿、健身浴和氧吧等。保健类是一种医疗性质的活动。

(二) 按活动状态分类

1. 观赏性活动

观赏性活动是指观赏各种体育竞赛和休闲体育表演。在观看比赛和表演的过程中,人们会表现出赞赏、激动、惊叹、沮丧、愤怒等各种情绪,心理压力得到充分的释放。

2. 相对安静状态的活动

相对安静状态的活动是指棋牌类休闲活动。这类活动,参与者身体活动量较小,脑力支出大。棋牌类活动通常是多人参加的集体活动,需要默契与配合,良好的心理素质是这类活动的主要特征。垂钓也属于这类活动,但体力与脑力的支出都比较小,是一种很好的修身养性的方式。

3. 运动性活动

运动性活动是休闲体育的主体。根据各种休闲活动的特性,通常分为以下几种类型。

(1) 眩晕类运动

眩晕类运动是借助特定的运动器械和设备,使人在运动中获得在日常生活中难以体验到的空间运动感觉,感受身体与心理极限的刺激,如游乐场上各种产生滑动、旋转、升降、碰撞的游艺项目。过山车、蹦极等是典型的眩晕类运动项目。

(2) 命中类运动

命中类运动是运用自身的技巧和能力,借助特定的器械击中目标,如射击、射箭、投篮、保龄球、台球等。

(3) 冒险类运动

冒险类运动是人类对大自然的一种具有挑战性的休闲活动,须有严密的组织措施和安全保障,如沙漠探险、长江漂流、游泳横渡海峡、"滑翔伞"等活动。

(4) 户外运动

这里的户外运动并不仅指在室外进行体育活动,而是指人们回归自然的各种体育休闲方式,如野营、远足、登山、攀岩等。

(5) 技巧类运动

技巧类运动是指人运用自身的能力,借助特定的轻器械所表现出的高度灵巧和高技艺的运动,主要有花样滑板、自行车越障碍等。

五、康乐项目管理

(一) 康体类娱乐项目

1. 保龄球

保龄球又称地滚球,是在地面上滚球击打木柱的一种室内体育运动。

保龄球运动是人类历史上最古老的运动之一,起源于7200年前古埃及的一种用大理石制出球来打倒石柱的游艺。1875年,美国纽约地区9个保龄球俱乐部的27名代表组成世界上第一个保龄球协会。1895年9月,美国保龄球协会成立。

为便于球瓶被连续击倒,这个协会决定将保龄球的钻石形状排列改为倒三角形的排列,并制定了标准的保龄球用具及其他有关规则。从此,保龄球运动成为一项正式的体育项目。

保龄球道的材料按硬度分为软质球道和硬质球道两种,球上开有3个持球用的指孔。保龄球有通用球和专用球之分,适合一般人使用的以及一般保龄球馆使用的都是通用球。保龄球瓶排列成倒等边三角形,10个瓶以30.48厘米的间距依次排列成4行。参加运动的人在投掷线前将球滚掷出去以撞击瓶柱。每人投掷两次为一格,每10格为一局。以用最少的掷球次数击倒所有瓶柱者为优胜者。

2. 台球

台球也称桌球或弹子球。

台球的种类很多,就地区而言,可以分为英式台球、法式台球、美式台球;按球台结构和运动方法,可以分为落袋式台球和无袋式台球,英式台球和美式台球属于落袋式台球,法式台球属于无袋式台球。有袋式台球又分为英式斯诺克、比列、美式落袋三种,目前在我国主要流行英式斯诺克(Snooker)和美式落袋。

台球运动是一项高雅、文明、健康的体育活动,被人们称为大众化的"绅士运动"。

3. 网球

由于网球这项运动有很多的运动价值和特点,现在已盛行全世界,被誉为仅次于足球的"第二大球类运动"。

网球是在长23.77米、宽8.23米(单打)或10.97米(双打)、中间挂一张0.914米高的网的场地上,由2人或4人进行单打或双打比赛的一项小型球类运动。网球场地按环境结构划分为室内和室外两种,按地面材质可分为草地、沙地、涂塑合成硬地等数种。

4. 壁球

壁球是从网球派生出来的一种对着墙打的球类运动,所以又叫墙网球。

壁球的场地面积较小,类似一个矩形的盒子。世界壁球联合会(WSF)所规定的标准壁球馆尺寸如下。

(1) 单打场地:长9.75米,宽6.40米,高4.57米。

(2) 双打场地:长9.75米,宽7.62米,高4.57米。

壁球场地的墙面与地面呈90°角。现在大多数的壁球场地都采用"透明"材料,允许观众观看选手的比赛。壁球运动所用的球为直径4厘米的充气橡皮球,球的重量为24克。球的弹性有4种,分别用蓝、红、白、黄4种颜色的小圆点标明,蓝点球弹性最高,红点适中,白点较低,黄点最低。

5. 高尔夫球

高尔夫是荷兰文的音译。高尔夫球场的要求很高,它需要一大片绿化极好的丘陵地带,所以,一般繁华地区的饭店宾馆根本无法在所在地区建设高尔夫球场,但可在郊区选择有利地形建设,饭店可设有高尔夫练习场、电子模拟高尔夫球场、高尔夫球场(至少9洞)。

6. 健身房

健身房集多项运动于一体,具有较强的综合运动特点。运动健身项目往往集田径、体操和举重等活动为一体,宾客可以根据自身情况选择健体活动。

健身房环境设计具有一定要求,使宾客如同在大自然中运动健身;健身房内设有各种具有模拟运动的器械,还要为初学者提供轻松易学的锻炼设备;健身房还提供运动鞋、运动衣,配有经验丰富的健身教练,为每位宾客做出科学详细的健身计划。

7. 游泳池

游泳池在高档饭店是不可缺少的康体设施。很多星级饭店和度假村都建有室内外游泳池。游泳池的形状包括长方形、圆环形、泪珠形、腰子形和任意形等。其中长方形的游泳池最适合教学或比赛之用。

(二)娱乐类康乐项目

娱乐类康乐项目是指通过提供一定的设施、设备和服务,使顾客在参与中得到精神满足的游戏活动。

1. 游戏类娱乐项目

游戏类娱乐项目主要是指为客人提供一定的场地设施和设备条件,使客人在各种限制、规则的约束下与对手进行各种各样的竞赛、争取胜利以获得乐趣的娱乐项目。

(1)棋牌游戏

棋牌游戏是人们运用棋牌和布局或组合方式进行的对抗性游戏,是较量智力水平,提高智力的游戏,主要有围棋、中国象棋、国际象棋、桥牌、扑克牌、麻将牌等。

(2)镖类游戏

镖类游戏主要有掷镖和飞镖两种。

掷镖也称飞标,它是通过人体的手部力量,把掷镖投向靶板的游戏,又可以锻炼娱乐者的敏感性和准确性,是一项有益于身心健康的活动。飞镖可以促进人的反应,开发人的智力,有较大的知识性和娱乐性。

(3)游戏机室

由于电子科技高速发展,特别是电子计算机的普及和提高,促进了电子游艺机的产生和发展。初期是研制出能在电子计算机上玩的游艺软件供个人娱乐,不久又研制出专用的游艺软件和只能使用这类软件的电子计算机硬件,这就是目前正在流行的电子游戏机。

2. 歌舞类娱乐项目

(1)KTV

KTV 是卡拉 OK 的一种,不同的是一组客人在一个独立的空间里唱卡拉 OK。不仅具有餐厅中的雅室的优点,使客人感到安全、舒适,而且它的独立性也免去了客人娱乐时相互之间的干扰,并能随时点唱而不需要等候。

(2)PTV

PTV 是一种更为新颖的卡拉 OK 形式,是在 KTV 基础上发展起来的,它在演唱舞台配置专业演出灯光和音响的基础上,面对舞台安装一个或多个摄影镜头,并增添高保真的录音设备。

这些设备由控制室的专业人员控制,当客人演唱时,专业控制人员针对演唱者进行灯光和音响最佳配置,通过不同的摄像镜头拍下演唱者演唱时的不同侧面,结合卡拉 OK 碟片中的画面,用各种电视制作手法简单地将以上各种画面编辑、串联起来,随着歌曲的韵律播放到巨大的投影银幕上,给客人演唱增添了极大的情趣。

(3) 量贩式歌厅

这种经营形式的歌厅起源于日本,风行于中国台湾地区,现在又盛行于大陆。量贩式歌厅与传统歌厅相比有其明显特点:首先,在经营形式上,采用严格地计时计量收费的方式;其次,在经营品种上,增加了内部自选市场,饮料、食品由顾客自选;有的还设有自助餐厅,以方便顾客用餐;最后,在经营规模上,比普通歌厅大得多。包厅的数量,少到几十个,多到上百个。

(4) 迷你电影厅与动感电影厅

这类电影厅并非全用电影机播放,有很多是使用录像机和激光视盘机播放。近来也有使用数字多用途激光视盘机(DVD)来播放的。每个放映厅的座位都比较少,有的仅能容纳10人以内。

动感电影座椅的动作有4个自由度的,也有6个自由度的。在观看动感电影时,观众必须系好安全带,身体随着图像和声音传递的情景上下、前后、左右运动,从而强烈地体会到虚拟的多维空间的奇妙感觉。

(5) 夜总会

夜总会是由西方引进的,原文为 Night Club,直译为"夜间俱乐部"。简单地说,夜总会是夜间吃喝玩乐的场所,其形式为顾客一边吃喝一边观看多种形式的文艺表演。演出形式为唱歌、舞蹈、杂技等。有的夜总会还有伴舞乐队和舞池,除表演节目外,顾客还可以即兴跳舞。供应的食品可以是精美的小食品,也可以是筵席大菜。

(6) 舞厅

国际标准交谊舞作为一项高贵优雅的运动,我国自1986年正式引进后,随着多年的大力推广,发展迅速。

舞厅开展的舞蹈种类是国际标准交谊舞,又称体育舞蹈,有摩登舞和拉丁舞两大类。交谊舞起源于英国伦敦,有华尔兹、探戈、狐步、快步,总称摩登舞;非洲和拉美一些国家的民间舞经过规范加工后又增加了拉丁舞,有伦巴、恰恰、桑巴、牛仔、斗牛等。

3. 文化艺术娱乐项目

文化艺术项目是客人通过观赏表演或通过画面文字得到精神享受和获取知识的独特娱乐项目。根据娱乐表现形式可分为以下5类。

(1) 音乐演奏

音乐演奏在夜总会,尤其是宾客层次较高的歌舞厅最为常见。一般由钢琴、小提琴、萨克斯管和小型乐队表演,人们可随音乐的节奏翩翩起舞。

(2) 戏曲表演

戏曲是具有民族特色的传统娱乐项目,在今天人们的生活中仍然占有很重要的位置。戏曲进入夜间娱乐场所不仅满足戏曲爱好者的需要,而且能吸引中外宾客。

(3) 影视中心

影视中心是指利用现代化声光技术,在较小的场地内播放投影或通过电视屏幕播放激光影片,俗称"小电影"。影视中心分大厅和包厢两种。大厅一般设有几十个沙发座位,用大屏幕投影机放映;席间还提供饮料、小食品等服务。包厢服务则不同,将所备影碟的电影、电视名称打印成册,供客人随意点播,费用按进房到结束出场的时间计算。

(4) 闭路电视

闭路电视是饭店通过本企业闭路电视系统对本饭店播放影视节目和国情及饭店介绍的娱乐项目。这类项目不仅丰富宾客的业余生活,还为宾客更好地了解我国国情,为宾客更好地在我国旅游创造了条件。

(5) 书报阅览

阅读可以调节精神、增加知识、开阔视野。饭店在康乐中心设立的小型阅览室,为客人提供当地画报或介绍世界各地风土人情的书报画刊,让客人在优雅的环境中,在轻柔的背景音乐中浅斟慢饮,细细品味茶、酒或文章的意境。

(三) 保健项目

保健项目是指通过提供相应的设施、设备或服务作用于人体,使顾客达到放松肌肉、促进循环、消除疲劳、恢复体力、养护皮肤和改善容颜等目的的活动。

1. 健身浴

(1) 桑拿浴

桑拿也称"桑那",原意是指芬兰式的蒸汽浴,现在则泛指蒸汽浴。桑拿浴分干桑拿浴和湿桑拿浴两种。

干桑拿浴也叫芬兰浴。洗芬兰浴时,浴者坐在木结构的浴室内根据自己的需要向桑拿炉内烧着的灼热的石头上淋水,水迅速蒸发成灼热的蒸汽,温度也随之上升到39~50℃。在这灼热的蒸汽环境中,浴者体内水分迅速变成汗液排出体外,再去搓澡和洗淋浴或盆浴。对消除疲劳、恢复体力、治疗寒症、损伤等病及减肥有良好效果。

湿桑拿浴起源于土耳其,所以又称土耳其浴。沐浴时,需不断往散热器上淋水,或是根据需要控制专用的蒸汽发生器的开关,使浴室内充满浓重的湿热蒸汽,其湿度极大。浴者置身其间,仿佛于热带雨林之中,在这又湿又热的浴室里只需很短时间,浴者就会大汗淋漓,浑身轻松。

(2) 足浴

足浴时,水温40~45℃较适宜,应让水把脚踝全部淹没。一般浸泡5~10分钟后,再用双手在脚趾及脚心处揉搓2~3分钟。多活动大脚趾可舒肝健脾,增进食欲。

(3) 温泉浴

温泉是地壳深处的地下水受地热作用而形成的,一般含有多种活性作用的微量元素,有一定的矿化度,泉水温度常高于30℃。温矿泉水具有医疗保健作用,是通过物理作用和化学作用两个方面来实现的。其物理作用是指通过温泉的温度、热度、浮力、静水压力、摩擦等方式,对身体的神经末梢产生刺激,通过神经体液的反射作用,对疾病发挥治疗作用。

(4) 日光浴

日光浴是利用阳光照射裸体的锻炼方法。紫外线可以加强血液、淋巴循环,促进物质代谢,提高人体免疫能力,调节钙、磷代谢,促进骨骼正常发育,防止发生佝偻病或骨软化症。此外,紫外线具有强大的杀菌能力,是一种良好的天然消毒剂,但应避免紫外线照射过多对皮肤造成损害。

(5) 空气浴

空气浴是将身体暴露在新鲜空气中的锻炼方法,可增强人体抵抗力。20~30℃为热空气浴,15~20℃为凉空气浴,4~15℃为冷空气浴,应该从热至冷循序渐进。浴前稍活动,使身体发热后再开始,时间从15分钟渐增到两小时。

(6) 冷水浴

冷水浴是利用水温、机械和化学作用增强体质或防治慢性病的锻炼方法。形式有擦身、冲洗、淋浴、洗澡和游泳等。

(7) 汉方药浴

汉方药浴由丹参、当归、首乌、石菖蒲等十余种名贵药材组成的沐浴秘方之精华注入浴池后洗浴,能通经活络、溢脂爽身、消疲养神、抑菌消毒。

2. 按摩

按摩就是运用不同的按摩手法,按穴道、通经络,以改善经络的功能活动,调节营卫气血,并通过经络的传导作用,调整脏腑组织器官的功能,从而扶持正气、祛除邪气,达到保健、防病和治病的目的。

3. 护肤美容项目

护肤美容是随着现代人注重追求容貌和肌肤的保养需求而出现的一种以养颜护肤、修身养性为主的保健休闲活动。

高档的美容院应包括4个部分。

(1) 宾客接待区域。这里除了设置沙发,提供阅读刊物为等候的客人提供服务外,还应设专人为客人提供发型、形象设计、皮肤类型鉴定、皮肤护理等咨询服务。

(2) 美发区域。

(3) 皮肤护理区域。主要包括包厢和大房间,内置按摩床、蒸汽发生器、电子理疗仪等各种皮肤护理设备。

(4) 医学美容区域。即一个小型的美容手术室,这里必须有受过专门医学训练的医师主持,手术室必须有除菌设备,为客人提供美容手术服务。

4. 氧吧

氧吧是近几年才出现的休闲康乐项目。现代社会紧张的工作和快速的生活节奏,使人体的耗氧量增大,就可能使人因供氧不足而疲劳或患病。其症状可能是,心理压力加重、记忆力减退、神经衰弱、头痛、失眠、反应迟钝、消化不良、免疫力下降、内分泌失调、生物钟紊乱、心肺功能减退等。这时,应设法增加体内的氧含量,提高血红蛋白的供氧能力。较为简单有效的办法就是吸入纯氧,于是氧吧就应运而生了。

(四) 室外游乐项目

室外游乐园占地面积都很大,比较正规的可达几十公顷。室外项目的种类有河面漂流、碰碰船、惊险冲浪、激流勇进、大型水滑梯、神峰大峡谷滑道、碰碰车、矿山车、过山车、小赛车、疯狂老鼠、观光缆车、脚踏观览车、观光摩天轮、蜗牛爬树、仿真野战、吃惊房屋、机械章鱼、勇敢者转盘、超级太空船、空降伞兵、浪卷珍珠、旋转飞碟、旋转木马、太空战机、飞荡转椅、超级秋千、摇荡滚摆、阿拉伯飞毯、海盗船等。还有一些与上述项目名称不同但机械原理差不多的项目。

六、康乐服务的基本内容及员工的岗位服务操作程序

（一）健身服务员的岗位服务操作程序

（1）客人到来时要上前迎接、问好，核对票券及有关会员证、房卡，做好登记，报服务台。

（2）仪容整洁、精神饱满，接待客人时要热情、大方礼貌，能熟练地运用和讲解健身器材，善于引导客人参加健身项目。

（3）对于初次来运动的客人要细心引导，并做示范动作。

（4）保持健身场地的清洁，及时清洁毛巾、垃圾，使客人锻炼身体时有个舒适的环境。

（5）及时补充毛巾，并询问客人是否需要饮料。

（6）坚守岗位，严格执行健身房规定，注意客人健身动态，随时给予正确指导，确保客人安全运动，礼貌劝阻一切违反章程的行为。

（7）负责运动器材的检查、保养及报修工作，对音响系统实行控制管理。

（二）游泳服务员的岗位服务操作程序

（1）巡查机房，检查水温、气温，做好池水净化工作。

（2）密切注意进入泳池的客人，要求进池前须过净脚池。

（3）提醒客人注意保管好私人物品。

（4）看客游泳要坐在救生岗上，看游泳池时精力要集中，注意泳池弯角位、深水处，观察有无不安全因素，如初学者、儿童等。

（5）经常围绕泳池一周巡查，检查水中泳客情况，检查水中有无杂物要清理。

（6）热情为泳池客人提供饮料、订餐、派发救生圈。

（7）下班前抽检余氯量一次，关闭有关电源，做好收尾工作。

（三）桑拿服务员的岗位服务操作程序

（1）开启机房内的蒸汽阀和电磁阀、循环水泵和按摩水泵。卫生清理完毕，开启干蒸房与湿蒸房的开关。

（2）做好营业前场地卫生，检查卫生器具是否齐备，补充棉织品。

（3）客人冲完淋浴后，如果是直接按摩，将客人带至换衣间，请客人更换按摩衣裤及拖鞋，服务员在休息室等候。

（4）向洗桑拿的客人介绍干蒸、湿蒸位置，并引领客人进入，关好蒸汽房门。

（5）将冰毛巾递给客人。

（6）定时检查蒸房内客人是否有不适现象或晕倒现象。

（7）向客人介绍桑拿浴的科学标准洗法，劝阻未经淋浴而直接进行桑拿浴的客人。

（8）及时清理浴场内的卫生，及时收取客人任意放置的冰毛巾、浴巾、拖鞋等物品。

（9）注意水温、水位变化，随时调节、补充。

（10）关好所有动力设备开关，做好收尾工作。

（四）保龄球服务员的岗位服务操作程序

（1）服务员带领消费者到总服务台买局，即预先说明预计的消费量并预先付费或先打球然后再计局付款。

（2）买完局后，客人向服务台索取合适的球鞋，同时将自己的鞋和包放入指定储物箱保

管或交鞋柜服务员代为保管。

（3）服务人员为客人开球道。在客人娱乐时，球道服务员必要时为客人讲解打球方法、规则，并为客人提供饮料服务。

（4）客人欲离去时，服务员应与账台联系，注明客情，填写饮料报表，并将其交至服务台签字，提醒客人换鞋。

（5）送客人。

（五）舞厅服务员的岗位服务操作程序

（1）到岗检查设备状态，包括沙发、电视、灯光是否正常，舞池地板是否干净。

（2）客人到达时，由迎宾员引领客人到合适的座位入座，并递送酒水单和曲目编码集。

（3）随时注意客人的动态和服务要求，适时向客人推销酒水，客人用后的饮料罐及小吃碟应及时收走，并询问是否还需添加。

（4）客人结束娱乐时，快速将账单送至客人的手中，核对理单，送客后迅速恢复场所，做好卫生，以备翻台。

（5）娱乐结束，客人走后要清场。当经理或领班检查合格后，切断电源方可离开。

（六）多功能厅服务程序和服务规范

（1）去保安部值班室领取大门钥匙。

（2）换好工作服，签到。

（3）打扫卫生（大厅、看台、办公室）。

（4）检查各项设备是否完好，设施有无损坏。

（5）由领班召集班前会。

① 检查仪表、仪容。

② 总结前日工作情况。

③ 布置当日工作。

④ 及时总结前一段出现的问题，并提出相应的改进措施。

（6）岗前准备。

① 提前10分钟到岗。

② 将前一日工作日志交至康乐部办公室。

③ 检查岗位上有无异常情况，做好开业准备。

（7）门岗行为规范。

① 精神饱满，彬彬有礼，微笑服务。

② 热情、礼貌地接待顾客。

③ 耐心解答顾客的问题，与顾客对话时眼睛要正视顾客，音量适中。

④ 使用敬语，不与顾客争辩，更不能与顾客争吵。

⑤ 站姿标准，双手轻握，自然交叉在前或自然下垂于身体两侧，不叉腰、不抱肩、不插兜、不倚靠他物。

（8）大厅流动岗行为规范。

① 引导顾客入座。

② 随时打扫厅内卫生。

③ 协助顾客在厅内的一切活动。

（9）下岗后及时反映岗上所出现的问题及其他一些情况。

（10）如有大型活动,岗位设置可有所变化。活动结束时,全体人员列队于门口,欢送顾客。

（11）活动结束后,及时清理场地,搞好卫生。

（12）经主管或领班确认无事后,方可签退下班。

（七）音响控制室的服务程序和服务规范

（1）到保安部值班室领钥匙。

（2）打扫室内卫生。

（3）将前一日工作日志交至康乐部办公室。

（4）岗前准备。

① 检查设备情况。

② 准备当日所需物品。

第二节 酒吧服务实训

一、实训项目1：鸡尾酒调制训练

（一）实训目的和要求

（1）通过实操训练,熟悉相关鸡尾酒的配方,掌握摇和法的调制方法,养成良好的操作习惯。

（2）要求：严格按配方调制,方法和载杯选择要正确,动作要熟练、准确、优雅；成品口味纯正、装饰美观。

（二）预备知识

摇和法是将饮料放入调酒器,通过手臂的摇动完成各种材料混合的方法,有单手摇和双手摇两种。操作时要注意保持体态,是靠手臂的摇动而不是身体乱摇动。

1. 单手摇的方法

将调酒器盖好,用右手按住调酒器的壶盖,大拇指抵住滤冰网兼盖子与壶体的结合部,其余三指夹住壶体,不停地上下或左右摇动。此种摇法比较适用于中、小型的调酒器,因大的摇酒器只靠单手不易握好,尤其是初学者,稍有不慎,可能将摇酒器摇飞。

2. 双手摇的方法

右手的拇指按住调酒器的壶盖,用无名指及小指夹住壶身,中指及食指并拢撑住壶身,左手的中指及无名指置于壶体底部,不停地上下摇动。手中的调酒器要放在肩部与胸部之间,前后做有规律的活塞式运动。当调酒器的表面出现一层薄薄的霜雾时,应立即打开壶盖,然后用食指拖住滤网,将材料倒入事先冰好的酒杯中。

(三) 实训课题

1. 调制红粉佳人(Pink Lady)

(1) 配方

30毫升金酒,15毫升柠檬汁,7.5毫升红石榴糖浆,一份蛋白。

(2) 器具及材料准备

① 器具：调酒器、量酒杯、鸡尾酒杯、吧匙、冰桶及冰夹。

② 材料：金酒、柠檬汁、柠檬、白糖水。

(3) 操作步骤

① 双手洗净、擦干。

② 将鸡尾酒杯加入冰块,溜杯。

③ 将调酒器分三部分放在台面上。

④ 取适量冰块,放入调酒器内。

⑤ 将公杯内的蛋白放入调酒器内。

⑥ 量入柠檬汁和红石榴糖浆。

⑦ 用量酒杯量入金酒,倒入调酒器内。

⑧ 盖好滤冰网盖和小盖子,用单手或双手摇混均匀至外部结霜即可。

⑨ 将鸡尾酒杯中的冰块倒掉,滤入鸡尾酒。

⑩ 用吧匙将红樱桃取出,用刀在底部划一口子,置于鸡尾酒杯上。

(4) 成品特点

酒度低,是传统的鸡尾酒,具有提神醒脑作用。

(5) 操作要点与注意事项

① 由于蛋白较难与其他材料混合,在调制时,一定要摇匀。

② 从调酒器中滤酒时要滤得彻底。因为这款酒需要酒面上浮些泡沫,而泡沫往往在最后才能倒出。

③ 摇混时手掌绝对不可紧贴调酒器,否则手温会通过调酒器使壶体内的冰块溶解,导致鸡尾酒酒味变淡。调制这款酒的关键是红石榴糖浆的用量,少了,酒色呈粉红；多了,酒色呈深红,口味也会变化。由于量酒杯容量较大,很难准确地量出7.5毫升,因此建议使用吧匙,2吧匙的量为7.5毫升。

2. 调制金菲士(Gin Fizz)

(1) 配方

30毫升金酒,30毫升柠檬汁;15毫升糖浆,一些苏打水。

(2) 器具及材料准备

① 器具：调酒器、量酒杯、海波杯、公杯、吧勺、冰桶及冰夹。

② 材料：金酒、蛋白、柠檬汁或柠檬、红石榴糖浆。

(3) 操作步骤

① 双手洗净、擦干。

② 将海波杯加入冰块,溜杯。

③ 将调酒器分三部分放在台面上。

④ 取适量冰块,放入调酒器内。
⑤ 量入柠檬汁和糖水。
⑥ 用量酒杯量入金酒,倒入调酒器内。
⑦ 盖好滤冰网盖和小盖子,用单手或双手摇混均匀至外部结霜即可。
⑧ 将海波杯冰块及冰水倒掉,再加入适量冰块。
⑨ 将鸡尾酒滤入海波杯。
⑩ 将苏打水加入8分满,饰以柠檬片。

(4) 成品特点

色泽鲜艳,美味芬芳,酒度适中,属酸甜类的餐前短饮,是传统鸡尾酒,深受女士欢迎。

(5) 操作要点与注意事项

① 菲士类是鸡尾酒的一大类。种类很多,如银色菲士、金色菲士、皇家菲士等。
② 其基本材料为烈酒、柠檬、糖水和苏打水,通常用摇和或调和法,用海波杯。
③ 传统习惯上菲士饮料在杯中不需要加冰,现在为了控制泡沫,所以先在杯中加冰。

二、实训项目2:酒会服务实训

(一) 实训目的

通过酒会服务实训,使学生掌握餐饮工作中的一个重要环节,也是一门基本功,同时也可以展现餐饮工作者的专业素养。

(二) 实训要求

掌握相关的技能和知识,按照餐饮标准进行服务。

(三) 服务程序与标准

1. 鸡尾酒会服务程序与标准

鸡尾酒会服务程序与标准如表8-1所示。

表8-1 鸡尾酒会服务程序与标准

服务程序	服 务 标 准
准备工作	1. 根据酒会预定要求,在酒会开始前45分钟布置好所需的酒水台、小吃台、食品台、酒会餐桌 2. 准备好酒会所需的酒水饮料及配料、辅料 3. 准备好与酒水配套的各式酒具,注意洗净擦干 4. 做好员工工作的分配
迎接客人	1. 酒会开始时,引位员站在门口迎接客人,向客人问好,对客人的光临表示欢迎 2. 用计数器统计客人人数 3. 服务员、酒水员在规定的位置站好,迎接客人并问好
酒会服务	1. 酒会开始后,服务员要随时、主动地为客人服务酒水,服务酒水时,要将酒杯用小口纸垫着递给客人 2. 随时清理酒会桌上客人用过的餐具 3. 随时更换烟缸,添加小口纸、牙签等 4. 保持食品台的整洁,随时添加盘、餐具和食品 5. 酒会中保证客人有充分的饮料和食品

续表

服务程序	服务标准
收尾工作	1. 酒会结束后,服务员要站好并礼貌地目送客人离开 2. 酒会的结账。有些鸡尾酒会不是包价的,其收费方式有两种:先记账,最后由主办单位一次付清;每位客人点喝一杯即点即付。所以管理人员事先要向服务员讲明收费方式 3. 撤掉所有物品,清理现场,为下一餐准备 4. 管理人员填写酒会服务报告,存档备案

2. 冷餐酒会服务程序与标准

冷餐酒会服务程序与标准如表 8-2 所示。

表 8-2　冷餐酒会服务程序与标准

服务程序	服务标准
准备工作	1. 根据酒会预定要求,了解参加人数、酒会形式、台型设计、菜肴品种、布置主题等信息 2. 在酒会开始前 1 小时布置好所需的食品台 3. 食品台的摆设应方便客人迅速顺利地选取菜肴,要考虑客人流动方向,科学安排取菜顺序 4. 准备好食品台上的保温餐炉,提前 45 分钟摆好,并在保温餐炉中加入适量的热水,点燃酒精加热,上齐各种食品 5. 设座冷餐酒会的餐桌摆放要突出主桌,要预留通道 6. 准备好足量的餐盘 7. 布置酒水台 8. 准备好酒会所需的酒水饮料及配料、辅料 9. 准备好与酒水配套的各式酒具,注意洗净擦干 10. 做好员工工作的分配 11. 落实消防工作
迎接客人	1. 酒会开始时,引位员站在门口迎接客人,向客人问好,对客人的光临表示欢迎 2. 用计数器统计客人人数 3. 服务员、酒水员在规定的位置站好,迎接客人并问好 4. 客人自由入座或选择位置站好,服务员先为客人提供冰水服务,同时询问是否需要饮料
酒会服务	1. 主办单位待全部客人就座(到齐)后致辞、祝酒,宣布酒会开始后,服务员要随时、主动地为客人服务食品、酒水等 2. 较高档次的酒会要有厨师值台,随时向客人介绍、推荐、夹送菜肴,分切大块烤肉,及时更换和添加菜肴并检查食品温度,回答客人的提问 3. 服务员随时清理桌上客人用过的餐具,更换烟缸,添加口纸、牙签等 4. 服务菜台的服务员要保持菜台的整洁,随时添加餐盘、餐具等 5. 酒会中要保证客人有充分的饮料和食品 6. 管理人员现场协调督导,处理突发事件,指挥员工圆满完成服务任务
收尾工作	1. 酒会结束后,服务员要站好,礼貌地目送客人离开 2. 酒会的结账。酒水员及时清点饮用的酒水饮料使用数量,价格上报,由主管或经理负责结账 3. 厨师负责将剩余食品撤回厨房 4. 服务员撤掉餐台、菜台所有物品,清理现场,为下一餐准备 5. 管理人员填写酒会服务报告,存档备案 6. 第二天宴会推销人员要及时发出"征求意见"函,以期得到客人对本次宴会的反馈意见

(四)鸡尾酒会服务内容及注意事项

1. 鸡尾酒会

鸡尾酒会是一种简单活泼的宴会形式,通常在下午或晚上举行,以供应各种酒水饮料为主,略备小吃点心和少量热菜。鸡尾酒会一般不拘形式,客人可以迟到、早退,席间常有主人主宾即席致辞。

2. 鸡尾酒会服务员分工

(1) 酒水服务员。用托盘端上倒入的各种酒水和饮料巡回向客人敬让,自始至终不应间断。同时,要及时收回用过的酒杯,以保持台面的整洁。

(2) 菜点服务员。酒会开始前15分钟,在桌上摆好干果;酒会开始后,端上菜点和各种小吃在席间巡回敬让。

(3) 吧台服务员。在酒会前,备好各种需要用的酒水、冰块等物品。打好洗刷酒杯的消毒水和清水。酒会开始后,负责倒酒、兑酒和洗刷用过的酒杯,保证酒水和酒杯的供应,并随时整理吧台鸡尾酒会用酒的品种,要满足客人的需要,又要注意节约。

3. 举行鸡尾酒会的要点

(1) 时间:通常在下午5:00—7:00或6:00—8:00。一般介于1个小时到两个小时。

(2) 出席对象:通常商业团体较多。

(3) 出席人数:50人以上。

(4) 宴会厅选用:可在任何宴会厅举行,由于是站立式且周转率高,可在一定程度上超容量接待。

(5) 餐桌布置:不设座位只设菜台和吧台。

(6) 所需设备:讲台、立式麦克风、沿墙长椅、标题横幅等。

(7) 花卉:根据主办单位的要求和宴会厅的情况选用,预定时作为一项收费项目。

(8) 菜单:为客人服务牛排、火腿等,也可选用特定的菜单。

(9) 酒水饮料:由酒吧供应,如包价中含有酒水,则根据标准选用酒水品种。

(10) 音乐:一般采用轻音乐、古典音乐,要备有主办国的国歌光盘、古典音乐光盘等。

(11) 其他:冰雕是鸡尾酒会的常见装饰品,需根据主办单位要求雕刻,起装饰作用。

4. 冷餐酒会

(1) 冷餐酒会服务

冷餐酒会又称自助餐会,是当今最为流行的一种用餐方式,适用于会议用餐、团队用餐和各种大型活动。

(2) 冷餐酒会的服务方式

不设座冷餐酒会又称作立餐,菜点摆在菜台上,由客人自己选用,酒水由服务员端至席间巡回敬上。

(3) 设座冷餐酒会的种类

① 使用小圆桌,每张桌边置6把椅子。小圆桌上摆酒水杯、牙签盅、烟缸、小毛巾或口纸筒,同不设座冷餐酒会一样,在厅内布置若干张菜台,将菜点和餐具摆上。酒会开始后,客人到菜台前自己取用,然后到小桌的座位上用餐。服务员的主要任务是照看菜台和为客人斟酒。

② 使用10人桌面，摆10把椅子。将菜点和餐具按照中餐宴会的形式摆在餐桌上，客人按席位就座用餐，服务员的主要任务是斟酒水。这种设座形式的冷餐酒会往往设宾主席，主人可根据出席的人数用12~24人大圆桌或长条桌进行布置，用餐方式和服务程序与中餐宴会相同。

(4) 冷餐酒会服务员的分工

① 服务菜台的服务员。酒会开始前负责菜台上端取和摆设菜点、餐具（供自取用餐的盘、刀、叉、筷子等）；酒会开始后，照顾客人取菜，整理菜台，撤除空盘，调整菜点。如果兼有热菜点，应负责端取和摆设在菜台上。如餐具不够用，要随时补充（这类餐具的数量一般应为客人数量的2~3倍）。一般由两名服务员管理一张菜台。

② 敬让酒水的服务员。在酒会开始前负责摆设小圆桌上的用品，如烟缸、花瓶、牙签盅等。酒会开始后负责敬让酒水，撤回用完的杯、盘、刀、叉等。

③ 服务酒台的服务员。兑倒酒水、整理酒台。有时客人直接到酒台上取用酒水，应主动照顾和介绍酒的品种。

(5) 菜点的摆设

冷餐宴会的菜点具有拼摆精美、色彩绚丽、味美鲜香、花色繁多的特点。因此在摆设时要有所讲究，充分体现出特点。它要求把菜点摆设成协调对称的图案，并做到荤素交错、色调和谐、距离对称、取菜方便。菜点摆好后，在每种菜点的盘子的右侧放上一套大号服务叉勺，供客人选取菜点用。供客人用餐的盘子、餐刀叉、筷子等分别放置在菜台的两端。

(6) 酒会进行过程中的服务

在客人取菜时，管理菜台的服务员要主动上前照顾取菜，并随时准备回答客人对菜点提出的问询，对于坐在厅室周围不便取菜的年老体弱者应主动送去酒菜，加以关照。敬让酒水的服务员在酒会开始前要端上各种酒水，不时地向客人敬让，并随时不声不响地撤回小圆桌上用完的餐具、酒杯等。在敬让酒水时，行走要轻捷，要防止碰撞客人。

第三节　茶事服务实训

实训项目3：茶事服务实训

（一）实训目的

通过茶事服务实训，掌握中式餐饮工作中的一个重要环节，也是一门基本功，同时也可以展现餐饮工作者的专业素养。

（二）实训要求

掌握茶事相关技能和知识，按照标准进行服务。

（三）服务程序与标准

茶事服务程序与标准如表8-3所示。

表 8-3　茶事服务程序与标准

服 务 程 序	服 务 标 准
茶前准备	保持茶室与用茶厅堂的整洁,环境舒适、桌椅整齐
茶中服务	1. 站立迎接,引客入座 2. 当客人即将入座前,主动为宾客拉开椅子,送上菜单、茶单,并介绍供应产品,也可以将茶叶样品拿来展示,让宾客挑选 3. 及时地按顺序上茶 4. 宾客用茶过程中,当杯中水量为1/2时,应及时添水 5. 如需上茶食、茶点,事先应上筷子、调料等物品,上茶食或茶点时需介绍茶食或茶点名称
茶后工作	主动送客,收拾茶具,清洁桌面,保持茶室与用茶厅堂整洁干净,以便接待下一批宾客

第四节　客房送餐服务实训

实训项目 4：客房餐饮服务实训

（一）实训目的

通过客房餐饮服务实训,掌握餐饮工作中的一个重要环节,也是一门基本功,同时也可以展现餐饮工作者的专业素养。

（二）实训要求

掌握相关的技能和知识,按照餐饮标准进行服务。

（三）服务程序与标准

客房送餐服务程序与标准如表 8-4 所示。

表 8-4　客房送餐服务程序与标准

服 务 程 序	服 务 标 准
了解当天供应食品情况	1. 电话员了解当天供应食品情况:上午10:30和下午2:30 2. 准确记录菜单上食品实际供应的变动情况,详细记录特荐食品原料、配料、味道及制作方式 3. 将食品信息通知到客房餐饮部的每一位工作人员
接受客人预订	1. 电话铃响三声之内接听电话 2. 聆听客人预订要求,掌握客人订餐种类、数量、人数及特殊要求,解答客人提问 3. 主动向客人推荐,说明客餐服务项目,介绍当天推荐食品,描述食品的数量、原料、味道、辅助配料及制作方法 4. 复述客人预订内容及要求,得到客人确认后,告诉客人等候时间,并向客人致谢 5. 待客人将电话挂断后,方可放下听筒
填写订餐单并记录	1. 订单一式四联:厨房、冷菜间、收款台、餐厅 2. 电话员按用餐顺序,将客人所订食品依次填写在订单上 3. 若客人需要特殊食品或有特殊要求,需附文字说明,连同订单一同送往厨房,必要时,可向厨师长说明 4. 在客餐服务记录本上记录客人订餐情况,包括订餐客人房间号码、订餐内容、订餐时间、服务员姓名、账单号码

165

续表

服务程序	服务标准
备餐摆台	1. 准备送餐用具(送餐车、托盘)和餐具 2. 取回客人所订食品和饮料 3. 依据客人订餐种类和数量,按规范摆台 4. 热菜一定要放入保温箱内
送餐	1. 在送餐途中,保持送餐用具平稳、避免食品或饮品溢出 2. 食品、饮品餐具需加盖或洁净盖布,确保卫生 3. 核实客人房号,敲门三下,报称:"Room Service"
客房内服务	1. 待客人开门后,问候客人,并询问是否可以进入房间,得到客人允许后进入房间,并致谢 2. 询问客人用餐位置 3. 如果是早餐,询问客人是否需要帮助其打开窗帘 4. 按照客人要求放置,依据订餐类型和相应规范进行服务
结账	1. 双手持账单夹上端,将账单递给客人 2. 将笔备好,手持下端,将笔递给客人 3. 客人签完后向客人致谢 4. 询问客人是否还要其他要求,若客人提出要求,要尽量满足
道别	1. 请客人用餐 2. 退出房间
收餐	1. 检查订餐记录,确认房间号码 2. 早餐为 30 分钟后打电话收餐,午、晚餐为 60 分钟后打电话收餐 3. 问候客人,称呼客人名字并介绍自己,询问客人是否用餐完毕 4. 服务员收餐完毕,即刻通知订餐员,订餐员要详细记录 5. 当客人不在房间时,请楼层服务员开门,及时将餐车、餐盘等用具取出 6. 若客人在房间,收餐完毕,需询问客人是否还有其他要求并道别

(四) 实训步骤及操作要领

1. 客房餐饮服务

客房餐饮服务亦称送餐服务,是星级酒店为方便客人所提供的一项服务,也是酒店的创收渠道之一。送餐部通常为餐饮部下属的一个独立部门,由于服务周到,涉及环节多,人工费用高,所以产品和服务的价格一般比餐厅售价高 20%～30%。

2. 客房餐饮服务的主要内容

(1) 早餐:早餐是客房餐饮最主要的项目,主要供应正式的欧陆式、美式零点早餐。

(2) 午餐、晚餐、夜宵:供应容易烹调、速度快、不易变味的菜品。

(3) 点心:三明治、面点、主食、甜点、水果等。

(4) 饮料:只要是酒店有的饮料,都可向客人提供。

(5) 特别服务:总经理赠送给 VIP 客人的花篮、水果篮、欢迎卡等,都由客房餐饮服务人员负责送入客人房间。

(6) 送给 VIP 客人的生日礼物,如鲜花、蛋糕等。

(7) 送给全部或部分客人的礼物。

3. 客房餐饮的菜单

(1) 门把手菜单。为方便客人而挂在门把手上的一种纸质的一次性菜单,一般适用于早餐。上面列有各种菜肴、酒水饮料,各式套餐的名称、供餐时间、价格。客人订餐时,只要简单地在菜单名称前的小方框内打"√"挂在门外把手上即可,由客房服务员收取并及时送到客房用餐办公室。

(2) 床头柜菜单。通常摆放在客房的床头柜上,菜单中一般列出饭店中西餐厅的部分菜肴,但都是较容易烹制和制作速度快的菜肴,适用于午餐、晚餐及夜宵。

4. 客房餐饮订餐方式

(1) 门把手菜单预定:只需挂在门外即可,一般适用于早餐预定。

(2) 电话预定:电话铃响三声之内接听电话,首先要向客人问好,问清人数、姓名、房号、用餐时间、菜肴名称及特殊需要,可提供建议性说明。复述上述内容,防止出错,然后按客人需要开出订单,马上做好准备并开出账单,以便结账。

本章小结

本章介绍了酒店其他部门服务实训实习教学目标与计划。主要介绍了康乐部、酒吧、茶艺室工作任务,常用的服务实训模块的内容;掌握酒店酒吧服务、茶艺服务和送餐服务实训模块的服务程序与服务标准。训练学生观察、判断与搜集相关资料的能力等,使学生具备基本的领班能力和对基层服务员的日常督导能力。

本章思考题

1. 康乐部的工作任务是什么?服务程序与服务标准有哪些?
2. 酒吧调酒技能和酒会服务实训模块的内容有哪些?
3. 酒吧调酒技能和酒会服务实训模块的服务程序与服务标准是什么?
4. 鸡尾酒会与冷餐酒会的区别是什么?
5. 举办鸡尾酒会的要点有哪些?
6. 冷餐酒会服务程序和鸡尾酒会服务程序是什么?
7. 茶艺服务实训模块的服务程序是什么?
8. 送餐服务的服务程序是什么?

实战演练

1. 实践内容

带领学生去当地的一家四星级或五星级酒店康乐中心参观。

2. 实践课程学时

4 学时。

3. 实践目的

通过实际操作,使理论与实践相结合,达到活学活用的目标。

4. 实践环节
(1) 以班为单位,走访相关酒店,并查阅相关资料。
(2) 以班为单位,讨论康乐项目管理的难点,并请工作人员现场解答。
5. 技能要求
能够了解康乐项目,初步掌握康乐项目管理过程。
6. 实践成果
能够了解饭店康乐项目包括的内容,能够简单分清康乐项目的种类与管理。

第九章
中英文基本礼貌服务用语实训

【知识目标】
1. 了解酒店常用中英文基本服务礼貌用语。
2. 熟练掌握酒店前厅服务、客房服务和中西餐服务的基本英文对话。
3. 熟知酒店常用服务用语的中英文对照。

【技能要求】
1. 能够熟练使用英文完成电话订房服务、办理入住登记服务、退房服务和点餐服务的对客沟通工作,并在规定时间内完成实训技能考核。
2. 具备酒店服务所需的基本英文对客服务能力和良好的英语口语沟通能力。

 **业界新闻**

提高外语水平 打造优质服务
——龙园宾馆组织员工开展英语培训活动

英语是酒店员工与外宾交流的主要语言工具,英语服务是和顾客沟通的必要条件,只有了解顾客需求,接受顾客的反馈意见,才能为顾客提供更好的服务。为了进一步提高宾馆员工的英语水平,4月7日下午,龙园宾馆组织客房部、餐饮部相关岗位员工开展了一场生动的英语培训课程。本次培训根据酒店部门工作程序,结合岗位服务需求,以全面提高员工的英文运用能力和口语表达能力为目标,制订了多项有针对性的酒店服务英语培训计划。

本次培训,培训老师首先带领大家从龙园宾馆在携程网的英文页面入手,以客人的角度,将页面内所用信息元素一一解读,从基本的预定、宾馆硬件设施到各个服务环节来层层了解酒店英语的特点,从发音、词汇、句型等方面进行了专业的讲解。

本次培训使大家对酒店英语知识有了更加深刻的了解,员工们纷纷表示会将所学的知识运用到日常工作中,不断学习提高,进一步为宾客提供更加优质的服务。

(资料来源:提高外语水平 打造优质服务——龙园宾馆组织员工开展英语培训活动[EB/OL].龙园宾馆官网. http://www.lwly.com.cn/content/? 378.html,2018-04-07.)

第一节　前厅服务用语实训

实训项目1：电话订房

（C＝酒店职员　　G＝酒店客人）

C：客房预订部,您早！愿意为您服务。

Good morning. This is Room Reservation. At you service.

G：早上好！我想预订一个房间。

Good morning. I'd like to reserve a room.

C：谢谢！要订在什么时候？

Thank you. What date would that be?

G：我们将在6月3号到达,5号离开。

We will arrive on June 3rd and check out on 5th.

C：从6月3号到6月5号。请问您要哪种房间？

From June 3th to 5th. And what kind of room would you prefer, sir?

G：双人间。顺便问一下,双人间的房价是多少？

A double room. By the way, how much is a double room?

C：双人间价格现在是960元。

A double room is 960 yuan per night. Will that be all right?

G：就这样,我订了。

OK, I will take it.

C：谢谢！您能告诉我您的姓名和您的日常联络电话号码吗？

Thank you. May I have your name and your daytime telephone number?

G：可以。我叫汤姆·史密斯,我的电话号码是3456-5859。

Sure. My name is Tom Smith. My phone number is 3456-5859.

C：谢谢您,史密斯先生！我想再确定一下您的预约。史密斯先生预订一个双人间,每晚960元,从6月3日到5日,2个晚上。您的电话是3456-5859。我叫李华,我们期待能为您服务。

Thank you. I'd like to confirm your reservation. A double room for Mr. Smith at 960 per night for two nights from June 3th to 5th. Your telephone is 3456-5859. My name is Li Hua. And we look forward to serving you.

实训项目2：帮客人送行李到服务台

C：晚上好！欢迎来到长富宫！

Good evening, welcome to CHANGFUGONG Hotel.

G：谢谢！

Thank you！

C：您们有多少件行李？
How many pieces of luggage do you have?

G：只有这三件。
Just the three.

C：我带您们到前台，请跟我来。
I'll show you to Front Desk. This way, please.

C：您们办完住宿登记后，服务员会带您们到房间去。祝您们入住愉快！
A bellman will show you to your room as soon as you finish checking in.
Please enjoy your stay.

实训项目3：办理住宿登记

C：欢迎光临长富宫！
Welcome to CHANGFUGONG Hotel.

C：先生，您预订了房间吗？
Do you have a reservation with us, sir?

G：三天前，我在贵酒店预订了房间。我叫汤姆·史密斯。
I had a reservation with you three days ago. My name is Tom Smith.

C：谢谢您，史密斯先生！请稍候。您预定了一个双人间，共住三个晚上，每晚960元，是这样吗？
Thank you, Mr. Smith. Just a moment, please! Your reservation is a double room at 960 yuan for three nights, correct?

G：是的。
Yes, that's right.

C：请填写这张住宿登记表，好吗？另外，我还要看一下您的护照。
Please fill in this form. And I want to see your passport.

G：好的。这是我的护照。
Sure. This is my passport.

C：谢谢！您打算如何付款？
Thanks a lot. How would you like to settle your bill?

G：用美国运通信用卡（用现金）。
By American Express Card. (In cash.)

C：让我刷一下您的信用卡，好吗？谢谢您，史密斯先生！您的房间是十一楼的1156号。这是您房间的钥匙卡片。请稍候，服务员会带您到房间。希望您住得愉快！
May I take a print of the card, please?
Thank you, Mr. Smith. Your room is 1156 on the eleventh floor. This is your key card. Just a moment, please. A bellman will show you to your room. I hope you will enjoy your room.

G：非常感谢！
Thank you very much.

实训项目4：送客人到房间

C：晚上好！我带您们到房间。电梯在这边。这是您们的房间。您认为这个房间怎样？

Good evening! I'll show you to your room. Your elevator is this way. This is your room. What do you think of it?

G：很好！

Very good!

C：我把您们的行李放在哪儿？

Where can I put your suitcases?

G：随便放吧。

Just put them anywhere.

C：要打开空调吗？

Shall I open the air conditioner?

G：打开吧，谢谢你。

Yes, please. Thanks.

C：桌上有酒店服务简介。如果有什么事，请给我打电话，我随时愿意为您效劳。祝您们住宿愉快！

There is a hotel service guide on the desk. If you need anything, just call me. And I'm always at your service. Enjoy your stay here!

实训项目5：回应客人的要求

C：晚上好！这里是前厅部，很高兴为您服务！

Good evening, Front Office! Can I help you?

G：我是1156的史密斯先生，刚入住。卫生间里只有一条浴巾，也没有卫生纸。

This is Mr. Smith in Room 1156, and I've just checked in. There is only one towel and there is no toilet paper in the bathroom.

C：非常抱歉！我们可能忽略了一些细小的地方。请稍等，我马上派一个服务员给您们把浴巾和卫生纸送去。

I'm very sorry to hear that. We might have overlooked some points. Wait a minute, please! I'll send a chambermaid to bring a towel and the toilet paper to your room at once.

G：谢谢！我能多要个枕头吗？我们还需要个吹风机。

Thank you! Can I have an extra pillow? And we need a hair dryer.

C：当然可以！我们的服务员会将枕头和吹风机一同送去。

Certainly! Our chambermaid will bring one pillow and hair dryer as well to your room.

G：非常感谢！

Thanks a lot!

C：别客气，史密斯先生！我叫李华，如果有什么我能做的，请尽管打电话。

You are welcome, Mr. Smith! My name is Li Hua. If there is anything I can do for you, please don't hesitate to call me.

G：真是太感谢了！

It's very kind of you!

实训项目 6：电话转接及留言

C：下午好！亚洲大酒店，很高兴为您服务！

Good afternoon! Asian Hotel, may I help you?

G：我找 1156 房间的史密斯先生。

I'd like to speak to Mr. Smith in Room 1156.

C：请别挂断，我这就给您接过去。

Please hold the line, and I'll put you through.

C：恐怕史密斯先生不在房间。

I'm afraid Mr. Smith isn't in his room.

G：我可以给他留个口信吗？

May I leave him a message?

C：当然可以！

Sure, go ahead.

G：请告诉他给我回电话。我叫比莎·史密斯，电话号码是 64261671。

Please ask him to call me back. My name is Bisa Smith at 64261671.

C：比莎·史密斯小姐，电话是 64261671。还有其他需要帮助的事吗？

Miss Bisa Smith at 64261671. Is there anything else?

G：就这样吧，谢谢！

That's all. Thank you!

实训项目 7：处理投诉

C：您好！前厅部，为您服务。

Good afternoon, Front Office! How can I help you!

G：抽水马桶不能用了，抽水马桶堵住了。

The water closet can not be used. It is clogged.

C：首先我们为给您带来的不便深表歉意，我们的修理工即刻来修理。

We do apologize for the inconvenience first, and our repairman will come to your room to repair it right away.

G：好吧。

That's fine.

实训项目 8：订票服务

C：下午好！为您服务！

Good afternoon! At your service.

G：7月19号有飞往纽约的班机吗？

Are there any flights to New York on July 19th?

C：我看一下，有两个班机，一个在上午九点，另一个在下午四点。

Let me see. Yes, there are two flights. One is 9 o'clock in the morning, the other is 4 o'clock in the afternoon.

G：我想订上午九点的班机。

I'd like to book the 9 a.m. flight.

C：好！请出示您的护照。

OK. Please show me your passport.

G：给你看吧。

Here you are.

C：要经济舱还是头等舱？

First class or economy class?

G：经济舱。

Economy.

C：座位是要靠近窗户的还是靠近通道？

And a window seat or aisle seat?

G：要靠窗户的座位。多少钱？

A window seat. How much is it?

C：7 600元。

7 600 yuan.

G：我在什么时候到什么地方取机票？

When and where do I pick up the ticket?

C：明天上午在这儿取票。

You can pick up the ticket here tomorrow morning.

C：玩得愉快！

Have a pleasant day!

实训项目9：办理退房

G：我想退房。

I'd like to check out.

C：好的，请把房间的钥匙给我好吗？

Sure. May I have your room key, please?

G：给你。

Here it is.

C：请稍后，我帮您结算账单。

Wait a minute, please! I'll draw up your bill for you.

C：您的账单为3 680元。

Mr. Smith, your bill total is 3 680 yuan.

G：我想用美元结账。

I'd like to pay with US dollars.

C：好的！汇率是七比一，共计460美元，我能刷一下您的美国运通信用卡吗？

The exchange is seven yuan for one US dollars. You should pay 460 dollars altogether. Can I print your American Express Card?

G：好的。

Here you are!

C：请您在这儿签字。

Could you sign here?

G：好的。

Sure.

C：谢谢！这是您的卡和收据。祝您旅途愉快！

Thank you! Here is your card and your receipt. Have a good trip!

第二节　客房服务用语实训

实训项目10：清理客房

C：（敲门）我是客房服务员，可以进来吗？

(Knocking at the door) Housekeeping, may I come in?

G：请进！

Come in, please!

C：您好！现在我可以清理房间吗？

Hello! May I clean your room now?

G：当然可以！

Certainly!

C：谢谢！一会儿就好。

Thank you! It will only take a minute.

C：（清理完房间）我已做完，还有别的事吗？

(Finished cleaning the room) I've done. Anything else?

G：你有送洗衣服的袋子吗？

Do you have the bags for laundry?

C：衣柜里有。

You can find a few bags for laundry in the closet.

G：谢谢！

Thank you!

C：不客气！祝您愉快！

You're welcome! Have a nice day!

第三节　中餐服务用语实训

实训项目11：餐厅点餐

C：可以点菜了吗？

Are you ready to order?

G：可以了。我们想吃中国菜，你可以为我们推荐一些有特色的中国菜吗？

Yes, We want to eat Chinese food. Could you recommend some special Chinese cuisines, please?

C：当然可以！北京烤鸭、松鼠桂鱼、东坡肉、冰糖湘莲、麻婆豆腐。

Certainly! Beijing Roast Duck, Fried Mandarin Fish in Squirrel Shape, Dongpo Pork, Sugar Candy Lotus Seeds and Ma Po Beancurd.

G：谢谢！我们要一只北京烤鸭、松鼠桂鱼、冰糖湘莲，它们听起来很特别。还要蔬菜沙拉。

Thank you very much! We'd like to have a Beijing Roast Duck, Fried Mandarin Fish in Squirrel Shape, Sugar Candy Lotus Seeds. They sound great. We want to get a vegetable salad, too.

C：您喝点什么？

What would you like to drink?

G：我想尝尝本地啤酒。

I want to try a local beer.

C：燕京啤酒怎样？这种啤酒在我们这儿很受欢迎.

How about Yanjing Beer? It is very popular here.

G：就要它吧！

I'll take it.

C：先生,您还要点别的吗？

Anything else, sir?

G：谢谢！先点这些。

No, thank you! That's all for now.

C：您们要筷子吗？

Shall I bring you chopsticks?

G：要筷子。

We'd like to use the chopsticks.

第四节 西餐服务用语实训

实训项目12：自助餐服务

C：晚上好！两位用餐，是吗？
Good evening! Dinner for two, right?

G：两位。
Yes, a table for two, please!

C：请将餐券给我好吗？
May I have your meal tickets, please?

G：给你吧！
Here you are!

C：谢谢！您们想坐在哪儿？
Thank you! Where would you like to sit?

G：我们想坐在窗子旁边。这儿真好！
We'd like to sit by the window. It's great here!

C：自助餐柜在那边，您们还可以在那里取餐具和餐盘。饮料在东边靠墙处。请自行取用，祝您们用餐愉快。
There is the main buffet table there. And you can get silverware and dishes there as well. Drinks are by the east wall. Help yourself and enjoy the meal!

实训项目13：送餐服务

C：您早！送餐服务，很高兴为您服务！
Good evening, Room Service! How can I help you?

G：我想预定早餐。
I'd like to book our breakfast.

C：您要点什么？
What would you like to order?

G：两份鸡蛋色拉三明治，两杯牛奶。馒头？"馒头"是什么？
Two egg salad sandwiches and two glasses of milk. Mantou? What is Mantou?

C：这是一种蒸的"面包"，在中国很受欢迎。
It's a kind of steamed "bread", and it is very popular in China.

G：我们要6个小馒头尝一尝，就这些。
We'll have six little Mantou and have a try. That's all.

C：我重复一下您的订餐，两份鸡蛋色拉三明治，两杯牛奶，6个馒头。
I'll repeat your order: two egg salad sandwiches, two glasses of milk and six little Mantou.

G：送餐服务要另加费用,是吗?
Is there an extra charge for room service, correct?

C：是。我们会另加10%的服务费。
Yes, we will add 10% service charge.

G：我们怎样付款?
How can we pay the bill?

C：我们会把您的费用加到您房间的账单上。您贵姓,房间号是多少?
We'll add the cost to your room bill. Can I have your name and your room number?

G：可以。史密斯,房号1156。
Sure, it's Smith in Room 1156.

C：谢谢您,史密斯先生!您的餐点大约在15分钟后送到。
Thank you, Mr. Smith! Your order will arrive in about 15 minutes.

实训项目14：酒吧服务

C：晚上好,先生!
Good evening, sir! At your service.

G：晚上好!我要一杯威士忌。
Good evening! I'll have a Scotch.

C：……

第五节　酒店常用服务用语中英文对照

一、酒店专用术语中英文对照

1. Accommodation(住宿)：提供睡觉休息的场所。

2. Adjoining Rocm(邻近房)：两个房间近连在一起。

3. Advanced Deposit(订金)：客人为了确保能有房间而提前支付给酒店一笔费用。

4. Advance Payment(预付金/押金)：按照酒店财务规定和有关规定,前台服务员要求客人预先支付房费和不可预测费用的付费方式,如现金担保、信用卡预授权。

5. Amenity(致意品)：酒店免费向住店客人提供的一些礼品,如水果、鲜花或饮品等。

6. Arrival(到店)：客人入住酒店的抵店。

7. Average Room Rate(平均房价)：所有住房的平均价格,它是前台的一个常用术语,即A.R.R.。

8. Block(预告锁房)：为了把某个房间保留下来,而提前把此房间在某日锁定,使其在该时间段显示被占用,有利于控制房间的预售。

9. Cancellation(取消)：客人取消订房。

10. Check-In：客人登记入住酒店,包括机场登机手续也是同样的叫法。

11. Check-Out：客人结账离开酒店。

12. Complimentary(免费)：由总经理批准提供给某个客人的不需要收费的房间，即 COMP。

13. Confirmation(确认)：酒店发给订房客人的一种十分详细的订房书面协议，承认客人在将来的某一天有权居住在本酒店。另外，机票中的往返票、联程票，在中转途中要求做位置的 Confirmation，否则航空公司有权取消该位置而转售他人。

14. Connecting(连通房)：两间房中间由一扇门连通起来的房间。

15. Corporate Rate(公司合同价)：与酒店有协议而提供给公司的客人的房间价格，这类价格通常为特别价，且保密。

16. Credit Card(信用卡)：由银行签发的一种可以作为交易的卡片，是代替现金支付的凭证。

17. Expected Departure Date(预离日期)：客人预计离店的日期。

18. Double Sale(双重出售)：两个没有关系的客人，被错误地安排入住同一间房。

19. Predeparture and non departure(预离未离房)：某个房间应该是空房，但到了中午12点以后，客人仍然没有退房。

20. Early Arrival(提前抵达)：在下午两点以前到达酒店办理入住手续的客人。

21. Extension(续住)：经过批准后的客人延长居住。另外，有分机的意思，如 Extension Number 1102，表示分机号1102，通常表述为 Ext. No. 1102。其动词为 Extend，续住又可以说成 Extended stay。

22. Extra Bed(加床)：一般应收费。

23. Forecast(预报/预测)：预先计算日后某一段时间的住房或其他计划，例如，Weather Forecast 天气预报，Room Reservation Forecast 订房预计。

24. Guest Folio(客人账单)：客人在酒店内消费的详细反映，指被打印出列有消费目录和价格的单子。结账不能叫作 Folio，通常说：Check，或者 Bill。

25. House Use Room(酒店自用房)：它通常包括三方面内容，即酒店高层管理员工短期或长期使用客房；客房短期用作仓库；客房用作办公室。给客人的免费房叫 Complimentary Room。

26. Housekeeping(客房部)：负责清扫公共区域和客人房间卫生的部门。客房部经理，也有称为行政管家，很少叫 Housekeeping Manager，一般称 Executive Housekeeper。

27. Housekeeping Report(管家部报表)：也叫"九三九"表，即早上9点、下午3点和晚上9点各出一份报表，是由客房部员工所做的人工检查出来的有关客房使用状态的报告，送给前台与计算机状态核对差异，即房态差异(Room Discrepancy)。

28. Late Check-out：超过规定退房时间后的退房，通常酒店规定退房时间为中午12点，超过这个时间退房的应该加收房租，除非得到批准。

29. Log Book(交班本)：本部门之间员工沟通的记录本，记录本班次未做完、需要交代下一个班次跟进的工作内容。也可以记录一些重点提醒的问题、通知等。

30. Net Rate(净价)：不含服务费的房价价格。

31. Out Of Order(坏房)：因为需要整修或进行大装修而不能出售的房间。

32. Package(包价)：包含房费、餐费或其他费用的价格。住房包餐、住房包洗衣等，如本地包价 Local Package，即对本地客人提供的一种比较便宜的价格。

33. Permanent Room(长包房)：客人长期包房居住，也叫 Long-staying Room。

34. Rack Rate(门市价/挂牌价)：酒店公开的门市价，即在房价表(Room Tariff)上的原房价。

35. Register(登记)：把一个客人变成住店客人的过程。

36. Register Card(登记卡)：客人入住酒店时所必须填写的表格，通常包含以下内容：名字、入住日期、房价等。

37. Room Change(换房)：客人从一个房间搬到另一个房间。

38. Room Rate(房价)：客房的收费标准。

39. Room Type(房型)：房间种类。

40. Rooming List(住客名单)：旅行社寄给酒店的团体客人的分房名单。

41. Share With(同住)：两个客人同住一间房。

42. Travel Agent(旅行社)：专门负责代办客人旅游、住房的机构。

43. Upgrade(升级)：基于某些方面的原因，酒店安排客人住高一档价格的房间，而仅收原来的价格。

44. Vacant Room(空房)：空的，且能马上出租的房间。

45. V.I.P.(贵宾)：即 Very Important Person，由酒店规定的给予特别关注的贵宾。

46. Voucher(凭证)：通常指由旅行社发出的用于支付房间费用的收款凭证，持 Voucher 住房的只收取押金，同时注意房价对其保密，Check-in 和 Check-out 时要避免在账单上出现房价。

47. Walk-In(敲门客)：没有预定，没有事先约定随意上门来住宿的客人。

48. F.I.T.：即 Free Individual Tourist，散客。

49. G.R.P.：即以团体形式入住的，如旅行团和会议客人，目前也有些集体出游的自驾车客人。一些地方行业规定5间房成团，一些为8间房成团。团队不但有很优惠的房价，同时住房有"十六免一""司陪半价"的优惠政策。

50. Banquet(宴会)：大型的、正式的宴请。

51. Concierge(礼宾部)：也叫 Bell Service，为住店客人提供行李服务等特别服务的部门。

52. Collect Call(对方付费电话)：由受话人付款的一种形式。

53. City Ledger(挂账)：客人使用完酒店各种设施，但并不直接付款，而通过记账以后一起结算的方式，如公司月结等。

54. Double Lock(双锁)：客人出于安全起见，或某种需要，关上门同时反锁，使一般钥匙不能打开。

55. E.T.A.：即 Estimated Time of Arrival，估计的到达时间。

56. E.T.D.：即 Estimated Time of Departure，估计的离开时间。

57. Fully-Booked(房满)：酒店所有房间均已住满。

58. Late Arrival(迟到)：客人超过下午6点还没有到达的订房。

59. Lost And Found(失物招领)：通过管家部员工负责保管的所有住店客人遗留下来的各种物品。

60. Late Change(离店未结账款)：那些客人离店后才发现未付的各项必须要收的钱。

61. Master Folio(总账):特指为团体而设的主账单,成员账单叫 Branch Folio。

62. M.T.D.:即 Month To Date,指当月累积总数。

63. Morning Call(叫早):清晨的叫早(醒)服务,如下午或晚上叫醒,英文统一叫 Wake-up Call。

64. No-show(没到客人):确认好订房没有经过取消而没来的客人。

65. Room Status(房态):客房部规定的关于房间使用的状况。

66. Skipper(逃账):客人没付账就离开酒店。

67. Suite(套房):由两个以上的房间组成的房间。

68. Turn-Down Service(开夜床):由管家部员工为每个住房而做的开床服务。

69. Day Use(日租房):当日进当日退的客房,也称钟点房,退房时间不超过下午6点。

70. D.N.D(请勿打扰):即 Do Not Disturb,指客人不希望别人打扰。

71. Double Bed Room(双人房):有一张大床的房间。

72. Twin Bed Room(双人房/标准间):一个房间有两张小床。

73. Guaranteed(担保):客人以预付定金或本公司函电确认订房,无论客人是否到店都要保留,而无论是否入住都要付房费。

74. Discount(折扣):为争取更多的客人而给予的折扣,一般给没有协议的散客礼貌性折扣,即 Courtesy Discount。

75. Rebate(冲减费用):如客人对服务不满意,酒店给予适当费用的打折或免费,统称为 Rebate。通常行使 Rebate 的权利的是大堂副理。当然,前厅部主管以上人员也有相应的 Rebate 权限。

76. Welcome Drink(欢迎饮料):通常是给住客入住时赠送的免费软饮料(不含酒精),在大堂吧或咖啡厅较多,也有送给夜总会的。

77. Breakfast Coupon(早餐券):用于免费用早餐的凭证。

78. Guarantee Booking(担保订房):凡是有按金、信用卡、公司(信函、传真、网络订房并经市场营销经理批准)、旅行社等担保的订房称为担保订房。无论客人到达与否,酒店有权向担保人或公司收取一晚的房租。

79. Hold Room Until 6:00 p.m.(留到下午6点):在旺季期间,对于没有到达时间、按金、信用卡、公司担保信、旅行社担保的订房,只保留房间至下午6时,以确保酒店的利益。

80. Late Amendment & Cancellation(旅行社过迟更改与取消):通常在合同中规定,旅行社要做订房更改或取消时,在淡季必须在3天之前,旺季必须在7天之前通知酒店,否则酒店会向旅行社收取一晚的房租。

81. Commission(佣金):当旅行社的订房是客人自付时,或订房是通过其他订房组织时,酒店往往回扣房租的一定比例给旅行社作为报酬。

82. Allotment(配额订房):酒店每天以一定数量的房间配额给网络订房公司,以保证他们在房间紧缺时能顺利地订房。

83. Cut Off Days(截止天数):为了维护酒店本身的利益,酒店会要求旅行社在规定的天数之前通知使用配额的订房,若在规定的天数之前收不到任何订房资料,酒店会取消所预留的房间,所规定的提前天数称为截止天数。

例如,给甲旅行社的房间配额为每天 5 间,截止天数为 21 天。若甲旅行社想使用其配额来订 12 月 26 日的房,则必须要在 12 月 5 日(即 21 天前)提前通知酒店,否则在 12 月 6 日的早上,酒店便会取消甲旅行社在 12 月 26 日的配额,而在这之前,无论房间如何紧缺,酒店亦无权动用旅行社的配额。

84. Surcharge(附加费):又称 Service Charge 服务费,所有房间的收费都应在标价的基础上加 15%附加费,其中 10%为服务费,5%为政府税收。例如,标价为￥100,则应收￥100×1.15＝￥115,所加收的 15 元便是附加费。

85. Waiting List(候补订房):当酒店订房已超订及无法接受更多的订房时,为了保障酒店的收益和满足客人的需要,把额满后的订房列在候补名单上,一旦有机会,酒店便会安排候补名单的客人的住房。

86. Occupancy(入住率):酒店总经理会不定期地到前台询问当日的 Occupancy,已成酒店的惯例。

二、酒店职务中英文对照

(一) 常见职务职位中英文对照

1. 董事总经理:Managing Director
2. 经济师:Economist
3. 总经理:General Manager
4. 副总经理:Deputy General Manager
5. 驻店经理:Resident Manager
6. 总经理行政助理:Executive Assistant Manager
7. 总经理秘书:Executive Secretary
8. 总经理室:Executive Office
9. 机要秘书:Secretary
10. 接待文员:Clerk
11. 副总经理:Vice General Manager
12. 总经理助理:Assistant to General Manager
13. 总经理秘书:Secretary to General Manager
14. 行政秘书:Executive Secretary
15. 行政助理:Administrative Assistant
16. 人力资源开发部:Human Resources Division
17. 人事部:Personnel Department
18. 培训部:Training Department
19. 督导部:Quality Inspection Department
20. 计财部:Finance and Accounting Division
21. 财务部:Accounting Department
22. 成本部:Cost-control Department
23. 采购部:Purchasing Department
24. 计算机部:E.D.P.

25. 市场营销部：Sales & Marketing Division

26. 销售部：Sales Department

27. 公关部：Public Relation Department

28. 预订部：Reservation Department

29. 客务部：Room Division

30. 前厅部：Front Office Department

31. 管家部：Housekeeping Department

32. 餐饮部：Food & Beverage Department

33. 康乐部：Recreation and Entertainment Department

34. 工程部：Engineering Department

35. 保安部：Security Department

36. 行政部：Rear-Service Department

37. 商场部：Shopping Arcade

38. 人力资源开发总监：Director of Human Resources

39. 人事部经理：Personnel Manager

40. 培训部经理：Training Manager

41. 督导部经理：Quality Inspector

42. 人事主任：Personnel Officer

43. 培训主任：Training Officer

44. 财务总监：Financial Controller

45. 财务部经理：Chief Accountant

46. 成本部经理：Cost Controller

47. 采购部经理：Purchasing Manager

48. 采购部主管：Purchasing Officer

49. 计算机部经理：E.D.P. Manager

50. 总出纳：Chief Cashier

51. 市场营销总监：Director of Sales and Marketing

52. 销售部经理：Director of Sales

53. 公关经理：P.R. Manager

54. 宴会销售经理：Banquet Sales Manager

55. 销售经理：Sales Manager

56. 宴会销售主任：Banquet Sales Officer

57. 销售主任：Sales Officer

58. 高级销售代表：Senior Sales Executive

59. 销售代表：Sales Executive

60. 公关代表：P.R. Representative

61. 总行政办公室：Executive Office

62. 宾客关系主任：Guest Relation Officer

63. 公关部经理：Public Relation Manager

64. 公关部主任：Public Relation Supervisor

65. 客户经理：Account Manager

66. 高级客户经理：Senior Account Manager

67. 资深美工：Senior Artist

68. 美工：Artist

69. 销售部联络主任：Sales Coordinator

70. 资深销售中心预订员：Sales Center Senior Reservation Clerk

71. 销售中心主任：Sales Center Supervisor

72. 礼宾部经理：Chief Concierge

73. 行李员：Bellboy

74. 女礼宾员：Door Girl

75. 礼宾司：Door Man

76. 财务部：Accounting

77. 营销部：Sales & Marketing Dept.

78. 总经理：General Manager

79. 人力资源及培训部：Human Resource & Training Dept.

80. 常务副总经理：Deputy General Manager

81. 房务部：Room Division

82. 餐饮部：Food & Beverage Dept.

83. 采购部：Purchasing Dept.

84. 信息部：Information Dept.

85. 保安部：Security Dept.

86. 工程部：Engineer Dept.

87. 客房总监：Director of Housekeeping

88. 前厅部经理：Front Office Manager

89. 前厅部副经理：Asst. Front Office Manager

90. 大堂副理：Assistant Manager

91. 礼宾主管：Chief Concierger

92. 客务主任：Guest Relation Officer

93. 接待主管：Chief Concierge

94. 接待员：Receptionist

95. 车队主管：Chief Driver

96. 出租车订车员：Taxi Service Clerk

97. 行政管家：Executive Housekeeper

98. 行政副管家：Assistant Executive Housekeeper

99. 接单员、文员：Order Taker

100. 客房高级主任：Senior Supervisor

101. 楼层主管：Floor Supervisor

102. 楼层领班：Floor Captain

103. 客房服务员：Room Attendant

104. 洗衣房经理：Laundry Manager

105. 餐饮总监：F&B Director

106. 餐饮部经理：F&B Manager

107. 西餐厅经理：Western Restaurant Manager

108. 中餐厅经理：Chinese Restaurant Manager

109. 咖啡厅经理：Coffee Shop Manager

110. 餐饮部秘书：F&B Secretary

111. 领班：Captain

112. 迎宾员：Hostess

113. 服务员：Waiter，Waitress

114. 传菜：Bus Boy，Bus Girl

115. 行政总厨：Executive Chef

116. 中厨师长：Sous Chef（Chinese Kitchen）

117. 西厨师长：Sous Chef（Western Kitchen）

118. 西饼主管：Chief Baker

119. 工程总监：Chief Engineer

120. 工程部经理：Engineering Manager

121. 值班工程师：Duty Engineer

122. 保安部经理：Security Manager

123. 保安部副经理：Asst. Security Manager

124. 保安部主任：Security Manager

125. 保安员：Security

126. 商场部经理：Shop Manager

127. 商场营业员：Shop Assistant

（二）其他职务职位中英文对照

1. CAO：Art 艺术总监

2. CBO：Business 商务总监

3. CCO：Content 内容总监

4. CDO：Development 开发总监

5. CEO 首席执行官

6. CGO：Government 政府关系总监

7. CHO：Human Resource 人事总监

8. CKO：Knowledge 知识总监

9. CLO：Labour 工会主席

10. CMO：Marketing 市场总监

11. CNO：Negotiation 首席谈判代表

12. CPO：Public Relation 公关总监

13. CQO：Quality Control 质控总监
14. CRO：Research 研究总监
15. CSO：Sales 销售总监
16. CUO：User 客户总监
17. CVO：Valuation 评估总监
18. CWO：Women 妇联主席

本章小结

本章主要介绍了电话订房、帮客人送行李到服务台、办理住宿登记、送客人到房间、回应客人的要求、清理客房、客房点餐、自助餐服务、餐厅点餐、酒吧服务、电话转接及留言、处理投诉、订票服务、办理退房等方面的外语知识。

掌握酒店的基础外语知识，是做好酒店实务的根本与必要条件。

本章思考题

1. 以下常用的服务实训模块的内容有哪些？
2. 以下常用的服务实训模块的服务程序与服务标准是什么？

实训项目1：电话订房

实训项目2：帮客人送行李到服务台

实训项目3：办理住宿登记

实训项目4：送客人到房间

实训项目5：回应客人的要求

实训项目6：电话转接及留言

实训项目7：处理投诉

实训项目8：订票服务

实训项目9：办理退房

实训项目10：清理客房

实训项目11：餐厅点餐

实训项目12：自助餐服务

实训项目13：送餐服务

实训项目14：酒吧服务

3. 请用英文描述酒店主要一线部门及职位。

实战演练

酒店专业英语职业技能测试

测试目标：酒店英语　　　　　　　　　　测试时间：10分钟

测试对象：酒店专业学生　　　　　　　　测试成绩：

1. 测试1

酒店专业职业技能测试内容如表9-1所示。

表9-1 酒店专业职业技能测试内容

项目编号	测试项目名称	测试内容	测试要求	测试分值	实际得分
1	酒店英语办理预约住宿登记	Smith夫妇前来办理预约住宿登记。住宿时间从7月15日到18日3个晚上。房间是11层的1156	1. 使用登记住宿礼貌用语	20	
			2. 确认预约登记	20	
			3. 要求客人登记	20	
			4. 请客人出示证件	20	
			5. 告知楼层和房间号	20	
				100分	

考核时间: 年 月 日 考评师(签名):

测试环境:酒店专业校内实训室

测试流程:

(1) 两个学生一组看测试内容,准备5分钟。

(2) 开始测试。

一个是酒店职员=C,另一个是酒店客人=G。

测试说明:

(1) 通过在酒店专业实训室测试,了解学生在仿真环境下能否用英语完成未来实际工作所需要的办理预约住房登记服务。

(2) 人员组织:2人/组。

(3) 评分等级:85分以上为优秀,70~85分为良好,60~70分为合格,60分以下为不合格。

评分要点:

C:Good evening! Welcome to our hotel!

G:Good evening! I'd like to check in …

(Just a moment, please! Thank you for waiting. May I have your name, please! I hope you will enjoy your stay here.) Would you …

C:Do you have a reservation with us?

G:I had a reservation with you three days ago. My name is Tom Smith.

C:Thank you for your waiting. Your reservation is a double room for three nights, isn't it? Could you fill in the registration card, please?

G:OK! Thank you.

C:Would you show me your passport (ID card)?

G:Here you are.

C:Thank you, Mr. Smith! Your room is 1156 on the eleventh floor. Just a moment, please! Our bellman will show you to your room. I hope you will enjoy your stay.

G:Certainly! My family name is Smith, and my telephone number is …

能够表达每个要求得6~7分,较流利表达得7~8分,能流利表达且没有严重的语法错误得 9～10 分。

2. 测试 2

测试内容如表 9-2 所示。

表 9-2 测试内容

项目编号	测试项目名称	测试内容	测试要求	测试分值	实际得分
1	酒店英语电话订房	Smith 先生预约一间双人间，每晚 960 元，从 7 月 15 日到 18 日 3 个晚上。Smith 的电话号码是 65261691	1. 使用电话订房礼貌用语	20	
			2. 询问或回答订房时间（住宿多长时间）	20	
			3. 询问或回答房价	20	
			4. 询问或回答订房人姓名和电话	20	
			5. 是否确定预约	20	
				100 分	

考核时间： 年 月 日 考评师（签名）：

测试环境：酒店专业校内实训室

测试流程：

(1) 两个学生一组看测试内容，准备 5 分钟。

(2) 开始测试。

一个是酒店职员＝C，另一个是酒店客人＝G。

测试说明：

(1) 通过在酒店专业实训室测试，了解学生在仿真环境下能否用英语完成未来实际工作所需要的电话订房服务。

(2) 人员组织：2 人/组。

(3) 评分等级：85 分以上为优秀，70～85 分为良好，60～70 分为合格，60 分以下为不合格。

评分要点：

C：Good morning! This is Room Reservation. May I help you?

G：Good morning! I'd like to reserve a double room.

C：Thank you! What date would that be? (For what date?)

G：We'll arrive on July 15th, and stay for three nights.

G：We'll arrive on July 15th.

C：How many nights are you staying?

G：Three nights.

G：How much are double room?

C：Double rooms are 960 yuan.

C：May I have your family name and your daytime telephone?

G：Certainly! My family name is Smith, and my telephone number is 65266151.

C：Thank you, Mr. Smith! Your phone number is 65261651.

C: I'd like to confirm your reservation. A double room for Mr. Smith at 960 yuan per night. You'll stay here for three nights from July 17th to 19th. We look forward to your coming.

能够表达每个要求得6~7分,较流利表达得7~8分,能流利表达且没有严重的语法错误得9~10分。

第十章
实训必备知识

【知识目标】
1. 了解具有代表性的著名国际酒店集团。
2. 熟悉中国本土酒店集团的发展情况。
3. 了解星级酒店评定方式和标准。

【技能要求】
1. 能够联系实际，分析酒店品牌发展所应具备的条件。
2. 具备酒店行业资料搜集、整理能力，酒店集团经营理念的分析和表达能力。
3. 能够分析酒店行业的发展趋势和前景。

 **业界新闻**

万豪：并购为王

122亿美元"鲸吞"喜达屋，令一向精于以并购切入新市场、快速做大规模的万豪得以轻松迈过百万间客房的门槛，成了名副其实的"并购为王"。补位海外市场、巩固高端势力、扩充品牌家族，豪门联姻带来的规模效应立竿见影，而能否在各个细分领域均有上佳表现，则有待时间检验。

随着2015年11月万豪国际酒店集团发出收购喜达屋酒店与度假村国际集团的一纸公告，酒店业第一个客房数量突破百万的巨无霸即将诞生：30个酒店品牌、5 500家酒店、110万间客房、7 500万忠实客户以及30万员工，市值则更是高达约310亿美元。

仅按客房数量这一个标准来衡量，合并后的集团就几乎比排在第二位的希尔顿全球酒店集团客房数量高出1倍之多，规模领先优势十分突出。尽管有关整合的各项工作仍在进行之中，但业界关于谁会成为第一个拥有百万客房的酒店集团的争论，至此已是尘埃落定。

事实上，这并不是万豪在2015年唯一的一桩交易，年初，它就以1.3亿美元的代价拿下了加拿大酒店集团德尔塔酒店和度假村（Delta Hotels & Resorts）。继续往前倒推，2013年南非普罗提（Protea Hotels），2012年美国盖洛德（Gaylord），2011年西班牙AC Hotels，乃至于赫赫声名的丽思卡尔顿（Ritz Carlton）以及万丽（Renaissance），都是万豪通过收购得来的。

与前期需要投入大量时间和人力进行调研的自建品牌相比,收购显然是一条规模扩张的快捷通道。虽然代价可能不菲,但不仅结果更有保障——成熟品牌均有各自稳定的客户群,也都经历了市场的考验,更重要的是,多个品牌协同作业所能带来的效应着实让人期待:共享的营销和供应商后台,充沛的资金支持忠实客户计划,乃至更为丰富的品牌和门店满足不同客户群的需求。

而万豪正是遵循着这一路径一步步壮大,客房数量从1995年的不足7万间,稳步增长至2015年11月的逾100万间,20年时间翻了近4番,仅在2004年出现了小幅的回缩。

伴随客房数量的增加,其收入和利润水平同步提升,2014财年分别达到了138亿美元和10.4亿美元。当年,其新签了超过650家酒店、约10万间客房,折算下来,几乎是每两天就新签一家酒店,创下了集团史上的新纪录。

史无前例的扩张步伐,让万豪2014财年末的在建和筹建规模达到了逾1 400家酒店和24万间客房,野心足见一斑。只是,在财报中,它依然保守地写道:"由于酒店所有者将投入高达500亿美元新建项目,万豪的酒店客房数量将在未来数年内迈过百万这个门槛。"如今以122亿美元"鲸吞"喜达屋,只此一步,就让万豪轻松迈过了百万级的门槛,成了名副其实的"并购为王"。

(资料来源:周莹.万豪:并购为王[J].新财富,2016(2):38-45.)

第一节 著名国际酒店集团

国际酒店集团的发展,一般是以建设成功的国际品牌酒店的盈利模式为基础,然后进行大量的复制与扩张。近年来,国际酒店业变化频繁,并购浪潮一浪高过一浪。世界排名也呈不断变化状态。根据酒店行业权威媒体美国《酒店》杂志公布的2021年全球酒店排名榜,下面对名列前茅的著名国际酒店集团做简要介绍。

一、万豪国际酒店集团公司(Marriott International)

由约翰·威利德·马里奥特(John Williard Marriott)和艾丽斯·马里奥特(Alice Marriott)夫妻共同创立于1927年,并一直由马里奥特家族管理。万豪拥有遍布全球139个国家和地区的30个品牌共8 000多家酒店,名列2022年《财富》全球最受赞赏公司榜单第22名。万豪国际酒店集团总部位于美国马里兰州贝塞斯达。万豪国际酒店集团于1997年进入中国酒店业市场,并于此后快速发展。

2015年万豪国际酒店集团宣布将以136亿美元收购喜达屋酒店及其度假村,2016年9月23日最终宣布收购完成。随着并购的完成,万豪在亚洲和中东及非洲地区的市场规模扩大了一倍以上,成为全球最大的酒店集团。同时万豪也成为拥有品类最全的酒店品牌组合。如瑞吉、豪华精选、W酒店、设计酒店、喜来登、威斯汀、艾美、福朋、雅乐轩等都是属于原喜达屋酒店集团旗下品牌。

(一)豪华品牌

1.丽思卡尔顿酒店(The RITZ-CALTON Hotel Company)

丽思卡尔顿酒店传奇始于著名的饭店老板恺撒·里兹,他被爱德华七世誉为"为国王服务的饭店老板"。1983年,丽思卡尔顿酒店公司成立,到1992年年底,该酒店公司已扩张至23家顶级豪华酒店。1998年,丽思卡尔顿酒店公司的成功引起了酒店业的关注,该品牌被万豪国际收购。丽思卡尔顿作为超豪华酒店品牌,以最优质的服务著称于世,也是全球范围内住宿、餐饮、服务的标志性品牌。

2. 瑞吉酒店及度假村(ST REGIS Hotel & Resorts)

约翰·雅各布·阿斯特四世于一个多世纪前在纽约市创立了首家瑞吉酒店。瑞吉酒店始终致力于其颇负盛名的瑞吉管家服务细致入微的个性化定制、周到的先行服务。

3. JW万豪酒店及度假村(JW Marriott Hotels & Resorts)

1984年,第一家为集团纪念创始人约翰·威利德·马里奥特(John Williard Marriott)的JW万豪酒店在华盛顿开业。JW万豪是万豪集团最形象化的缩影,是万豪旗下的豪华品牌。

4. 豪华精选酒店及度假村(The LUXURY Collection)

豪华精选酒店公司起源于意大利大酒店有限公司,该公司成立于1906年,旗下拥有一些意大利最负盛名的豪华型酒店,其中就有威尼斯运河边最美的丹尼利酒店。1994年被喜达屋收购才创立了豪华精选品牌,后由于万豪收购喜达屋而归于万豪旗下。豪华精选品牌是一系列提供别具特色地道体验、为旅客留下珍贵难忘回忆的精选酒店与度假酒店的集合。豪华精选酒店及度假村均别具特色、风情各异。

5. W酒店(W Hotels Worldwide)

W酒店品牌创立于1998年,其目标宾客很明确,是那些时尚潮流的创造者。W就酒店主打现代化的时尚风格,标志是大字报式醒目的中英文网站、标识、宣传资料,黑白搭配桃红色的主题色和酒店特色相得益彰。这里的所有服务和设施都为年轻一代服务,帮顾客从家里打包行李,带宠物入住,拥有最潮的酒吧、餐吧,提供瑜伽课,还有随时/随需服务(Whatever/Whenever)。

6. 艾迪逊酒店(EDITION)

艾迪逊这一全新生活时尚酒店品牌由万豪与远见卓识的酒店业者伊恩施拉格(Ian Schrager)联袂打造。艾迪逊酒店的诞生,翻开了生活时尚酒店的新篇章,颠覆了奢华酒店的传统定义,完美结合了万豪的国际网络及专业的运营管理。艾迪逊酒店不仅具有创新设计和个性化的现代服务,还能提供独具特色的餐饮娱乐体验,让"无限精彩汇聚一处"。

(二)高端品牌

1. 万豪酒店(Marriott)

万豪酒店品牌作为万豪的母牌,拥有出众的城市型酒店及度假酒店,遍布全球超过55个国家和地区,超过550多家酒店提供活力贴心服务。

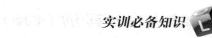

2. 喜来登酒店(Sheraton)

喜来登是喜达屋(Starwood)酒店集团中最大的连锁酒店品牌,也是集团中第二老的酒店品牌(第一是 WESTIN)。2016 年,万豪国际集团完成对喜达屋集团的并购,喜来登遂成为万豪旗下高级酒店品牌。喜来登的酒店形态种类繁多,涵盖一般的商业旅馆和大型度假村。喜来登品牌一直企图维持高品质形象,在世界上的喜来登酒店大多数被当地机关评选为五星级酒店。

3. 万豪度假会(Marriott Vacation Club)

万豪度假会属于度假式酒店品牌。1984 年,第一家万豪度假会开业,万豪首次尝试推广分时度假的理念。万豪度假会于 1990 年开始与专注于质量的分时度假交换提供商——国际时段度假公司(Interval International)建立合作关系。成立不到十年,万豪度假会就扩展到了欧洲和亚洲。为了保持公司的创新历史,2010 年推出了一项新的基于积分的计划,为业主和会员提供了无与伦比的度假体验灵活性。

4. 德尔塔酒店(Delta Hotels Marriott)

德尔塔酒店是北美领先的四星级酒店品牌之一,酒店覆盖多伦多和埃德蒙顿等繁华都市以及班夫和惠斯勒等度假胜地。经典现代的设计、贴心周到的服务及先进完备的设施适合商务出差或休闲度假旅游者。

5. 艾美酒店及度假村(Le Meridien Hotels & Resorts)

1972 年法航创办艾美酒店品牌,立足于为旅客提供温馨舒适的"家外之家",旗下首家酒店是位于巴黎的星辰艾美。2005 年艾美加入喜达屋,后并购入万豪。艾美的整体风格非常法式,不一味追求华贵,却加入了现代艺术元素,俘获了不少品位不俗的客人。酒店主题里常融入画廊、摄影、音乐和精致甜点等。

6. 威斯汀酒店及度假村(Westin Hotels & Resorts)

威斯汀曾是喜达屋集团中历史最悠久的酒店品牌,而其据点分布是第二多的,随着万豪并购喜达屋,威斯汀现隶属于万豪国际酒店集团公司。威斯汀对于酒店地点的选择偏好集中在城市中的中心商业区(不包含度假村)。威斯汀锁定的市场是高阶的消费族群,世界各地的威斯汀都被当地机关评选为五星级的酒店。1999 年威斯汀引推出天梦之床(Heavenly Bed),改变了业界对于顶级睡眠体验的传统认识。

7. 万丽酒店(Renaissance Hotels)

万丽酒店属于高档全功能型酒店品牌,致力于给客人提供精品酒店的氛围。1982 年成立,最早属于华美达品牌之一,后期由于集团变更而独立出来。1997—2005 年,万豪完成了对大部分万丽酒店的收购。万丽酒店大都很具有历史感,因为它们往往坐落于世界各大名市的中心位置,毗连旅游景点,建筑本身也是城市以前的重要地标。

8. 盖洛德酒店（Gaylord Hotels）

盖洛德酒店品牌于 2012 年被万豪国际集团收购，通过本次收购，万豪国际集团获得盖洛德娱乐公司名下位于田纳西州、德克萨斯州、佛罗里达州和马里兰州四座酒店的管理权。盖洛德主打酒店建筑的特色，有些酒店建筑为列入文化遗产的历史建筑。酒店大多设计的恢宏大气并强调酒店里应有尽有。

（三）精选品牌

1. 万怡酒店（Courtyard by Marriott）

万怡酒店为万豪集团旗下的酒店，是专为商务旅客设计的中档酒店品牌。1983 年，第一家万怡酒店在亚特兰大开业。目前，万怡酒店已遍布全球 35 个国家和地区，共设超过 900 家酒店。

2. 福朋酒店（Four Points by Sheraton）

福朋喜来登始建于 1995 年，是喜来登酒店及度假村的副线品牌，为四星级商务酒店品牌。福朋酒店在经典中融入现代细节，为寻求平衡的独立旅者献上富有当地特色的饮品和活动，提供轻松、舒适的旅行体验。福朋强调为顾客备齐旅途所需，风格经典永恒。

3. 万豪春丘酒店（SpringHill Suites by Marriott）

万豪春丘品牌创立于 1998 年，其强调工作和生活应该分开，所以酒店房间大多以套房形式区分休息区和工作区，想让客人拥有旅行也像在家一样轻松和舒适的感受。万豪春丘酒店作为全套房酒店，提供独立的睡眠、休闲以及工作空间，适合商务和休闲顾客。

4. 普罗提亚酒店（Protea Hotels）

非洲知名的连锁酒店品牌，于 2014 年被万豪国际集团收购，至此万豪成为中东和非洲地区最大的酒店运营商。普罗提亚酒店以其细致体贴的服务与富有当地风情的环境著称。

5. 万枫酒店（Fairfield Inn by Marriott）

万枫酒店源起于美国弗吉尼亚州蓝岭山脉脚下的万枫庄园，曾属于英国国王。万枫庄园以热情的服务著称，招待过包括美国前总统艾森豪·威尔和里根在内的诸多政要商贾与社会名流。由万豪于 1950 年收购，成为后来遍布全球的万枫酒店品牌。万枫酒店秉承了万枫庄园踏实好客的作风，坚持传统及优质的服务，为每一位旅者带来恰如其分的住宿体验。

6. AC 酒店（AC Hotels by Marriott）

万豪 AC 酒店是一个全面关注旅客需求的中高端时尚生活酒店品牌。每家酒店都拥有便利的城市位置和时尚的国际化氛围。这些酒店充分诠释都市化的含义，非常适合希望真正体验城市大千精彩的商务和休闲旅客。

7. 雅乐轩酒店（Aloft-Hotels）

雅乐轩酒店品牌开创于 2008 年，原是喜达屋酒店集团在中国推出的一个新品牌，虽然不参与星级标准评定，但是价格标准介于国内三星级酒店到四星级酒店之间。雅乐轩客源定位于中外高端时尚人士,直营方式经营。雅乐轩酒店以时尚、灵动、新空间,打造全新感官体验,专为热爱开放式空间、开放式思维和开放式表达的全球旅行者而设,支持旅客携带36斤以下的宠物狗入住。

8. Moxy 酒店(Moxy Hotels)

2014年9月,米兰Moxy酒店的开业标志着Moxy酒店品牌正式创立。Moxy酒店源于青年旅社,它将时尚设计与亲切服务相结合,是专为全球新一代旅行者和拥有年轻之心的宾客打造的崇尚创新的酒店品牌。通过应用多项科技的卧室、充满活力的大堂空间和温暖的现代化服务,Moxy酒店旨在为旅行者提供体贴的服务与富有活力且妙趣横生的体验。

(四)长住品牌

1. 万豪行政公寓(Marriott Executive Apartments)

万豪行政公寓主要面向入住数周、数月或更长时间的全球旅客。万豪行政公寓多建于国际大都会市中心,从开放式客房到三卧室楼层均配备美食厨房、专用办公区和客厅等豪华设施。万豪行政公寓是满足在海外出差达一个月或者一个月以上的企业行政人员的需要而设计的企业住宿品牌酒店。致力于给客人提供最好居家设施以及与酒店一样的服务。

2. 万豪居家酒店(Residence Inn by Marriott)

全球知名的长期住宿品牌,装潢布置更贴近家的感觉,但保留了行政公寓的服务规格,强调本土化的舒适居住环境。

3. 万豪唐普雷斯酒店(Towne Place Suites by Marriott)

唐普雷斯酒店是属于万豪旗下长租类型的连锁酒店,亲切的服务、中等价位的房价,内外部齐全的设施,配置完整厨房和餐具,但房间布局更接近酒店,除适合商务长住外也适合家庭旅行短住,能够迎合宾客的多种需求。

4. 源宿酒店(element by Westin)

源宿酒店的灵感来自威斯汀,是一家结合了现代设计、精巧构思、高效空间利用和高档设施的酒店。源宿酒店旨在通过以自然为本的环境和可持续的环保理念,造就无与伦比的时尚舒适体验。开放式设计和健康的餐饮选择,为长期住宿注入新活力。

5. 万豪度假居庭系列(Marriott Homes & Villas by Marriott International)

在美国、欧洲、加勒比海和拉丁美洲地区的100多个目的地,提供超过2000个精心打造的尊贵及豪华家居,为旅行呈献更多选择。

二、希尔顿酒店集团公司(Hilton Worldwide Holdings Co. Ltd.)

康拉德·希尔顿(Conrad N. Hilton)于1919年在美国得克萨斯州收购了第一家酒店创立自己的品牌,1925年开设了首家以希尔顿为名的酒店。希尔顿总部位于弗吉尼亚州泰森角,已有近100年的历史。目前集团投资组合包括超过5 200处酒店、度假村和分时度假村,在105个国家和地区拥有超过856 000间客房。希尔顿的价值观是HILTON几个字母的扩展：热情好客（Hospitality）、正直诚信（Integrity）、领导团队（Leadership）、团队合作（Teamwork）、主人翁精神（Ownership）、即时行动（Now）。

（一）奢华品牌

1. 华尔道夫酒店（Waldorf Astoria Hotels & Resorts）

华尔道夫酒店被誉为"奢华酒店的鼻祖"。世界首家华尔道夫酒店位于美国纽约曼哈顿，于1893年开始营业。它是希尔顿旗下的豪华酒店品牌，是公认的世界知名酒店。历史上，曾有无数名人下榻过纽约华尔道夫酒店，包括英国前首相丘吉尔、法国前总统戴高乐、英国前女王伊丽莎白二世等各国政要；它还备受明星、富豪的追捧，玛丽莲·梦露曾常来这里参加舞会，滚石乐队来这里表演过节目。

2. LXR酒店（LXR Hotels & Resorts）

2018年，希尔顿推出了豪华定位软品牌LXR，汇集了一系列独立运营的酒店。它的独特之处在于它对个性化服务的执着追求，以及为顾客提供极致奢华和地方特色的承诺。该品牌第一家酒店从迪拜瑞吉酒店更名而来，随后在伦敦、安圭拉岛、土耳其等地开设分号。2021年，两家新建的酒店在东京和拉斯维加斯揭幕。

3. 康莱德酒店及度假村（Conrad Hotels & Resorts）

康莱德酒店于作为1982年为纪念希尔顿酒店创始人——康莱德·希尔顿（Conrad Hilton）而创立。作为希尔顿酒店集团旗下最高级别的超豪华酒店，在全球仅20家，高端性溢于言表。康莱德酒店不仅是希尔顿集团的集大成者，更是世界上奢华酒店的代名词。康莱德酒店致力于为客人提供极具特色的顶级设施与服务。

（二）高端品牌

1. 希尔顿西嘉酒店（Signia by Hilton）

希尔顿西嘉酒店于2019年2月正式作为第17个品牌推出，该品牌为商务和休闲旅客提供高级住宿体验，主要包括令人印象深刻的抵达体验、无与伦比的大堂体验、现代客房、目的地酒吧、特色餐厅、优质健康体验和西嘉会议体验。

2. 希尔顿酒店及度假村（Hilton Hotels & Resorts）

希尔顿酒店及度假村是希尔顿全球酒店集团旗下旗舰国际连锁品牌，前身为希尔顿酒店，创立于1919年，从一家饭店扩展到100多家，遍布世界五大洲的各大城市，成为全球最大规模的饭店之一。品牌营销主要放在商务旅行和休闲旅游，酒店地址主要位于主要城市中心、机场附近、会展中心或度假胜地。

3. 希尔顿嘉悦里酒店（Canopy by Hilton）

希尔顿嘉悦里酒店是希尔顿集团旗下的高品质酒店之一，主打生活方式概念。希尔顿嘉悦里酒店深入当地邻里，是周围邻里社区的自然延

伸,为宾客打造新颖的酒店服务和宾客体验。截至2021年,全球共有24家运营中的嘉悦里酒店,另有超过35家正在筹建中,遍布16个国家和地区。

4. 希尔顿逸林酒店及度假村(DoubleTree by Hilton)

1969年,首家希尔顿逸林酒店在亚利桑那州斯科茨代尔开业。希尔顿逸林酒店及度假村是一家在全球快速扩张的高档酒店品牌,截至2021年,旗下超过510家高档酒店在全球六大洲拥有逾210 000间客房。希尔顿逸林酒店及度假村提供现代住宿和全方位服务设施,包括餐厅和休息室、客房服务、健身俱乐部、商务中心、会议及宴会空间。

5. 希尔顿安泊酒店(Embassy Suites Hotels)

希尔顿安泊酒店是希尔顿酒店品牌中的一员,它致力于为旅行者提供最佳的服务。这个高端全服务酒店品牌为顾客提供宽敞的双房套间,品尝免费的订制早餐,并在每晚两小时的招待会供应免费饮品及零食。中国区首家希尔顿安泊酒店于2019年建成开业。

6. 希尔顿格芮精选酒店(Curio Collection by Hilton)

希尔顿格芮精选酒店品牌创立于2014年,是希尔顿酒店集团旗下高档酒店品牌,目前,希尔顿格芮精选酒店遍布悉尼、轻井泽、伦敦、巴塞罗那、三亚等众多旅行目的地。格芮希尔顿精选酒店是一系列各自独立的优秀酒店,其唯一的共同点在于它们出众的个性,每家酒店都独具特色、富有个性。

7. 希尔顿启缤精选酒店(Tapestry Collection by Hilton)

希尔顿启缤精选是希尔顿在完成其分时度假和房地产投资信托业务的成功分拆后推出的新品牌。新品牌的名字从500多个备选中最终胜出,主要是因为Tapestry(直译为"挂毯",一种独特的编织物)象征独一无二。2021年4月,希尔顿启缤精选品牌首次进入中国市场。

8. 希尔顿分时度假(Hilton Grand Vacations)

希尔顿分时度假深耕于分时度假板块的酒店品牌,主要服务于每年中有固定时段去度假的大家庭。

(三)中端和长住品牌

1. 希尔顿花园酒店(Hilton Garden Inn)

希尔顿花园酒店是希尔顿旗下的精选服务型酒店品牌,定位为中端酒店中的高档类别。1990年,希尔顿花园酒店品牌首次登场。随后,该品牌不断扩展。希尔顿集团2019年提出适应中国市场的本土化战略"在中国,为中国(In China, for China)",其品牌主要集中在希尔顿花园酒店。截至2021年,希尔顿花园酒店已在全球50个国家和地区签约及开业923家酒店。

2. 希尔顿欢朋酒店(Hampton by Hilton)

希尔顿欢朋酒店是希尔顿旗下的国际中高端商务连锁酒店品牌,成立于1984年,主要服务于注重价值及讲究品质的旅客。2014年10月30日进入中国市场。截至2021年,希尔顿欢朋酒店已在中国签约超过

600个项目,开业超过200家酒店。

3. 希尔顿惠庭酒店(Home2 Suites by Hilton)

希尔顿惠庭酒店是希尔顿旗下中高端旅居酒店品牌,成立于2009年。2020年6月,希尔顿惠庭酒店进入中国市场,由凤悦酒店及度假村全权管理。截至2021年6月,希尔顿惠庭全球拥有超过1000家的酒店规模,是希尔顿旗下发展最为迅速的酒店品牌之一。

4. 希尔顿欣庭酒店(Homewood Suites by Hilton)

希尔顿欣庭酒店提供长期住宿服务,让客人在商务或休闲旅行期间也能坚持日常工作。已在美国、墨西哥和加拿大开设超过385家酒店。希尔顿欣庭酒店宽敞的单卧室和双卧室套房均配有全套厨房和冰箱,客人无须离开套房即可轻松烹制家常菜肴。

5. Tru(Tru by Hilton)

Tru是2016年希尔顿推出的新品牌,2017年5月首家酒店开业,被称为"高端青旅",属于中低端经济型酒店品牌,针对预算不多的客户,面向爱新奇的年轻人。该品牌核心是"实在简约充满活力",按照品牌标准,顾客在可接受的价格范围内既能体验到新鲜好玩,又能保持品牌的一致性。

6. Motto(Motto by Hilton)

Motto是2018年希尔顿推出的新品牌,旨在以微型酒店概念使房间价格更合理,属于微型酒店品牌。作为希尔顿旗下的第十五个品牌,该品牌走年轻时尚的都市路线,专门为现代年轻旅客而设,价格合理,房型灵活。

7. Tempo(Tempo by Hilton)

该品牌是2020年1月希尔顿推出的新生活方式酒店品牌,属于中低端经济型酒店品牌。在定位上,希尔顿认为该品牌是一个"具有亲和力的生活方式品牌",目标客群是愿意在旅行上花费更多的年轻人。

三、洲际酒店集团(International Hotels Group)

洲际酒店的前身是英国啤酒酿造厂最早建立于1777年,后逐渐转型为酒店行业并于1949年建立首家洲际酒店,总部设立在英国。目前由洲际酒店集团自资拥有、营运管理、出租或发出经营权的酒店超过5430家,酒店客房数量809889间,酒店分布在全球近100个国家和地区。洲际酒店作为世界领先酒店业大亨,致力于创造客人喜爱的酒店。洲际酒店集团于2019年以3亿美元现金收购总部位于泰国曼谷的奢华酒店品牌六善酒店,奢华酒店业务进一步扩大。

(一)奢华品牌

1. 六善酒店(Six Senses)

六善酒店品牌于1995年在马尔代夫创立。2019年,六善酒店正式被洲际酒店集团收购,成为旗下的高端度假酒店品牌。六善商标图示源于泰国佛教僧侣用手指绘出的祝福记号。六善酒店的选址以人迹罕至、浑然天成的大自然而著称。

2. 丽晶酒店（Regent）

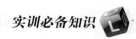

丽晶酒店品牌创立于1970年，从创立至今已有五十年的历史，其间历经五次易主。2018年，洲际酒店集团收购了该品牌，使丽晶酒店成为洲际酒店集团旗下的豪华品牌。

3. 洲际酒店及度假村（InterContinental Hotels & Resorts）

洲际酒店及度假村是洲际酒店集团旗下集优雅与品位于一身的高端酒店品牌，也是全球首个国际奢华酒店品牌。洲际酒店由泛美航空创始人兼首席执行长胡安·特里普（Juan Trippe）于1946年创立。1949年，洲际酒店及度假村品牌的第一家酒店巴西贝伦洲际大酒店开业。70多年来，洲际酒店及度假村不断开拓全新旅行目的地，截至2021年，全球共有208家开业酒店，70 287间客房。

4. 洲至奢选（Vigentte collection）

2021年8月，洲际酒店集团为旗下全新奢华及精品系列品牌"洲至奢选"揭开面纱，同时宣布首批酒店落户澳大利亚和泰国。

5. 金普顿酒店及餐厅（Kimpton Hotels & Restaurants）

1981年，金普顿酒店集团创立于美国，最初酒店始终保持本土化的发展，直到2015年年初被洲际酒店集团收购，金普顿酒店正式成为洲际旗下品牌。金普顿酒店秉持"设计为先"的理念，每一家酒店的设计都灌注了当地灵魂，完全突破了标准化酒店千篇一律的设计和风格。不仅如此，金普顿酒店让奢华酒店标准的装饰和设施隐去了戾气与张扬，形成了金普顿"奢而不娇"的风格。

6. 英迪格酒店（Hotel Indigo）

英迪格酒店品牌创建于2004年，通过全新的理念向客人提供高档的入住体验。英迪格酒店遍布全球众多城市，以当地历史及人文故事为依托，设计风格皆匠心独运。正如不会有两片相同的叶子，这个世界也不会有两间相同的英迪格酒店。截至2021年，全球共有135家开业酒店，拥有17301间客房。

（二）高端品牌

1. VOCO酒店（VOCO）

2018年，VOCO酒店品牌诞生于英国伦敦，同年在澳大利亚黄金海岸完成开业首秀，2020年进入美国和中国两大酒店市场，是洲际酒店集团旗下有史以来拓展速度最快的品牌。VOCO会运用热情奔放的亮黄色，并精心挑选一系列通用的元素，通过室内装修、艺术陈设、灯光色调等巧妙地融入所有的酒店。

2. 华邑酒店及度假村（Hualuxe Hotels & Resorts）

华邑酒店是洲际酒店集团在对中国高端消费者需求的深度剖析后，于2012年为中国量身定制的高端国际酒店品牌，其"华"代表华夏、"邑"意为菁英聚集之地。华邑深刻洞悉国人商务社交之需求，致力于提供成熟完善的社交空间，以全球知名的卓越管理体系为依托,热忱发扬中华待客之道。

3. 皇冠假日酒店及度假村(Crowne Plaza Hotels & Resorts)

第一家皇冠假日酒店于1983年在马里兰州罗克维尔开业,1990年被洲际酒店集团收购,成为洲际酒店集团旗下著名的酒店连锁品牌。截至2021年,全球共有400多家酒店正在运营。皇冠假日酒店以商务旅客为主要客户群,以合理的价格提供高档的饭店住宿设施。

4. 逸衡酒店(Even Hotels)

2012年,关注于未来健康市场的洲际酒店集团率先在美国推出提供全面健康体验的生活方式品牌——逸衡酒店,并于2017年引入中国。逸衡酒店为宾客提供一流的健身器材和运动体验、健康的用餐选择、安心舒适的休憩空间,更有深谙健康之道的员工随时提供贴心服务,确保宾客在商务旅行与健康生活中实现平衡。

(三)中端品牌

1. 智选假日酒店(Holiday Inn Express)

1991年,全球第一家智选假日酒店在美国开业。智选假日酒店品牌的创立,迅速地划分出一类中档酒店市场,这类酒店只提供有限的酒店服务而不包含餐饮设施。在不到十年的时间里,该品牌在世界各地的酒店数目增至1 000多家。2004年,智选假日酒店进入中国市场。

2. 假日酒店(Holiday Inn)

1952年,全球首家假日酒店在孟菲斯开张,由凯蒙斯·威尔逊(Kemmons Wilson)创建。1960年假日酒店走出美国,走向全世界。假日酒店数量猛增,促使假日酒店集团成为世界上第一家达到10亿美元规模的酒店集团。截至2021年,有1 182家假日酒店分布于世界各地,客房数量达到212 534间,其不仅保持着全球最具规模的单一酒店品牌的地位,同时也是世界上最广为人知的酒店品牌之一。

3. Avid酒店(Avid An IHG Hotel)

洲际酒店集团于2017年推出Avid品牌,以满足超过1 400万潜在客户对这一酒店类型的需求,并全力深耕中端酒店这一细分市场。该酒店品牌一经推出,就获得了广泛关注,并于同年9月在美国正式开启特许经营之路。

(四)长住品牌

1. Atwell Suites

2019年,洲际酒店集团推出中高端套房品牌Atwell Suites。该品牌瞄准处于常住酒店与精选服务酒店之间的客群,正好弥补了现有中高端全套房酒店的定位缺口。该品牌酒店鼓励六天以上的住宿,并提供免费自助早餐和晚餐。

2. 驻桥套房酒店(Staybridge Suites)

驻桥套房酒店是隶属于洲际酒店集团旗下的一个长住型酒店品牌。

驻桥套房酒店以莲文化为主题,致力于打造清新、雅致、时尚的精致客房产品。

3. 假日酒店俱乐部度假村(Holiday Inn Club Vocations)

假日酒店俱乐部度假村属于分时度假型酒店,为其会员及会员家人提供别墅型分时度假的酒店。

4. 烛木套房酒店(Candlewood Suites)

洲际集团于2003年收购了烛木套房酒店品牌,该品牌属于中长住宿酒店品牌。

四、温德姆酒店集团(Wyndhan Hotels & Resorts)

温德姆酒店集团总部位于美国新泽西州的温德姆酒店集团,是业务最多元化的酒店集团之一,遍布全球六大洲近90个国家和地区,拥有约9 000家酒店。从奢华的温德姆酒店到家喻户晓的速8连锁酒店,温德姆酒店集团针对不同需求的顾客提供了个性化的服务。集团旗下有20多个标志性酒店品牌,包括温德姆至尊、温德姆、温德姆花园、华美达、华美达安可、麦客达温德姆、蔚景温德姆酒店等。

(一) 奢华品牌

1. 温德姆至尊酒店(Wyndham Grand)

温德姆至尊酒店精选是温德姆品牌大家庭中的一颗耀眼的明星。其旗下酒店均坐落于世界知名的旅游胜地,并以精妙优雅的设计、细致入微的服务、悠闲轻松的氛围为顾客带来独一无二的体验。

2. 雷吉斯奇精选酒店(Registry Collection Hotels)

这是温德姆酒店集团在2021年6月推出的全新品牌,是温德姆旗下第21个品牌,该品牌的推出标志着温德姆酒店集团开始涉足奢华度假酒店领域。

(二) 高端品牌

1. 温德姆酒店(Wyndham)

温德姆酒店多坐落于繁华商业区和度假胜地,以精心设计的客房和贴心的服务设施著称。其旗下酒店遍布美国、加拿大、墨西哥、美洲中部及南部地区、加勒比海地区、欧洲、中东及中国。

2. 道玺酒店及度假村(Dolce Hotels and Resorts by Wyndham)

2015年,该品牌被温德姆酒店集团收购。道玺酒店及度假村选址优越,如紧邻屡获殊荣的高尔夫球场、水疗中心和世界著名酒庄等。该品牌酒店主要承接梦幻婚礼和商务会议,以创意餐饮闻名。

(三) 中端品牌

1. 拉昆塔温德姆酒店(La Quinta by Wyndham)

拉昆塔温德姆酒店作为中高档酒店品牌,其品牌足迹遍布全球,在美洲、亚太、欧洲和中东等地区开设了数百家酒店,深受各国旅客欢迎。拉昆塔温德姆酒店

为宾客提供舒适的客房、现代化的设计,配备周到的便利设施,同时秉持品牌核心的服务宗旨——全心为您(Here for You)。

2. 蔚景温德姆酒店(Wingate by Wyndham)

蔚景温德姆酒店是一个温德姆酒店集团旗下价格适中的连锁酒店品牌。其二十四小时商务中心为客人提供免费影印、打印服务,免费上网服务,提供会议场地以及健身设备。超大的客房既可用作卧室,也可用作办公室,让宾客在旅行期间也能保持及时沟通和高效工作。

3. 温德姆花园酒店(Wyndham Garden)

温德姆花园酒店是温德姆酒店集团在中国的第七个品牌,该酒店品牌属于温德姆酒店及度假酒店大家庭。酒店选址多在适宜休闲度假地区及交通便捷的商务中心。每家酒店都拥有轻松休闲的餐厅、可满足各项活动之需而设计灵活的会议场地。

4. 美吟温德姆酒店(AmericInn by Wyndham)

2017年,该品牌被温德汉姆收购成功,成为温德姆酒店集团旗下第20个酒店品牌。该酒店品牌主要分布于美国,属于中端酒店。

5. 栢茂温德姆酒店(Baymont by Wyndham)

栢茂温德姆酒店属于中档规模连锁酒店。所有栢茂酒店均免费提供一系列设施与服务,包括无线上网以及欧陆早餐。大部分酒店还设有游泳池、健身中心、酒店与机场巴士。

6. 华美达酒店(Ramada by Wyndham)

华美达酒店于1954年创立于美国,是温德姆酒店集团下中端型国际连锁酒店品牌,以价格适中、环境优雅著称,颇受商务或休闲旅客青睐。酒店提供免费欧陆式早餐、免费上网服务,并且顾客还可以通过温德姆奖赏计划获取或兑换积分。部分华美达酒店设有店内餐厅服务、酒廊、房间订餐服务、礼宾服务、会议、宴会及商务中心。

7. 华美达安可酒店(Ramada Encore by Wyndham)

华美达安可酒店是由标志性的华美达酒店衍生出来专为现代旅客而设的一个充满活力的精致品牌。华美达安可的品牌核心特色是其现代化的装潢和活跃的社交空间概念。该品牌于2014年首次亮相中国,截至2020年,其足迹已遍布中国26个城市和全球70多个国家及地区。

(四)潮流品牌

1. 爵怡温德姆酒店(TRYP by Wyndham)

爵怡温德姆酒店是温德姆酒店集团旗下提供精选服务的酒店品牌,已开业的酒店分布于欧洲及美洲城市。酒店所提供的精选服务以及中等价位满足了来自西班牙的马德里和巴塞罗那、巴黎、葡萄牙里斯本、德国的法兰克福和柏林、阿根廷的布宜诺斯艾利斯、巴西圣保罗及纽约等地区的商务和休闲人士的需求。

2. 爱丝德温德姆酒店（Esplendor by Wyndham）

2016年被温德姆酒店集团收购,该品牌酒店设计精心、设施一流,以专注、个性化的服务为重点,为旅客打造独一无二的旅行体验。该酒店将经典风格与现代设施融为一体,将舒适与时尚完美融合。

3. 达兹勒温德姆酒店（Dazzler by Wyndham）

该品牌创立于1981年,2016年被温德姆酒店集团收购,属于中高端品牌,该品牌系列将时尚的功能、奢华舒适的空间和优质的服务完美地结合在一起适合商务旅行者与休闲旅游者。该品牌酒店位于拉丁美洲一些最具活力的街区的中心,提供前往顶级景点的便利。

4. 标志精选温德姆酒店（Trademark Collection by Wyndham）

该品牌于2017年夏季首次亮相,以其独特的中高端独立酒店系列闻名。截至2021年,旗下酒店已遍布北美、欧洲、澳大利亚和加勒比海地区,数量超过110家。

5. 温德姆奥特拉全包式度假酒店（Wyndham Alltra All-inclusive）

温德姆酒店集团推出的第22个品牌,该品牌的推出标志着集团首次进军正快速增长的一价全包式酒店品牌市场。该品牌在中高端市场开创了一价全包式的度假体验,提供高档的餐饮、服务、设施和活动,同时融入鲜明的地方特色。

(五) 经济品牌

1. 豪生酒店（Howard Johnson by Wyndham）

豪生是温德姆酒店集团旗下具有代表性的连锁酒店品牌,创立于1925年,其现代气息浓厚、典雅精致,适合各种商务活动以及娱乐休闲。大部分豪生酒店提供多种免费设施及服务,免费欧陆早餐等。许多酒店还设有会议和健身设施及游泳池。

2. 戴斯酒店（Days Inn by Wyndham）

戴斯是温德姆酒店集团旗下的经济型酒店。所有戴斯酒店均提供无线上网服务,大部分酒店还提供免费欧陆早餐,并配备会议室、宴会设施、复印及传真服务、健身中心等。戴斯酒店非常关注在一些小细节上为宾客带来惊喜。

3. 麦客达温德姆酒店（Microtel by Wyndham）

麦客达温德姆酒店现已遍布美国、加拿大、墨西哥、中国和菲律宾等数百个国家和地区,酒店以全新建筑风格设计而闻名,拥有现代化的客房和屡获殊荣的服务。

4. 速8酒店（Super 8 by Wyndham）

速8酒店品牌于1974年在美国创立,是全球知名的经济型连锁酒店品牌。2004年进入中国市场,酒店根据当地市场情况和自身喜好需求,融入地方特色和个性风格。大部分速8酒店为旅客提供一系列免费基础服务与设施。

特别是在北美洲,速8酒店遍布成千上万个交通便利地点,宛若公路"伴侣"。

5. 旅客之家酒店(Travelodge by Wyndham)

该品牌系列是温德姆酒店集团旗下品牌经济型连锁酒店,在美国及加拿大以亲民的价格吸引大量旅客前往。所有酒店均提供免费上网服务以及免费欧陆式早餐。大部分酒店提供健身中心、游泳池。

(六)长住品牌

1. 灏沣温德姆酒店(Hawthorn Suites by Wyndham)

灏沣温德姆酒店为长住型酒店连锁品牌。酒店提供宽敞的单间、单卧室或双卧室套房,均配备有厨房。部分酒店还允许携带宠物,并设有会议和健身中心、游泳池、便利店等。长期住宿客人可享受特别优惠以减少开支。

2. 回响套房温德姆长住酒店(ECHO Suites Extended Stay by Wyndham)

温德姆酒店集团旗下第24个品牌,面向长期住宿市场。作为温德姆官方发展渠道中增长最快的品牌,截至2022年9月,该品牌在美国拥有120多家酒店,远远超过此前的预期目标。

五、雅高酒店集团(Accor)

法国雅高酒店集团是欧洲最大的酒店管理集团,1967年由保罗·杜布吕(Paul Dubrule)和杰拉德·佩利森(Gérard Pélisson)创立,总部设于巴黎。截至2021年,雅高集团旗下拥有40多个品牌,在110个国家或地区开展业务,在全球拥有5300多家酒店。雅高集团的核心观念是宾至如归(Feel welcome)。2014年雅高酒店集团和中国的华住酒店集团成为战略合作伙伴,华住旗下酒店变为"混血"品牌,现在也出现在雅高中国的官方网站中,如禧玥酒店、漫心度假酒店、全季酒店、星程酒店、汉庭酒店、怡莱酒店、海友酒店等。

(一)奢华品牌

1. 莱佛士酒店及度假村(Raffles Hotels & Resorts)

雅高酒店集团于2015年了收购费尔蒙莱佛士国际酒店集团,把莱佛士酒店品牌收入囊中。莱佛士酒店的辉煌历史可追溯至1887年,首家莱佛士酒店在新加坡开业,它是奢华酒店的标杆。经过130多年的发展,莱佛士酒店及度假村的名字已经成为豪华、魅力和超凡体验的代名词。该酒店品牌现在延伸到了迪拜、塞舌尔、柬埔寨、巴黎、北京、海南、马卡蒂和麦加等地区。

2. 索菲特传奇(Sofitel Legend)

作为雅高旗下打造的定义为富有传奇色彩的奢华酒店品牌,索菲特传奇对于选址的要求是颇为考究和严格的。主体建筑必须超过50年且要具有一定的历史故事,酒店多坐落在世界文化遗产区域。

3. 悦榕庄酒店(Banyan Tree)

悦榕庄酒店的名字取自"榕树",寓意枝繁叶茂和绿色环保。该品牌创立于1994年的泰国普吉岛。2016年与雅高酒店集团达成合作,成为雅高旗下的奢华品牌。2017年该品牌又与万科集团合作,开展养老养生业务。

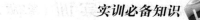

4. 费尔蒙酒店(Fairmont)

费尔蒙酒店及度假村因被誉为"世界上最有故事"的酒店品牌之一而久负盛名。作为雅高酒店集团旗下的高端奢华酒店,费尔蒙旗下拥有多个具有历史性标志的品牌酒店,包括纽约广场大酒店、伦敦萨沃耶饭店、旧金山费尔蒙酒店、班夫费尔蒙温泉城堡酒店以及上海和平饭店等标志性豪华酒店。许多费尔蒙酒店成为其所在目的地发展中不可或缺的部分,对城市的历史进程产生重要影响。

5. 铂翎汇臻选酒店(Emblems Collection)

铂翎汇臻选是雅高集团最新推出的奢华精选酒店品牌,是雅高旗下的第40个品牌,也是雅高旗下的第13个奢华品牌。对标洲际酒店集团推出的洲至奢选(Vignette Collection)。

6. 索菲特酒店(Sofitel)

首家索菲特酒店建于1964年法国的斯特拉斯堡,1997年索菲特品牌加入雅高集团。索菲特主打法式情调风格,推崇精致内敛的现代奢华理念,巧妙融合法式魅力和各地文化精髓,是雅高的主打品牌。

7. SO/酒店(SO/ Hotels & Resorts)

SO/酒店是雅高集团旗下的奢华五星级酒店品牌,也是少数主打"时尚、新潮、动感、活力"创意的奢华酒店品牌代表。其极富创意、引领时尚潮流的设计与个性开放、注重生活品位的理念,让SO/酒店区别于传统奢华酒店公寓,是真正意义上的五星级品牌酒店公寓。

(二)高端品牌

1. 美憬阁酒店(MGallery)

美憬阁品牌系列酒店以精品酒店为特色,每家酒店都拥有独树一帜的设计风格和充满韵味的独特故事。美憬阁在全球拥有超过100家精品酒店。美憬阁酒店包括巴黎莫利托酒店、阿姆斯特丹INK酒店、英格兰切尔滕纳姆女王酒店、里约热内卢圣特雷莎酒店、澳大利亚墨尔本林多姆酒店、泰国曼谷缪斯廊双酒店和越南西贡艺术酒店。

2. 铂尔曼酒店(Pullman)

铂尔曼是雅高集团旗下的高端国际酒店品牌,主要针对具有国际视野、喜欢将工作与休闲完美结合的旅行者。铂尔曼大多都是位于充满活力的国际都市和热门旅游景点的四星、五星级酒店与度假酒店。

3. 瑞士酒店(Swissotel)

瑞士酒店起源于瑞士,是雅高集团旗下的高端酒店品牌。酒店在时尚的瑞士风格中融入当地风情,吸引了众多既喜欢高端住宿体验,又渴望全新感受的商务及休闲旅客。瑞士酒店一般地理位置便利,客人可在世界各地的市中心下榻,并轻松到达附近的商务和购物区。

4. 悦椿度假酒店(Angsana)

悦椿度假酒店是 1999 年创建的品牌,定位相当于悦榕庄的副牌,是一个更具有现代感和活力的品牌,对家庭的吸引力相对较大。

5. 美爵酒店(Grand Mercure Hotels and Resorts)

美爵酒店属于美居酒店的高配版,是一个融合法国文化和当地历史的高端酒店和酒店式公寓,是每一个目的地的文化试金石,在中国大陆美爵酒店和美居酒店是托管华住运营管理的。

6. 诗铂酒店(the Sebel)

诗铂酒店是雅高集团旗下的酒店和公寓品牌,创立于 1963 年,该酒店以其风格和精致闻名,适合商务旅行或休闲度假,为顾客提供时尚宽敞的体验。中国的第一家诗铂酒店开在西宁。

7. 瑞享酒店(Mövenpick)

瑞享酒店于 1973 年在瑞士成立,但其餐饮辉煌史可以追溯到 20 世纪 40 年代。瑞享酒店品牌于 2018 年被雅高酒店集团收购,该品牌致力于可持续发展的实践和对当地社区的关怀,是受全球绿色环保认证的酒店品牌之一。

(三) 中端品牌

1. 曼特拉酒店(Mantra)

曼特拉是雅高酒店集团在 2018 年收购的澳洲品牌。该品牌酒店主要分布在澳大利亚、新西兰和夏威夷。

2. 诺富特酒店(Novotel)

诺富特是雅高集团旗下的中端品牌。自 1967 年成立至今,酒店多坐落于主要国际城市中心,包括商务区域及旅游目的地。

3. 美居酒店(Mercure Hotels)

美居酒店是美爵酒店的低端版,美居是一个有着悠久历史的法国品牌,其在 1973 年已经创立,是法国雅高酒店集团旗下的个性化中高档酒店。

4. 阿德吉奥公寓酒店(Adagio)

阿德吉奥成立于 2007 年,由雅高集团与璞蔚集团(Pierre & Vacances-Center Parcs Group,PVCP)联合创立。阿德吉奥酒店是欧洲最大的公寓连锁酒店,该品牌遍布欧洲各大主要城市中心,从宽敞的单间公寓到三室公寓,均设有设施齐全的厨房。全天候的酒店服务打造优质的住宿体验。

5. 芮族酒店(Tribe)

芮族酒店是 2019 年 3 月雅高集团推出的全新中端生活方式品牌,希望通过锐意创新的方式,吸引旅行经验丰富的国际客户。芮族作为一个全新的颠覆性品牌,尝试利用雅高集团丰富的酒店经验改变现状,使其成为设计主导的经济型豪华酒店领域的领军者。

(四)经济型品牌

1. 宜必思酒店(Ibis)

宜必思酒店创立于1974年,是雅高集团下的经济连锁品牌酒店,于2004年进入中国市场,第一家店开在天津,是综合条件不错的经济型连锁品牌。2016年,雅高集团和华住集团缔结联盟,宜必思酒店在两大酒店集团的官方网站预订。

2. 宜必思尚品酒店(Ibis Styles)

宜必思尚品酒店是非标准化经济型设计品牌酒店,多位于城市中心或毗邻商业区。该酒店为家庭及儿童旅客提供多重额外设施。每家酒店都有各自独有的特色,展现出多彩、明亮、充满活力的品牌精神和幽默的氛围。简约、互动、品质和欢乐是此品牌的核心价值。

3. 宜必思快捷酒店(Ibis budget)

宜必思系列品牌中最具价格优势的一个分支品牌。宜必思快捷酒店采用都市型现代化设计,为顾客提供舒适的客房以及不可超越的性价比。

4. 一级方程式酒店(hotel F1)

1985年雅高集团于法国推出的经济型酒店品牌,主要建于法国公路沿线。该品牌的定位属于汽车旅馆式酒店,以创新的管理方式和低廉的价格提供汽车旅馆式服务。

5. 乔乔酒店(JO&JOE)

该品牌于2016年推出,是雅高酒店集团旗下的一个生活时尚酒店品牌,该品牌是面向年轻人的青年酒店品牌,全球第一家酒店于2017年诞生于法国冲浪之都霍塞戈尔(Hosssegor)。该系列酒店主要提供非传统住宿方式,其特色是集合酒店、青旅、酒吧、办公空间、社交娱乐空间等于一体,除普通酒店所包含的大床、标准等房型,还设有可容纳4~6人适合家庭或朋友出行入住的客房。

六、精选国际酒店集团(Choice Hotels International)

精选国际酒店集团成立于1939年,最早起源于信誉良好的品质客栈(Quality Inn)连锁集团,主要聚焦于经济型酒店板块。1981年,随着舒适客栈(Comfort Inn)的开设和发展,精选国际酒店集团开始快速发展。在相继收购了一系列酒店品牌之后,精品国际酒店集团又对旗下品牌酒店进行了革命性的改造,使自身的业务范围得到全面拓展,涵盖高端、中型、长期住宿和经济型的有限服务酒店和全方位服务酒店。截至2021年,精选国际酒店集团在40多个国家和地区特许经营7000多家酒店。

(一)高端品牌

1. 埃森德典藏酒店(Ascend Hotel Collection)

2008年精选国际酒店推出了该品牌,属于高端领域的软品牌,单个酒店既可保持其个性和身份,又可以使用精选国际酒店集团的全球营销、技术、服务等。

2. 埃布里亚酒店(Cambria Hotels)

埃布里亚酒店是精品国际集团高档酒店品牌,瞄准顶级市场,面向商务旅客的高档连锁酒店。

(二)中端品牌

1. 凯富酒店(Comfort)

精品国际酒店集团于2018年整合旗下舒适客栈(Comfort Inn)、舒适客栈套房(Comfort Inn & Suites)和舒适套房(Comfort Suites)品牌归于同一品牌凯富(Comfort)下,进一步提高了酒店集团的管理效率。凯富是精品国际集团各品牌中投资回报率最高的品牌。

凯富酒店品牌开始于1981年,是精品国际酒店集团所辖的七个品牌中规模最大、投资回报率最高的品牌,同时也是美国发展最快的饭店连锁,三星级酒店居多。

2. 安眠酒店(Sleep Inn by Choice Hotels)

安眠酒店以其一贯的适中服务、中等的价位在中端酒店市场占有一席之地。该品牌酒店为客人提供免费使用的助眠软件(BetterSleep),致力于为旅行者提供一个安睡的夜晚。

3. 凯瑞酒店(Clarion by Choice Hotels)

1987年精品国际酒店收购了凯瑞酒店(Clarion Hotels)的所有权。凯瑞品牌定位为高端全服务型酒店品牌,向顾客提供全面服务的酒店品牌。凯瑞酒店系列品牌的中高档商务与度假酒店遍布欧洲、美洲、澳洲、亚洲等区域。

4. 凯瑞波因特酒店(Clarion Pointe by Choice Hotels)

2018年9月13日,精选国际酒店集团宣布推出集团第12个品牌凯瑞波因特(Clarion Pointe),属于中档精选服务酒店品牌的一员。这一全新品牌作为现有的中高档酒店品牌凯瑞酒店(Clarion)的延伸推向市场。与现有的凯隆酒店不同,凯瑞波因特酒店的价格略低,提供的是有限服务。

5. 凯艺酒店(Quality by Choice Hotels)

凯艺(Quality)是精选酒店集团旗下历史最悠久的品牌,定位中端的选择服务型品牌,凯艺一直致力于为客人带来物超所值的体验和关注业主回报率。凯艺品牌的独特之处在于其每家酒店、度假村、公寓均演绎着自己的鲜明个性,充分融入不同所在地的风情。

(三)长住品牌

1. 门斯特套房(MainStay Suites Extended Stay by Choice Hotels)

该品牌为1996年精品国际酒店集团建立的酒店品牌。门斯特套房

提供专为长住客人设计的客用品的长住酒店品牌,它在住宿业中第一次引入了适合自由职业者长期居住的设施,尤其方便的是向顾客提供了一个24小时有效的自动登记入住、退房系统,同时还拥有门房服务。

2. 永恒之家套房(Everhome Suites Extended Stay by Choice Hotels)

永恒之家套房是精选国际酒店集团于2020年推出的新品牌,属于中端长住酒店。该品牌系列酒店为顾客提供熟悉的便利设施,如设备齐全的厨房、24小时现场洗衣设施、现代化健身中心,以及24小时生活用品超市,最大限度地为客人提供入住在家中一般的便利。

3. 伍德斯普林套房酒店(WoodSpring Suites)

该品牌为2018年精选国际酒店集团收购的长住经济型酒店品牌。该系列酒店为长期入住的顾客提供服务,包括旅行医疗专业人员、建筑工人、商务旅行者、季节性旅行者和学生,以及因医疗、搬迁或任何其他原因旅行的人。套房提供室内厨房,帮助客人节省开支。

4. 郊区长住酒店(Suburban Studios Extended Stay by Choice Hotels)

该品牌是精选国际酒店集团于2005年购买的连锁酒店品牌,主要提供长期住宿服务。

(四)经济型品牌

1. 伊康酒店(Econo Lodge)

该品牌是注重实惠的旅行者的首选。伊康系列酒店以大众可以接受的中等价格提供整洁、经济的服务,带给顾客超值的享受,在同档次的饭店中享有盛名,二星级酒店居多。

2. 路德威酒店(Rodeway Inn)

路德威酒店主要面向城市或大小城镇的高级旅游市场,提供中等价格的房间,旨在为节俭的旅客提供合理的住宿。

七、贝斯特韦斯特国际酒店集团(Best Western Hotel Group)

创建于1946年的贝斯特韦斯特国际酒店连锁集团(曾译为最佳西方酒店集团),总部设在美国亚利桑那州的凤凰城,1976年贝斯特韦斯特国际酒店集团将版图扩展至墨西哥、澳大利亚和新西兰。截至2021年,在全球100多个国家和地区拥有4700多家酒店,在美国、加拿大、法国等西方国家颇为有名。

(一)奢华品牌

世尊国际酒店与度假村(World Hotels)品牌始创于1970年,总部位于德国法兰克福,2019年被贝斯特韦斯特国际酒店集团收购,此次收购为贝斯特韦斯特在高端和奢华酒店领域带来了很大补充。加入贝斯特韦斯特国际酒店集团之后,世尊国际酒店与度假村仍然会保持其独立性,形成全新的合作合伙关系进而提升两家公司的竞争优势。

世尊国际酒店及度假村最近重新推出世尊国际酒店精选系列(WorldHotels Collection),旨在为全球300多家领先独立酒店及度假村提供全方位软品牌服务方案。世尊国际酒店精选包括四大系列,即奢华系列(WorldHotels Luxury)、豪华系列(WorldHotels Elite)、世尊系列(WorldHotels Distinctive)和匠旅系列(WorldHotels Crafted)。

1. 奢华系列(World Hotels Luxury)

奢华系列酒店提供优质服务、一流的住宿环境和精美的设施,在热门目的地本身就是知名的当地地标,包括加拿大的名望海滨度假村(Prestige Oceanfront Resort)和威望港口滨度假村(Prestige Harbourfront Resort)、英国奈斯步道酒店(Ness Walk)、瑞典阿普尔豪斯酒店(Upper House)以及中国广州白天鹅宾馆。

2. 豪华系列(World Hotels Elite)

这一系列品牌由精选时尚酒店组成,将当地特色与一流的服务相结合,在全球各个顶级旅游目的地为宾客打造难以忘怀的体验,如美国佩普密尔娱乐场温泉度假村(Peppermill Resort Spa Casino)、英国布鲁兹菲尔德酒店(Bruntsfield Hotel)等。

3. 世尊系列(World Hotels Distinctive)

世尊系列酒店多地处最具活力街区的信誉卓著的酒店,为最挑剔的顾客提供独具特色的入住体验,让顾客满意而归,如英国十丘广场酒店(Ten Hill Place)、法国巴黎长荣桂冠酒店(Evergreen Laurel Hotel)和北京建国饭店等。

4. 匠旅系列(World Hotels Crafted)

该系列酒店抓住了所在目的地的精髓,让服务尽善尽美。吸引着渴望创造力、沉浸式体验、独创性,以及无微不至的专业化体贴服务的顾客前来入住,让他们流连忘返,如美国的比茹酒店(Hotel Bijou)、加拿大威望海滩别墅酒店(Prestige Beach House)和荷兰哈尔霍斯酒店(Hotel Haarhuis)等。

(二)高端品牌

2011年,贝斯特韦斯特品牌(Best Western)拆分为贝斯特韦斯特(Best Western)、贝斯特韦斯特优质酒店(Best Western Plus)和贝斯特韦斯特精品酒店(Best Western Premier)三个品牌,后两个品牌主要面对高端市场。

1. 贝斯特韦斯特优质酒店(Best Western Plus)

无论是装备齐全的客房还是现代化的设施,贝斯特韦斯特优质酒店每一间客房都经过精心设计,以满足商务和休闲旅客的需求。

2. 贝斯特韦斯特精品酒店(Best Western Premier)

贝斯特韦斯特精品酒店以其独特的设计,个性化的服务及豪华的设施为特色,为顾客提供难忘的住宿体验。

3. 贝斯特韦斯特至尊精选酒店(BW Premier Collection)

深耕于中端市场的贝斯特韦斯特在2014年推出了软品牌贝斯特韦斯特至尊精选酒店(BW Premier Collection),将发展方向瞄准了高端和超高端的单体酒店。有着更高标准的贝斯特韦斯特至尊精选酒店,是特别为追求一流设施、优质住宿以及卓越服务的全球旅行者设计的独特品牌。

（三）精品品牌

1. 艾登贝斯特韦斯特酒店（Aiden by Best Western）

艾登贝斯特韦斯特酒店于2018年推出的精品酒店品牌，以现代风格和当地特色进行设计的新生活方式品牌酒店。艾登贝斯特韦斯特酒店主要面向高档酒店市场。

2. 贝斯特韦斯特格洛艺术酒店（GLŌ by Best Western）

贝斯特韦斯特格洛艺术酒店是一个充满活力的精品酒店品牌，以流线型的现代客房，时尚、性价比高的材料，专为热爱生活的休闲旅行者打造舒适空间，这是商旅客人的集结地。

3. 贝斯特韦斯特维博时尚城市精品酒店（Vib by Best Western）

贝斯特韦斯特维博时尚城市精品酒店维博时尚城市精品酒店于2014年首次推出，2017年开设首个该品牌酒店，品牌从创立到实际建店历时3年。该酒店品牌极具表现力，适合当今追求创新，崇尚沟通的现代都市旅行者。

4. 萨迪贝斯特韦斯特酒店（Sadie Best Western）

萨迪贝斯特韦斯特酒店是与艾登贝斯特韦斯特酒店同期推出的精品酒店品牌，其主要面向的是竞争激烈的中高档酒店市场。

（四）中端品牌

1. 贝斯特韦斯特酒店（Best Western）

贝斯特韦斯特酒店集团的初始品牌和核心级别品牌，集传统、个性和品牌特征于一身，久经考验。凭借经济高效、灵活的设计满足当地市场的需求，为世界各地的休闲和商务旅客提供干净舒适的客房和优质的服务。

2. 贝斯特韦斯特行政公寓酒店（Executive Residency by Best Western）

贝斯特韦斯特行政公寓酒店定位中高档，提供长期住宿服务，以其时尚舒适、经济实惠的特点为顾客带来家外之家愉悦的住宿体验。

3. 贝斯特韦斯特品质精选酒店（BW Signature Collection by Best Western）

2017年推出的定位于中高端酒店的贝斯特韦斯特品质精选酒店（BW Signature Collection）的优惠价格、设施便利、环境温馨舒适。

（五）经济型品牌

贝斯特韦斯特酒店集团在2016年推出了酒店品牌修尔酒店集团（SureStay Hotel Group）。该集团由四个独特的品牌组成，为客人提供各种经济型的酒店选择。该品牌在旅行者中被称为值得信赖和尊重的住宿选择，在2020年和2021年北美酒店客人满意度指数研究中被评为经济型细分市场第一名。

1. 贝斯特韦斯特修尔优质住宿酒店（SureStay Plus Hotel by Best Western）

无论是休闲还是商务，贝斯特韦斯特修尔优质住宿酒店都是超值酒店。

2. 贝斯特韦斯特修尔住宿酒店（SureStay Hotel by Best Western）

该品牌酒店面向喜欢简单休闲旅行的顾客，提供当今旅行者期望的价值和舒适度，属于经济型酒店。

3. 贝斯特韦斯特修尔住宿精选酒店（SureStay Collection by Best Western）

在2016年推出的贝斯特韦斯特修尔住宿精选酒店主要定位于高端经济和中端酒店。

4. 贝斯特韦斯特修尔公寓酒店（Sure Hotel Studio by Best Western）

贝斯特韦斯特修尔公寓酒店是快速发展的优质经济型酒店，为长期旅行设计。每间修尔公寓酒店都充满现代气息，提供一套核心的室内和共享设施，以实现收入最大化。

八、凯悦酒店集团（Hyatt Hotels Corporation）

凯悦酒店集团总部位于美国芝加哥，是全球著名的酒店集团。1957年，凯悦集团收购了位于洛杉矶国际机场附近的酒店，创立了凯悦酒店集团，并在1969年开始走向国际化的扩张之路。2018年10月8日，凯悦酒店集团宣布协议收购双路酒店集团（Two Roads Hospitality），扩展了凯悦旗下酒店及度假村品牌组合。截至2021年，凯悦在全球六大洲的70个国家和地区拥有1150余家酒店。

（一）奢华品牌

1. 柏悦酒店（Park Hyatt）

柏悦酒店是属于凯悦集团旗下的顶级品牌，与其处于同一梯队的品牌是丽思卡尔顿、瑞吉、华尔道夫等奢华品牌。该品牌的每一家酒店的地理位置都极佳，客房数量一般较少，品牌的个性是低调有品位，注重私密性，细节服务极佳，虽不设行政酒廊，但为宾客提供私人管家服务。

2. 阿丽拉（Alila）

阿丽拉酒店名称源自梵语，意为惊喜。阿丽拉是凯悦集团在2018年收购了双路酒店集团后一并收入囊中的精品度假酒店，作为设计界的翘楚，它的风格向来前卫、大胆，充分利用其得天独厚的地理位置，巧妙融合创新设计和奢华元素，专注打造并呈现高度私密的空间，定位是国际性奢华度假酒店。

（二）高端品牌

1. 君悦酒店（Grand Hyatt）

君悦酒店是属于集团里的豪华类型酒店，与其对应同一梯队的品牌有洲际、康莱德等。超五星级的君悦酒店，以其规模宏大、设施先进著称。这个品牌主要突出的重点在大（Grand），酒店一般是大而有气派，一般选址在一线城市、旅游胜地和展会地点。

2. 凯悦酒店（Hyatt Regency）

凯悦酒店是集团的核心基础品牌，标准五星级，与其对应同一梯队

第十章 实训必备知识

的品牌是希尔顿、喜来登和万豪等,位置通常坐落于各大城市和度假胜地,是作为私人活动、会议或特别活动的标准商务场所。凯悦酒店作为凯悦集团旗下酒店数量最多的一个品牌,是与其他品牌竞争的主力军。其客房简约有设计感,性价比较高,主要面对的是中高端群体,侧重商务客人,但不局限于商务客人。

3. 凯悦臻选(The Unbound Collection)

凯悦臻选酒店成立于2016年,是凯悦集团旗下非常有特色的小众精品酒店,主打高端优质酒店,精选全球各地有特色、有品质、有故事的好酒店加入凯悦大家庭的酒店品牌。与其他旗下品牌不同的地方是,每一家凯悦臻选酒店都有各自十分突出的风格,同时包含了多元化的酒店模式,既有高档酒店,也有度假村式酒店。

(三)精选品牌

1. 安达仕酒店(Andaz Hotels & Resorts)

安达仕是凯悦集团旗下的以年轻的气息著称的精品酒店,一直被众多酒店称为凯悦旗下的潮牌,主打与众不同的酒店设计。该品牌青睐国际化都市商务集群与文化地标核心之地,在中国上海有一家。每间酒店都在与当地风格融合的基础上进行了大胆的创意设计,是年轻一代顾客休闲旅游享受的理想选择。

2. 凯悦尚萃酒店(Hyatt Centric)

凯悦尚萃是凯悦酒店集团在2015年推出的全新生活方式品牌,该品牌的特点是年轻、新潮、大胆、奔放,品牌定位是高端酒店,主要进驻城市地区,吸引兼顾商务和休闲、新潮前卫的"多任务"旅客。酒店智能化设计新颖并符合潮流,为年轻人提供了出行的另一选择,同时价格上很具有优势。

3. 凯悦尚选酒店(Joie de Vivre by Hyatt)

凯悦尚选酒店原是双路酒店集团旗下的酒店品牌,每一家酒店都拥有独特的设计风格,旨在充分反映酒店所在地的文化特色,其具有本土风情且不拘一格的独特体验已成为该品牌的经典标签。该品牌的酒店大部分都分布于北美地区。

4. 凯悦嘉荟酒店(Caption by Hyatt)

凯悦嘉荟酒店是凯悦集团在2019年推出的精选服务酒店类别中的新生活方式品牌,酒店以独特的餐饮体验为基础,将咖啡厅、小超市和酒吧融为一体。该品牌的三个核心特色是:有魅力且平易近人的空间、"激发对话"的餐饮体验、超出酒店之外的附加服务。

(四)中端和长住品牌

1. 凯悦嘉轩酒店(Hyatt Place)

凯悦嘉轩酒店提供高性价比的住宿环境,在保证凯悦一贯的住宿品质上形成的清新简洁风格,是家庭旅行的优惠选择。其定位类似希尔顿花园酒店、万怡酒店、雅乐轩酒店等同类型酒店相似。

2. 凯悦嘉寓酒店（Hyatt House）

凯悦嘉寓酒店相似于凯悦嘉轩，不同之处在于凯悦嘉寓酒店提供更全方位契合家庭风格的装修，比如每间房间都带有厨房，简单来说就是全套房型酒店，价格上比较适中，是居家出行的最好选择。该酒店定位和万豪居家、威斯汀元素酒店属于同类型。

3. 逸扉酒店（UrCove by Hyatt）

逸扉酒店是凯悦酒店集团与北京首旅酒店集团在2019年6月合作推出的全新品牌，定位中高端商旅市场，主要面向中高端消费族群中年轻且频繁出差的商旅人士服务，因此酒店选址也是在主要门户城市的交通便利之地。

4. 凯悦乐家酒店（Hyatt Ziva）

凯悦乐家酒店是全包式度假村，位于墨西哥和加勒比地区的热门度假景点，顾客评分极高，入住期间设施、餐饮酒水和小费都包含在内，只有SPA和龙虾需要额外收费。凯悦乐家适合家庭出行入住。目前该品牌均坐落于加勒比海、墨西哥的美丽海滩之上，其他地区暂无。

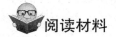

阅读材料

中高端酒店"下沉"，三四线市场空间有多大

近日，洲际酒店集团在北京同时签约了15家特许经营模式酒店，进一步深入包括普洱、绵阳、乌兰浩特等三四线城市。万达酒店及度假村同样将目光投向了三四线城市，今年将开业的15家酒店，除了上海、广州外，也将在百色、江门、菏泽这样的三四线城市落地。从去年开始，随着一线城市市场出现饱和，好物业越发难找，三四线城市对中高端酒店品牌的需求不断增长，国内外酒店集团转战国内三四线城市市场的趋势已越来越明显。

快速渗透三四线城市

截至6月30日，洲际酒店集团大中华区422家开业酒店中，约3/4的酒店位于二三四线城市，387家在建酒店中，约90％位于二三四线城市。浩华顾问公司报告显示，二三四线城市成为2018年中国大陆地区中端及以上国际品牌酒店签约的主战场。国际高端酒店品牌希尔顿2018年在华扩张的51家酒店中，二三四线城市也占了大部分。凯悦酒店集团则联合苏宁，先后在江苏无锡、镇江、徐州开设苏宁凯悦酒店，打出"高端五星级"招牌。

国内酒店集团在深耕三四线城市方面更是有丰富的经验，有很大一部分集团都是在二三线城市起家的。开元酒店集团2018年财报显示，在营及待开业的酒店数量为319家，位于三线及其他城市的酒店为135家。

提及中端及以上国内外酒店品牌缘何纷纷下探三四线市场，中国旅游饭店业协会理事、饭店收益管理资深专家祖长生认为有两个主要因素。

一是多年来各大酒店集团一直在一线城市布局，随着我国土地和物业资源的减少，无论是酒店项目拓展，还是产品营销方面，酒店集团都面临着激烈的竞争，他们能够获取的红利也正在减少和消失。因此，要扩张和发展，必然要寻求新的途径。

第十章
实训必备知识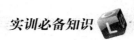

二是三四线城市的人口规模正在不断增大,尤其是三线城市总人口数量的增长明显比一线城市要快得多。因此,未来消费升级的主要群体必然会在人口规模更大的三四线城市。随着三四线城市的红利突显,各大酒店集团也都找到了下一步扩张的方向。

"近年来,国家推出提振国内消费等一系列利好政策,让不少三四线城市更重视有质量的商贸往来和商务活动,城市更主动去布局更多现代服务业,包括展会、论坛等,加快了产业资源的集聚,这也给中高端酒店带来机会。"有业者补充道。

发展策略大同小异

随着城镇一体化的加速、交通的便利、区域消费能力的释放,各酒店集团在其越来越多中高端品牌下沉到三四线城市过程中,所使用的拓展策略大致相同。自2018年11月万达酒店发布超中端酒店品牌万达美华以来,该品牌已签约19家酒店,开业1家酒店。记者注意到,签约的酒店多位于高铁站附近,明显万达酒店看好高铁经济所带来的稳定流量和收益。恰与洲际酒店集团旗下智选假日酒店的扩张理念不谋而合,该集团大中华区智选假日酒店董事总经理邱尤在接受记者采访时表示,随着城镇化建设加速,他们计划沿着高铁开"智选"。

近年来,轻资产运营以更高的投资回报率和更低的资本密集度不断赋能酒店集团,也成为他们向三四线市场扩张的主要方式。特许经营模式就让洲际酒店集团在三四线城市"跑"得更快。2019年上半年,该集团89%的新签约项目为特许经营模式,84%的新开业酒店为特许经营模式。"2016年5月我们在大中华区推出特许经营,以洲际酒店集团旗下中端精选服务酒店品牌智选假日酒店为例,到今年共签约了185个项目,平均一个星期签约1家,如果没有推行特许经营模式,我们可能没有这么快的发展速度。"洲际酒店集团大中华区首席发展官孙健说。

今年,随着智选假日酒店在新疆吐鲁番成功签约酒店项目,洲际酒店集团已完成了对中国所有省、直辖市和自治区的覆盖,特许经营模式成为智选假日酒店目前在三四线市场拓展的主流模式。

浩华的报告显示,2018年中国翻新改造酒店的签约占比表现出上升趋势,达到了16%;其中一线城市的改造项目占比为35%,明显高于三四线城市,三四线城市作为酒店业新兴市场,新建物业发展空间更大。不过,在三四线城市,会找什么样的物业、使用哪种类型的品牌,洲际酒店集团和万达酒店的观点再次达成了一致,即在合适的市场、恰当的地理位置采用适合的模式推出契合的品牌。

"我们在签约酒店项目前都会对当地市场及项目周边进行详细的调研,并充分考虑到消费者的需求,以洲际酒店集团的品牌矩阵作为参考,将符合市场情况和需求的酒店带给更多消费者。"洲际酒店集团大中华区首席执行官周卓甄说。

当然,细化到具体市场策略时每一家酒店集团的优势就各不相同了。作为一家全产业链的资产管理公司,集酒店设计、建设、营运为一体是万达酒店的优势之一。据了解,9月28日即将开业的广西百色万达锦华酒店就是他们签约的一体化管控项目,从酒店的设计、建设到运营管理都由万达酒店负责。

市场潜力有待观察

在不少酒店集团的拓展策略中,下半年依然会在三四线城市扩大布局。然而也有业者认为,这将导致三四线城市的中高端酒店市场的竞争不断加剧,同时,由于城镇消费水平整体不高,对平均房价和入住率所带来的制约不容忽视。

中国旅游研究院副研究员杨宏浩认为,现在有很多酒店集团的高端酒店项目是作为大型文旅小镇项目、知名旅游景区的配套来跟进的。"的确,如果从商旅的角度来看,目前三四线城市对于高端酒店的需求依然不高,大多还是停留在中低端酒店市场。但是对一些经济较为发达、文化旅游资源非常丰富的城镇,高端酒店项目还是有一些空间的,同时也可以起到提升该区域整体价值的作用。"

"这个市场一定会有很大的发展空间。"祖长生认为,虽然三四线城市也会因大量中高端酒店的涌入而导致市场竞争的加剧,甚至同比收入达不到一二线城市的水平。但是,随着我国城市化进程的快速加剧,人口数量的快速增长和消费升级,三四线城市的酒店市场未来将会有很大的发展空间。

在华美顾问机构首席知识官、高级经济师赵焕焱看来,考虑到我国各地都有高端大型活动举办,因此对高端酒店的需求是实实在在存在的,但是并不是无限制的。因此,三四线城市高端酒店的发展空间不大。至于中端酒店,在中高端酒店房价理想的地区是有发展空间的,但是在中高端酒店房价偏低的地区也是没有生存空间的。

北京第二外国语学院旅游科学学院院长助理李彬建议,开始向三四线市场下沉的酒店集团需要对该市场的客户群有全新的认知,挖掘出这些客户群与一线大城市客户群的差异;三四线市场中的酒店产品与服务也同样需要结合市场特征进行调整。在针对三四线市场中的顾客群展开市场营销时,应当关注营销方式的土洋结合策略;在地域性很强的市场中,酒店管理模式尤其要考虑因地制宜。

(资料来源:王玮.三四线市场中高端酒店下探空间有多大?[N].中国旅游报,2019-08-22.)

第二节　中国本土酒店集团

中国本土酒店集团主要有:锦江国际酒店集团、华住酒店集团、首旅如家酒店集团、格林酒店集团、尚美生活集团、都市酒店集团、东呈国际集团、住友酒店集团、上海恭胜酒店管理有限公司以及开元酒店集团等,排名不分先后。

一、锦江国际酒店集团

锦江国际酒店集团是上海市国资委全资控股的中国规模最大的综合性酒店旅游企业集团之一,注册资本20亿元。集团先后收购法国卢浮酒店集团、铂涛集团、维也纳酒店集团并战略投资法国雅高酒店集团,2018年集团又成功收购丽笙酒店管理集团。

截至2018年年底,集团拥有"J""岩花园""锦江""昆仑""丽笙 Radisson""郁锦香 Golden Tulip""锦江都城""康铂 Campanile""丽枫""维也纳"等高、中端及经济型品牌40余个,跻身全球酒店集团300强前3位,列亚洲第一。

二、华住酒店集团

华住酒店集团,创立于2005年,中国多品牌酒店集团,2017年全球酒店集团10强。华住集团运营4 000多家酒店,遍布全国400多个城市,拥有80 000多名员工,旗下经营多个知名酒店品牌,包括禧玥、花间堂、诺富特、美居、桔子水晶、全季、星程、宜必思、汉庭等。

三、首旅如家酒店集团

首旅如家酒店集团由原首旅酒店集团与如家酒店集团合并后成立。首旅如家酒店集团旗下拥有以住宿为核心的近 20 个品牌系列、近 40 个产品。截至 2019 年 9 月底,首旅如家酒店集团在国内 400 余个城市运营 4 000 余家酒店,覆盖"高端""中高端""商旅型""休闲度假""联盟酒店"等全系列酒店业务,其中知名品牌包括和颐至尊、和颐至尚、和颐至格、如家精选等。

四、格林酒店集团

格林酒店集团(原格林豪泰酒店管理集团)创立于 2004 年,截至 2019 年 12 月,格林酒店集团在全球 300 多个城市拥有近 4 000 家酒店。该集团打造了奢华品牌——雅阁,中高端品牌——格林东方、格美、格雅、格菲、无眠、澳斯特,中端品牌——格林豪泰、格盟、格林公寓、青皮树,经济型品牌——贝壳等优质品牌。

五、尚美生活集团

尚美生活集团于 2010 年在中国青岛创立,目前集团旗下拥有 10 个酒店品牌:君睿(高端酒店)、假日美地(中高端商务度假酒店)、寻里(城市精品酒店)、M Hotel(新锐北欧精品四星酒店)、兰欧(中档艺术商旅酒店)、兰欧尚品(中档酒店)、尚客优品(中档酒店)、尚客优(经济型酒店)、骏怡(经济型酒店)、橙客酒店(超经济型酒店)。

六、都市酒店集团

都市酒店集团是一家以精品酒店业为主,涉足多个领域的大型综合性企业。集团旗下拥有高端酒店品牌含舍 hotel,都市 118·精选连锁酒店、都市花园连锁酒店、都市 118 连锁酒店、青年·都市迷你连锁酒店、我的地盘主题酒店、都市 MINI·精选、单色等八大连锁酒店品牌,MY ZONE COFFEE(我的地盘咖啡)咖啡品牌,都市酒店管理学院。

七、东呈国际集团

东呈国际集团创立于 2006 年,是一家卓越的酒店集团,旗下共有十五大酒店品牌,具体包括吾公馆、蓓利夫人酒店、瑾程酒店、怡程酒店、宜尚 PLUS 酒店、宜尚酒店、锋·态度酒店、柏曼酒店、铂顿国际公寓、隐沫度假酒店、城市精选酒店、城市便捷酒店、精途酒店、殿影酒店、摩登天空设计酒店。

八、住友酒店集团

住友酒店管理有限公司总部位于浙江省杭州市,旗下拥有的酒店品牌,包括创立于 2007 年的布丁酒店(Pod inn),创立于 2013 年的智尚酒店(Z hotels),创立于 2014 年的驿佰居·布丁酒店(Pod motel),创立于 2014 年的漫果连锁公寓(Mangirl Apartment)等,致力于成为年轻消费者喜爱的时尚酒店品牌。

九、恭胜酒店集团

恭胜酒店集团成立于2007年,著名平价酒店管理集团,首创"平价连锁酒店"行业标准,旗下自有品牌包括99旅馆连锁、99优选酒店、青季酒店、优选酒店、云绯酒店和艾陌公寓。

十、开元酒店集团

开元酒店集团起步于1988年开业的浙江开元萧山宾馆,现在是中国较大的民营高星级连锁酒店集团,旗下目前拥有"开元名都"(豪华商务酒店)、"开元度假村"(豪华度假村)、"开元大酒店"(高档商务酒店)和"开元·曼居酒店"(中档商务酒店)、"开元文化主题酒店"(大禹·开元)五大产品系列。

第三节 星级酒店的评定

为了促进酒店行业的发展,保护客人的利益,增强员工的责任感、荣誉感和自豪感,便于行业的管理与监督,不同的国家和地区采取不同的评定方法对酒店进行等级评定。酒店的定级或等级制度是指酒店根据自己的位置、环境、设施、服务、管理等情况,按照一定的标准和要求对酒店进行分级,并用某种标志表示出来,在酒店显著的地方公之于众的管理方式。

一、国内外的酒店的等级形式

酒店等级是指酒店在规模、设施设备水平、服务范围、服务质量、管理水平等方面所反映的综合水准。采用分级制度目前在世界上已较为广泛,尤其在欧洲更为普遍。但不同的国家和地区采用的分级制度各不相同,用以表示等级的标志与名称也不一样。目前国际上采用的酒店等级制度与表示方法大致有以下4种。

(一)星级制

星级制是酒店根据一定的标准分别用星号(★)的数量和设色来表示,以区别其等级的制度。星级分为5个等级,即一星级、二星级、三星级、四星级、五星级(含白金五星级)。最低为一星级,最高为白金五星级,星的数量越多,等级越高。这种星级制在世界上,尤其在欧洲,采用最为广泛。我国国家旅游局也采用这种方法进行酒店星级的评定。

(二)字母表示方法

一些国家将酒店的等级用英文字母表示,即A、B、C、D、E共5级,E为最低级,A为最高级,有的虽然是5级,却用A、B、C、D这4个等级表示,最高级用A1或特别豪华级来表示。

(三)数字表示法

这是用数字表示酒店的等级,一般用豪华表示最高级,即豪华之后由高到低依次为1、2、3、4,数字越大,等级越低。

(四)钻石表示法

在美国,没有专门为酒店评定等级的政府部门。不过,美国汽车协会(简称AAA)从

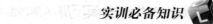

1977年开始通过授予钻石的形式来评定美国、加拿大和墨西哥的酒店的等级,最高级别的酒店是5颗钻石,最低级别的酒店是1颗钻石。

国际上也把酒店分为5个等级:最高等级为豪华(Luxury Hotels),第二等级为高级(First Class Hotels),第三等级的为中等价位(Middle-Price Hotel),第四等级的为经济型(Economy Hotel),第五等级的为廉价型(Budget Hotel)。

在不同的等级表示方法中,不能把它们简单地一一对比,不能简单地把A级等同于国内标准的五星级,或者把4级等同于国内标准的一星级,在不同的国家和地区,从硬件和软件两个方面都有不小的差别。目前在我国也存在同样的国际品牌酒店,在不同的城市归属于不同的星级的事实。

二、国内外酒店等级的评定方式

酒店等级评定工作是从技术、服务、设备实施、质量、管理等方面对评定方进行综合评价。

等级制度的划分和评定是一件十分严肃和重要的工作,一般由国家政府或权威机构做出评定,但不同国家评定酒店等级的机构不完全一样。国外比较多的是由行业协会评定,也有些地方由几个国家的行业协会联合制定统一的标准,共同评定。

我国酒店等级的评定主要由旅游主管部门——文化和旅游部、地方文化和旅游厅(局)根据各自所管理和监督的范围进行评定。

无论用哪种方法评定等级,无论由谁评定,必须按照等级划分的有关要求和标准来进行,还要有一套完备的申请、调查、暗访、复查与抽查的鉴定程序。酒店等级评定单位有权根据规定对已定级的酒店进行降级或除名处理。

目前世界上有80多种评定酒店等级的办法,但用得最多的有5种:法国的1～5星制;意大利的1～4豪华制;瑞士的1～5级制;奥地利的A1、A、B、C、D五级制;美国汽车协会下辖酒店的五花制。但全球酒店业比较通行的大众认可方式还是五星制。

三、我国酒店星级评定工作的发展

近年来,我国酒店管理日益规范。目前,按照国家标准化的要求,商务部和原国家旅游局正在共同制定新的酒店星级国家标准,从而结束国内酒店业长期以来两套国家标准并存的局面,以实现酒店业的规范化管理。

由于历史的原因,中国酒店业等级评定方面存在两套国家标准,其中一套是原内贸部指定的《酒家酒店分等定级规定》,此标准在1992年发布,在2000年进行修订;另一套是国家旅游部门的《旅游涉外酒店的星级的划分与评定》,在1993年发布,并在1997年、2003年和2010年进行三次修订,现为《旅游饭店星级的划分与评定》,2017年原国家旅游局再次启动《旅游饭店星级的划分与评定》修订工作。

之前颁布实施的《中国酒店星级标准新规定》将酒店星级标准和酒店等级标准合并为一套酒店国家标准,为中国酒店业创造了一个对外对内公平竞争的市场环境。并且酒店的星级不再作为行政审批事项,星级评定工作不再由行政机关承担,而是由旅游协会组建的旅游酒店星级评定机关来负责。

中华人民共和国《旅游涉外酒店星级标准》于1988年首次公布实施。后来又经过6次不同程度的修改,在《旅游酒店星级的划分与评定》标准中,首次提出了在原有设定的5个基础上,在五星级酒店中,增加和包含一个新的等级——白金五星级。

在《旅游酒店星级的划分与评定》标准中,对四星级以下酒店的餐饮服务要求适当简化,但对四星级以上的酒店在前厅、客房和餐厅等核心区域强化了要求,增加了整体舒适度等内容,形成了以下6个方面的规定。

(1) 将旅游涉外酒店改为旅游酒店。

(2) 规定星级酒店的5年期限制,打破了酒店星级的终身制。

(3) 实行预备星级制,同时增加了五星级的附加等级,即白金五星级。

(4) 设定了饭店品牌、总经理资质、环境保护等内容的评定标准。

(5) 确立了星级评定制度。

(6) 增加了"某些特色突出或极具个性化的饭店,可以直接向国家旅游局星级评定机构审评星级"的条款。

"白金五星"酒店的定位处于中国酒店业金字塔的顶端,在总体数量上控制得极为严格。酒店要获得"白金五星"必须符合以下6个必备条件。

(1) 已具备两年以上五星级酒店资格。

(2) 地理位置处于城市中心商务区或繁华地带。

(3) 对行政楼层提供24小时管家式服务。

(4) 外观造型独具一格,整体氛围豪华气派。

(5) 内部功能布局与装修装饰与所在地历史相结合。

(6) 内部功能布局与装修装饰与所在地自然环境相结合。

在下列6项参评条件中至少达标5项。

(1) 普通客房至少不小于36平方米。

(2) 有符合国际标准的高级西餐厅可以提供正规的西式正餐和宴会。

(3) 有高雅的独立式封闭式酒吧。

(4) 有净高不少于5米,至少可容纳500人以上的宴会厅。

(5) 平均每间可供出租客房收入连续3年居于所在地同星级酒店前列。

(6) 各项配套设施出类拔萃。

目前,旅游饭店星级评定与复核全面执行《旅游饭店星级的划分与评定》(GB/T 14308—2010)新的国家标准。

四、中国酒店实行星级标准的意义

(一) 使酒店建设科学合理

可以对酒店服务质量、设备设施状况、管理水平有一个比较客观科学的鉴定。

(二) 促进酒店管理的规范化

可以让旅游管理部门更好地对酒店的服务质量和硬件设备进行监控和管理。

(三) 有利于酒店的市场销售

权威性机构对星级的认定,更容易让酒店获得市场认同、信任,从而拓展酒店的生存空间。

(四) 维护酒店和消费者两者的权益

可以使旅游者在选择酒店时有一个相对统一固定的标准,并对酒店有一个比较全面的了解。

（五）促使中国酒店与国际接轨

可以促使中国酒店更快地与国际接轨，造就一批具有国际标准的知名酒店。

五、星级酒店评定的主要功能内容

国际的星级标准要求酒店具备的基本功能主要如下：供宾客停车的停车场，供宾客集散进出的大堂（包括总服务台、行李服务、商务中心、大堂酒吧等），供宾客垂直上下的电梯，供宾客住宿的各式客房（包括卫生间、空调、热水等），供宾客餐饮享用的餐厅、咖啡厅、酒吧（包括厢房），供宾客休闲娱乐的场所，供宾客健身的康乐健身设施，供宾客购物的商场，供宾客满足其他需要的各种设施等，许多酒店还有供宾客旅游需要的旅行社或旅游服务项目。

星级酒店还设置后台部门为前台和宾客服务，酒店后台的基本功能主要是供电、供冷暖、供水，如配电房、锅炉房、冷冻机房、水池及水泵房等。星级酒店还设置洗衣房为宾客洗涤衣物和洗涤酒店里所有的棉织品。

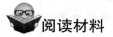

阅读材料

"五星"变"无星"，饭店在乎吗

"价格五颗星，设施五成新，服务不走心。"近年来，一些五星级饭店名不副实，不仅让消费者闹心，也不利于进一步激发文化和旅游消费潜力。

2019年8月19日，全国旅游星级饭店评定委员会发布公告，决定取消部分五星级旅游饭店资格。被"摘星"的酒店存在哪些严重问题？"摘星"处理有实效吗？

根据文旅部门披露信息，5家被"摘星"饭店分别为天津燕园国际大酒店（原喜来登大酒店）、天津滨海假日酒店、上海裕景大饭店、重庆希尔顿酒店、重庆典雅戴斯国际大酒店；另外还有分别位于辽宁、重庆、上海、天津、河南的多家酒店被限期12个月整改。此次被处理的五星级饭店存在的主要问题如下。

一是消防器材老旧失效，消防通道无法正常使用，安保、泳池安全员等不到位。

二是卫生问题突出。消毒间配备不到位，公共区域、客房、餐厅卫生管理不达标。

三是部分设施设备因维修保养不力，无法正常使用，标识系统老化。

四是员工服务意识淡薄、服务技能不足，不能严格按照标准要求提供相应服务。

例如，被"摘星"的重庆典雅戴斯国际大酒店就存在无礼宾服务、客房空气质量差、后台区域维护缺失破损严重、卫生管理瘫痪、设施设备陈旧等问题；重庆希尔顿酒店也因必备服务项目缺失、卫生消防不达标存在重大安全隐患、服务不规范等问题被"摘星"。据文化和旅游部相关负责人介绍，该部今年1月至7月已分三轮对10个重点省份的部分五星级饭店进行了暗访检查，已对20家五星级饭店做出取消星级的处理。

长期以来，获评"五星级"被认为是饭店硬件与服务品质优异的保证。"摘星"让"五星"变"无星"，能有效触动相关不达标饭店积极整改吗？

一家旅行社负责人告诉记者，饭店被"摘星"后可能丢掉部分高利润的高端需求市场。一些高端饭店在"摘星"后，客流量大幅下滑。北京第二外国语学院旅游科学学院院长、国家级星评员谷慧敏认为，星级评定事关国家标准，"摘星"就是要通过维护标准的权威性，维护饭店服务品质,用"有进有出"来保障行业健康发展。但不少业内人士也表示,当前"摘星"对高档饭店的影响力已明显削弱。甚至有星级饭店主动申请"摘星"或"自定义"为"豪华"规避星级评定标准的约束。

据文化和旅游部市场司景区和旅游住宿业监管处处长刘瀛介绍,商务部统计的全国住宿企业超过50万家,而星级饭店仅有11 000家。据记者调查,仅上海一地,达到"五星级价格"的"豪华"饭店数量是拥有五星评级饭店数量的两三倍。此前被曝光存在"浴巾擦厕所""马桶刷刷茶杯"的一些高档饭店,就存在"无星可摘"的情况。

另外,由于信息披露等方面原因,"摘星"压力往往不能有效传导到市场端形成经营压力,不少"差评"饭店仍"客似云来"。记者发现,北京长安大饭店、淄博世纪大酒店等此前被"摘星"饭店仍预订紧俏,北京某温泉度假酒店工作人员甚至向记者表示"摘星后饭店价格没有任何调整"。

中国旅游饭店业协会是当前星级评定、复核相关工作的具体承担单位,相当于全国星评委常设办事机构。"星级评定制度面临着持续萎靡的风险。"中国旅游协会副会长、中国旅游饭店业协会会长张润钢坦言,目前,饭店星级评定标准已不能适应行业发展的需要。

中国旅游研究院院长戴斌认为,目前国内很多涉及旅游住宿服务的标准和质量判定,尚无法律法规可依,仍主要靠行业惯例、行业标准和企业自检。旅游法等相关法律法规也仅做原则性规定,惩罚力度也不足。

另外,专家还指出,当前不少星级评定机构存在缺少认证资质的法律隐患。饭店星级评定本是住宿行业区分等级的一种技术手段,专业性很强。但现实中容易受到其他因素干扰,例如,在有些地方,相关部门为彰显政绩,催生出了大批本不具备五星级条件却硬性开业的饭店,大大削弱了星级的含金量。

业内人士告诉记者,现行做法是按行政级别来决定评定星级饭店等级的权限:国家评五星,省级评四星,地市评三星。专家指出,这样的做法是过去行政主导模式的"遗迹",既难以有效配置资源,也难以适应市场发展的需要。

权威性、专业性、市场化程度三方面成星评制度"短板"。张润钢等专家建议,市场化改革是星评制度的出路。

一是由市场化程度较高的专业认证机构实施评定。

二是应主动纳入国家认证认可监管体系,通过推进星评标准的市场化、专业化来擦亮"星级品牌"。

文化和旅游部方面表示,将对五星级饭店进行"全覆盖、双随机、常态化"暗访检查,同时加大标准引领力度,修订《旅游饭店星级的划分与评定》国家标准等。

(资料来源:陈爱平,周文冲,余俊杰.卫生管理瘫痪、安全隐患严重、客房空气污染严重……"官方差评"治得好饭店"星"病吗?——多地五星级饭店被"摘星"调查[EB/OL].新华网.http://www.xinhuanet.com/2019-08/25/c_1124918669.htm,2019-08-25.)

本章小结

本章主要介绍了具有代表性的著名国际酒店管理集团和中国知名的本土酒店集团的基本情况,介绍了酒店星级评定等方面的相关知识。

第十章
实训必备知识

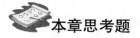

本章思考题

1. 世界著名国际酒店管理集团有哪些?
2. 中国本土的酒店集团有哪些?
3. 酒店实行星级标准的意义是什么?
4. 评定星级酒店的依据是什么?
5. 评定星级酒店的主要功能有哪些内容?
6. 评定酒店等级的方法有哪些?
7. 国际上采用的酒店等级制度与表示方法有哪些?

实战演练

客人走错餐厅

1. 案例情景介绍

一天晚上,住在某三星级宾馆的一位外宾来餐厅用餐。引位员很有礼貌地用英语向他问候说:"您好,先生!请问您有没有预订?"

客人微微一愣,笑着回答道:"晚上好。我就住在你们饭店,现在想用餐。"

引位员没有听明白,仍问客人有没有预订。客人不耐烦地告诉引位员,前台让他来这里用餐,并拿出住宿卡让她看。引位员看后,忙带客人走进餐厅。

"请坐。"引位员把客人引到一张靠窗的餐桌前。

奇怪的是,客人不肯坐下,并摇着头说出一串引位员听不懂的英语。

引位员愣愣地看着客人,不知所措。

这时,一位英语比较好的服务员走过来帮忙。经过询问才搞清楚,原来客人要在饭店的西餐厅用餐,但他没有找到西餐厅,错来到了中餐厅。而引位员在没有搞清楚的情况下,就把客人引了进来。

引位员听明白后,忙向客人道歉,并主动引领客人去西餐厅。

"晚上好,先生。欢迎您来这里。请问您是否住在我们饭店?"西餐厅的引位员微笑着问候客人。

"晚上好,小姐。这是我的住宿卡。"客人满意地回答。

临进餐厅前,客人又转过身对中餐厅的引位员说:"你应该像这位小姐那样服务。"

2. 案例分析

此例中,引位员外语水平还没有达标,没有听懂客人的问话,没有搞清客人是否在本餐厅用餐,就将客人带入餐厅,造成了误会。作为引位员要做到以下几点。

学会正确地使用问候中的各种敬语,并注意使用的时间和场合。此例中用"您好,先生",虽然还过得去,但不如用"晚上好,先生"。

在接待中一定要搞清客人是否住在本饭店,采取什么方式用餐,是否在本餐厅用餐。在了解清楚后,再将客人引入餐厅。

引位员的外语水平一定要达标,即使是中餐厅的服务员,也应不断提高外语的听说能力,才能保证服务的质量和水平。

热闹的宴会

1. 案例情景介绍

一天,上海某饭店的宴会厅内正在举办一个大型的宴会。席间气氛热烈,参与者不停地走动,敬酒,说笑,向新人祝贺,整个大厅充满了喜庆的气氛。

宴会在热烈进行,一位服务员手托一盆刚出锅的热汤向主桌走去。刚到桌旁停住,新郎突然从座位上站起准备向别人敬酒,一下子撞到了服务员的身上。服务员出于职业本能和潜意识的支配,将汤盆向自己身上拉来,高温的热汤泼到了他的胳膊上。顿时,他感到剧痛钻心,但他却强忍疼痛,不哼一声,脸上仍带着微笑,并向新郎道歉。

宴会还在进行,这位服务员继续忙着为客人们上酒上菜,直到大家一一离席为止。当新人向接待婚宴的服务员道谢时才发现,这位服务员的手臂上烫起了几十个水泡。大家问他为什么被烫的时候不说?服务员回答,如果被烫时表现出反常神情,便会影响婚宴喜庆的气氛。新郎和新娘听后,异常感动,半天都说不出话来。

2. 案例分析

本例中的服务员体现了很高的职业素养。为了迎合婚宴的喜庆气氛,达到客人满意的服务效果,他能够克服难以忍受的肉体痛苦,仍然面带微笑,不动声色地继续为客人服务,实在难能可贵。服务员在为客人服务时,有时会遇到一些意想不到的事情,并给他们带来精神甚至肉体上的痛苦,能不能忍受这些痛苦,继续坚守岗位,是需要有一种精神的。从这个案例中,我们可以发现:忍耐是一种职业素养的体现。当服务员遇到使自己身心蒙受痛苦和委屈的情况时,应考虑到饭店的利益,忍让为先,将事故的责任揽到自己身上,把"正确"让给客人。

本案例中,服务员由于客人突然站起碰洒了汤而被烫伤,但他却忍住痛苦,反向客人道歉。这种做法既保全了客人的面子,又保持了宴会的气氛,使婚宴得以圆满进行。如果没有很高的职业素养,这位服务员是做不出这种行动来的。

防范事故应永不松懈。本案例中的服务员因客人的突然行为而被烫伤,来不及防范,这说明我们应增强一定的预防和防范能力。如看到场面热闹,客人常起身敬酒时,要马上考虑到汤是不是会被碰洒,要让客人意识到你来上菜或上汤,这样就能最大限度地避免一些可能出现的事故。

饭店提倡和表彰服务员在服务中的忍让精神,对他们因忍让和奉献所受的委屈、痛苦、损失,应尽可能地让其释放出来,并给他们以更多的温暖和关心,必要时,应找人替下受伤的服务员。这样能让服务人员感受到饭店的关怀,使他们真心实意地甘愿为企业和客人的利益奉献。

附录 A　实训实习报告与工作日志封面

饭店管理专业
实训实习报告与工作日志

姓　　名：
学　　号：
班　　级：
实习单位/部门：
所在岗位：
实习期间：自　　年　　月　　日至　　年　　月　　日
总周数/总时数：　　周　　时

附录 B　工作日志记录表

工作日志

目前周次：第____周，第____篇

上班时间：_____年___月___日，自___时___分 至___时___分

备注：1. 每周至少撰写两篇，依日期先后顺序排列，附于实习报告后面，装订好一同上交。
2. 请注意段落分明，用纸及字号同实习报告。
3. 请记录工作内容及目前学习进度，再描述与工作相关的事物、自我省思检讨、工作环境中发生的对话点滴、当时心情故事，等等。

附录 C　实训实习工作证明书

实习证明

姓名：_____ 班级：_____ 学号：_____

工作期间：自____年____月____日起至____年____月____日

实习机构：_____

公司地址：_____

实习部门：_____

单位主管：_____ 联络电话：_____

工作性质：1._____

2._____

（请盖实习机构印章）　　　（酒店专业办公室核印章）

备注：请贵单位依序填写并于实训实习结束后一周内返回饭店管理专业教研室，谢谢！

××学院 ××系　联系电话：

地址：

附录 D 实训实习评价表

Student Performance Evaluation for Internship Program

实习名称 Name of internship program							
实习学生姓名 Name of student	实习场所联络人 Leader of the department		姓名 Name				
	职称 Position title		电话 Telephone				
实习单位 Practicing department	实习单位负责人 Man in charge of		实习期间 Practicing period:				

评价参考 Criterion instruction
Excellent 优—5、Good 好—4、Fair 可—3、Improvement 需改进—2、Poor 差—1、Very poor 劣—0

评价项目 Items assessing	等级 Score scale					
	5	4	3	2	1	0
专业知识 Adequate knowledge						
学习能力 Learning ability						
学习态度 Inspiration for learning						
工作进度 Achieve scheduled progress						
工作效率 Performance accuracy & efficiency						
协调能力 Cooperate with peers						
沟通技巧 Communication skill						
出席情况 Attending rate & punctuality						
仪容仪表 Pleasing & suitable appearance						
工作态度 Modest manner						
责任心 Sense of responsibility						
主动积极 Working initiative & prompting						
团队精神 Consciousness of teamwork						
整体评价 Conclusive evaluation						

评语 Comments of statement	建议 Suggestion

评价人 Evaluation given by the	评价日期 Date of evaluation

教师意见 Opinions of teacher in charge of internship program

附录 E　饭店管理专业实训实习报告撰写方式及内容说明

（1）计算机打字。

版面基本要求如下：

① 纸型：A4 纸（或 16 开），单面打印。

② 页边距：上 2.54 厘米，下 2.54 厘米，左 2.5 厘米，右 2.5 厘米。

③ 页眉 1.5 厘米，页脚 1.75 厘米，左侧装订。

④ 行距：固定值 20。

⑤ 页眉、页码字体均为宋体、小五、居中。

（2）标明目录、页码。

（3）封面注明：班级、姓名、学号、实训实习单位、实习起止日期、实习总周数及总时数、实习指导教师。

（4）缴交日期：毕业前一个月。

（5）实训实习报告内容应包含下列各项重点。

① 我对专业知识和工作上的认知（描述对本职职场应具备的专业知识和技能的准备、个人工作兴趣及对工作性质的认识与了解、对实习期间时间的管理等期望）。

② 我对实训实习单位的了解（请就实习单位的基本数据的事前认识，如历史沿革、公司经营理念、公司营业性质、管理制度、公司的环境和地理位置、组织文化和商誉等加以详述）。

③ 实训实习中自我评估（请至少撰写 10 周,每周两篇）。

a. 本周工作内容。

b. 本周实训实习心得与收获。

c. 本周实训实习检讨与期望：遭遇的疑难问题。

④ 实训实习后整体评估（请就实习期间的工作环境、学以致用、进修与训练、人际关系、主管领导方式、工作内容和认知、公司发展远景、工作中最难忘的人、工作中难忘的事和认为有好建议的事情、对学校教学的建议等加以叙述）。

⑤ 请附上至少 4 张实训实习场所工作时相关图片、照片并说明。

⑥ 实训实习后我对未来的生涯规划、期望和目标。

附录F 饭店管理专业毕业设计撰写方式及内容说明

饭店管理专业学生在完成实训实习报告的同时必须结合自己的专业特征和所学课程写5 000字左右的毕业设计。毕业设计内容必须突出专业性,例如,饭店管理专业的学生可以设计一项某服务管理岗位的管理方案、一个创新服务等。

一、撰写模板

页眉按毕业设计实际题目改写

题 目
(二号、黑体、居中)

摘　要:五号楷体(要求中英文;各200字左右)

关键词:五号楷体(文章中提到的重要词汇)

第一章　标题
(三号、黑体、居中)

1.1 节标题(四号、黑体、居左)

1.1.1 标题(小四、宋体、居左)

正文(宋体、小四)

版面基本要求如下。

纸型:A4纸(或16开),单面打印。

页边距:上2.54 cm,下2.54 cm,左2.5 cm,右2.5 cm。

页眉1.5 cm,页脚1.75 cm,左侧装订。

行距:固定值20。

页眉、页码字体均为宋体、小五、居中。

第二章　标题
(三号、黑体、居中)

2.1 节标题(四号、黑体、居左)

2.1.1 标题(小四、宋体、居左)

正文(宋体、小四)

第三章　标题
（三号、黑体、居中）

3.1 节标题（四号、黑体、居左）
3.1.1 标题（小四、宋体、居左）
正文（宋体、小四）

结　　论
（三号、黑体、居中）

正文（宋体、小四）

　　结论包括对整个毕业设计工作进行归纳和综合而得出的总结，包括所得结果与已有结果的比较和尚存在的问题以及进一步开展研究的见解与建议。结论集中反映作者的研究成果，表达作者对所研究的课题的见解，是全文的思想精髓，是文章价值的体现，结论要写得概括、简短。

参考文献
（小四、黑体、居中）

期刊类
　　[序号]作者1,作者2,……,作者n.文章名[J].期刊名(版本),出版年,(期次)：页码.（五号、宋体）

图书类
　　[序号]作者1,作者2,……,作者n.书名[M].版本.出版地：出版者,出版年.（五号、宋体）

会议论文集
　　[序号]作者1,作者2,……作者n.论文集名[C].出版地：出版者,出版年.（五号、宋体）

报刊类
　　[序号]作者1,作者2,……作者n.文章名[N].报刊名,出版年、月、日,版面.（五号、宋体）

网络类
　　[序号]作者1,作者2,……,作者n.文章名[EB/OL].发表年、月、日.网址.（五号、宋体）

　　参考文献的著录，按文中引用顺序排列，统一列在全文后部，并在文内相应位置用上标标注引用序号。参考文献综述论文类不少于10篇、设计类不少于6篇。

致　　谢
（三号、黑体、居中）

正文（宋体、小四）

　　致谢词应以简短的文字对课题研究与论文撰写过程中曾直接给予帮助的人员（例如，指导教师、评阅教师及其他人员）表示自己的谢意，这不仅是一种礼貌，也是对他人劳动的尊重，是治学者应有的思想作风。

二、交稿时间要求

（1）学生应在本年度 2 月 25 日前将所选实习报告的题目和毕业设计题目发送到带队教师邮箱。

（2）3 月 20 日前交一稿（电子稿）。

（3）4 月 20 日前交二稿（电子稿）。

（4）5 月 20 日前学生完成论文最后定稿，按毕业设计格式要求交打印稿一式三份（和电子稿）给老师。

（5）6 月 9 日、10 日进行论文答辩。

（6）交电子稿时应标清学生的姓名、专业和班级，写清题目。

三、毕业设计评定

（1）考核成绩分为优、良、中、及格、不及格五等。

（2）毕业设计非优良成绩者，不能评为优秀毕业生。

四、考查要素及评分标准

考查要素	观察要点	评分标准
语言表达	普通话标准；语速适中；用词准确、恰当、有分寸；内容有条理，富有逻辑性；表情及其他身体语言运用得当	10
讲述	内容全面、正确，条理清晰，详略得当，重点突出；讲述方法运用得当；讲述生动、有感染力	30
仪表礼仪	穿着打扮得体、整洁；言行举止大方，符合礼仪礼貌规范	10
应变能力	在有压力的情况下，思维反应敏捷，情绪稳定，考虑问题周到；能够妥善、及时处理突发事件和特殊问题	10
回答问题准确、全面，逻辑性强	简单难度	8
	中等难度	12
	难点难度	20

五、注意事项

每个学生的实习报告和毕业设计的内容必须自己独立及时完成，如发现抄袭、雷同等现象，该生的实习报告和毕业设计作废。

参考文献

[1] 戴光全.节庆、节事与事件旅游概论·案例·策划[M].北京：科学出版社，2005.
[2] 陈志学.饭店服务质量管理与案例解析[M].北京：中国旅游出版社，2006.
[3] 洪剑明.生态旅游规划设计[M].北京：中国林业出版社，2006.
[4] 李晓蕊.新编现代酒店服务流程标准化培训实务全书[M].北京：企业管理出版社，2007.
[5] 黄翔.旅游节庆策划与营销研究[M].天津：南开大学出版社，2008.
[6] 杨秀君.心理素质训练[M].上海：上海交通大学出版社，2010.
[7] 刘红春.现代饭店管理基础：理论、实务、案例、实训[M].大连：东北财经大学出版社，2011.
[8] 唐志国.饭店服务实训教程[M].济南：山东大学出版社，2011.
[9] 马继兴.旅游心理服务技能与实训[M].北京：清华大学出版社，2013.
[10] 张进伟.旅游饭店实训教程[M].西安：西安交通大学出版社，2014.
[11] 田均平.酒店客房规范化作业流程·服务细节·疑难解答[M].图解版.广州：广东经济出版社有限公司，2014.
[12] 徐速.前厅与客房服务流程控制与综合实训[M].北京：中国劳动社会保障出版社，2015.
[13] 李云鹏.基于综合旅游服务商的旅游电子商务[M].北京：清华大学出版社，2015.
[14] 金丽娟，游家云.酒店服务综合实训教程[M].天津：天津大学出版社，2015.
[15] 杨六兰.酒店英语实训指南[M].武汉：武汉大学出版社，2016.
[16] 蔡洪胜.餐饮服务与管理[M].北京：旅游教育出版社，2016.
[17] 徐溢艳，周显曙，刘萍.餐饮服务与管理[M].北京：清华大学出版社，2016.
[18] 陈丹，王蕾.酒店服务技能与实训[M].北京：中国旅游出版社，2016.
[19] 人力资源和社会保障部教材办公室.旅游法规[M].北京：中国劳动社会保障出版社，2017.
[20] 杨富斌.旅游法判例解析教程[M].北京：中国旅游出版社，2017.
[21] 王永挺.饭店经营管理案例精粹[M].成都：电子科技大学出版社，2017.
[22] 王存学.酒店餐饮服务流程控制与综合实训[M].北京：中国劳动社会保障出版社，2017.
[23] 胡扬政，苑丽娟.酒店英语服务实训[M].3版.北京：清华大学出版社，2017.
[24] 黄恢月.包价旅游合同服务法律指引[M].北京：中国旅游出版社，2018.
[25] 韩鹏，刘晓芬，缪小玲.酒店服务实训教程[M].3版.北京：旅游教育出版社，2018.
[26] 王志凡.旅游心理学实务[M].武汉：华中科技大学出版社，2019.

参考网站

[1] 中国国家旅游局官方网站.http：//www.cnta.com.
[2] 中国旅游协会网.http：//www.chinata.com.cn/.
[3] C2C酒店网.http：//www.c2cjd.com.
[4] 中青旅在线.http：//www.CTYSonline.com.
[5] 中国产业信息网.http：//www.chyxx.com.

[6] 北京旅游信息网.http://www.visitbeijing.com.cn/.
[7] 北京市旅游委网.http://www.bjta.gov.cn/.
[8] 携程网.http://www.ctrip.com.
[9] 去哪儿网.http://qunar.com.
[10] 百度文库.http://www.baidu.com.
[11] 中国经济网.http://expo.ce.cn 2020.